불안
이 라 는
중독

불안이라는 중독

1판 1쇄 발행 2021. 8. 30
1판 2쇄 발행 2022. 5. 26

지은이 저드슨 브루어
옮긴이 김태훈

발행인 고세규
편집 봉정하, 민성원 디자인 조명이 마케팅 신일희 홍보 홍지성
발행처 김영사

등록 1979년 5월 17일 (제406-2003-036호)
주소 경기도 파주시 문발로 197(문발동) 우편번호 10881
전화 마케팅부 031)955-3100, 편집부 031)955-3200 | 팩스 031)955-3111

값은 뒤표지에 있습니다.
ISBN 978-89-349-4423-2 03190

홈페이지 www.gimmyoung.com   블로그 blog.naver.com/gybook
인스타그램 instagram.com/gimmyoung   이메일 bestbook@gimmyoung.com

좋은 독자가 좋은 책을 만듭니다.
김영사는 독자 여러분의 의견에 항상 귀 기울이고 있습니다.

불안이라는 중독

저드슨 브루어
김태훈 옮김

UNWINDING
ANXIETY

김영사

'아마존 중독자'에게 이 책을 바칩니다.

불안은 모든 곳에 있다. 언제나 그랬다. 그러나 지난 몇 년 동안은 한 번도 그랬던 적이 없는 방식으로 우리의 삶을 지배하게 되었다.

불안과 관련된 나의 개인사는 훨씬 오래전으로 거슬러 올라간다. 나는 의사다. 정확하게는 정신과 의사다. 환자들이 불안을 극복하도록 돕고 치료하려고 노력하는 내내 내가 뭔가 중요한 것을 놓치고 있다는 느낌이 들었다. 수년이 지난 후에야 불안, 우리 연구소에서 실시한 습관 변화에 대한 신경과학적 연구, 내가 가진 공황발작 사이에서 연관성을 발견할 수 있었다. 그때 비로소 모든 것이 바뀌었다. 많은 사람들이 자신의 불안을 인식하지 못하는 이유는 불안이 나쁜 습관 속에 숨어 있기 때문이었다. 그 사실을 깨달은 순간, 머릿속에서 전구가 켜진 것 같았다. 이제 나는 훨씬 많은 사람들이 습관을 정복하려고 애쓰든 아니든 자신의 불안을 불가피하게 인식한다고 생각한다.

나는 정신과 의사가 되려고 계획한 적이 없었다. 사실 의대에 들어갈 때 어떤 의사가 되고 싶은지 몰랐다. 단지 과학에 대한 애정과 사람들을 도우려는 소망을 합치고 싶었을 뿐이었다. 의과학 박사 통합 과정의 경우 예과 기간에는 모든 팩트와 개념 들을 배우도록 구성된다. 그다음에는 박사 과정으로 전환하여 특정한 과학 분야에 초점을 맞추고 연구하는 방법을 배운다. 뒤이어 병동으로 돌아가서 의대 3, 4학년을 마친 후 특정 분야를 전공하는 레지던트 과정에 들어간다.

나는 의대에 들어갈 때 전공 분야를 결정하지는 않았다. 그저 인간 심리와 인지의 복잡성과 아름다움에 매료되어 이 인간적 체계가 어떻게 작동하는지 배우고 싶었다. 대개 예과 기간에는 전공하고 싶은 분야에 관심을 기울일 시간과 공간이 주어진다. 그리고 3, 4학년 때 병원에서 순환근무를 하는 동안 이 결정을 확정한다. 의과학 박사 통합 과정을 마치려면 8여 년간 걸린다. 그래서 내 관심사가 무엇인지 발견할 시간이 충분하다는 생각에 그저 가능한 모든 것을 배우는 데 집중했다. 박사 과정을 마치는 데 4년이 걸렸다. 예과 2년 동안 배운 모든 것을 잊기에 딱 충분한 시간이었다.

그래서 나는 박사 과정을 마치고 의대 공부를 계속하러 돌아갔을 때 첫 순환근무지로 정신과를 선택했다. 박사 과정을 밟는

농안 잊어버린, 환자를 문진하는 방법에 대해 다시 배우기 위해서였다. 정신과 의사가 되겠다고 생각한 적은 한 번도 없었다. 영화에서 대개 긍정적으로 그려지지 않을 뿐 아니라 의대에서 정신과는 '게으름쟁이와 미치광이'가 가는 곳이라는 농담을 들었기 때문이다. 다시 말해 스스로 게으르고 미쳐야 정신과 의사가 된다. 그러나 돌이켜보면 정신과 순환근무는 뜻밖의 행운과 절묘한 타이밍의 결합이었다. 내가 병동에서 일하는 것을 정말 좋아하며, 정신과 환자들의 고충에 실로 공감한다는 사실을 알게 되었다. 그들이 자신의 마음을 이해하여 문제를 보다 효과적으로 해결할 수 있도록 돕는 일에 더없이 행복해하는 내 모습을 발견할 수 있었다. 다른 순환근무지도 대부분 좋아했지만 그 어디도 정신과만큼은 아니었다. 정신과가 바로 나의 전공 분야가 되었다.

나는 의대를 졸업하고 예일 대학에서 레지던트 과정을 시작하면서 정신과가 내게 잘 맞을 뿐 아니라 내가 중독에 시달리는 환자들에게 깊은 유대감을 느낀다는 사실을 발견했다. 의대에 입학하면서 명상을 시작하여 의과학 박사 과정을 공부하는 8년 동안 매일 계속했다. 나는 중독자인 부모님의 고난에 대해 더 많이 알게 되었다. 그리고 그들이 명상 수행에서 내가 알게 된 것과 같은 고난에 대해 이야기하고 있다는 사실을 깨달았다. 그 고난은 갈망, 집착, 탐욕이 뒤엉킨 느낌에서 기인하는 것이었다. 놀랍게도 나는 우리가 같은 언어와 고난을 공유하고 있음을 알게 되었다.

레지던트 과정은 공황발작이 시작된 시기이기도 했다. 수면 부족과 아무것도 모른다는 생각이 공황발작을 악화시켰다. 게다가 대기 상태에 있어야 하고, 한밤중에도 언제 호출기가 울릴지, 간호실에 연락했을 때 수화기 건너편에서 어떤 난리가 났을지 모른다는 불확실성까지 더해졌다. 이 모든 것이 정신에 복합적으로 부담을 가했다. 그러니 불안한 환자들에게 공감이 갈 수밖에! 다행히 명상 수행은 여기서도 도움이 되었다. 마음챙김 덕분에 나를 잠 못 들게 하는 공황발작에서 벗어날 수 있었다. 당시에는 잘 몰랐지만, 마음챙김은 공황의 불길에 기름을 붓지 않게 도와주기도 했다. 나는 공황장애에 겁을 먹거나 걱정하지 않기 위해 불안과 공포를 대처하는 법을 배웠다. 그리하여 공황장애가 악화되는 일을 막고 불안을 잠재울 수 있었다. 또한 사람들에게 불편한 감정을 (습관적으로 기피하지 않고) 인식하도록 가르치는 방법을 배우기 시작했다. 나는 그들에게 그저 약을 처방하는 것이 아니라 감정을 다루고 다스리는 방법을 제시할 수 있었다.

레지던트 과정을 마칠 무렵 사실상 누구도 명상학을 연구하지 않는다는 사실을 깨달았다. 명상에는 숨겨진 보석 같은 것, 내가 극도의 불안을 이기도록(그리고 나의 환자들도 돕도록) 해주는 것이 있었다. 그런데도 왜, 어떻게 그런 일이 가능한지 탐구하는 사람이 없었다. 이후 10년 동안 나는 사람들이 해로운 습관을 극복하도록 돕는 프로그램을 만드는 데 몰두했다. 해로운 습관은 불안과 강하게 결속되어 있을 뿐 아니라 불안으로 이끌기도 했다. 사실 불안은 그 자체로 해로운 습관이다. 이제 불안은 유행병이 되었다. 이 책은 그 모든 연구의 결과물이다.

영화 〈마션The Martian〉에서 맷 데이먼이 연기한 인물은 화성에 고립되었다는 사실을 깨닫는 '빌어먹을' 순간을 맞는다. 폭풍이 부는 동안 그의 모든 동료들은 급히 안전한 우주선으로 돌아가 버리고, 그를 죽음의 위기에 홀로 남겨둔다. 깜찍한 후드티를 걸친 채 맷 데이먼은 조그마한 화성 전초 기지에 앉는다. 그리고 고무적인 연설로 스스로 용기를 북돋으려 한다.

"압도적으로 불리한 조건 속에서 내게 남은 선택지는 오직 하나뿐이야. 나는 치열한 과학으로 이 상황에 맞서야 해."

나는 맷 데이먼의 의지를 본받아 이 책에서 치열한 과학으로 불안에 맞섰다.

세상에는 이 주제를 다룬 수많은 책들이 있다. 그중에는 두꺼운 것도 있고 얇은 것도 있으며, 눈에 띄는 제목, 환상적인 이야기, 성공을 위한 비법이나 '비결'을 포함한 것도 있다. 그러나 그들 모두가 굳이 말하자면 뇌과학에 기반한 실제적인 내용으로 넘치지는 않는다.

나는 당신에게 이 책이 과학에 기반하고 있음을 분명히 말할 수 있다. 이는 우리 연구소가 오랜 기간에 걸쳐 실제 참가자들(처음에는 예일 대학, 지금은 브라운 대학에서)을 대상으로 진행한 연구 결과에 기반한 실제적 과학이다.

나는 수십 년 동안 연구를 했으며, 새로운 것을 배우고 발견하는 일을 사랑했다. 다만 내가 확립한 가장 흥미롭고도 중요한 것은 불안과 습관 사이의 연관성이다. 즉, 나는 불안을 학습하는 이유와 불안이 습관이 되는 양상을 밝혀냈다. 이 연관성을 확립하는 일은 우리가 걱정하는 이유에 대한 답을 제시했다. 이는 불안에 대한 나의 학문적 호기심을 일부 충족시켰다. 더 중요한 사실은 환자들이 자신의 불안을 이해하고 다스리도록 돕는 데 결정적인 역할을 했다는 것이다.

불안은 사람들의 습관에 숨어 있다. 불안과 단절되려고 노력해도 불안은 없어지기는커녕 몸속 깊숙이 숨는다. 불안과 습관의 연관성을 파악한 나는 과음, 스트레스성 폭식, 미루기와 같은 모든 불안 대처 행동이 어떻게 습관으로 굳어지게 되는지를 사람들이 이해하도록 도울 수 있다. 또한 나는 그들이 불안과 다른 습관들을 극복하는 데 그토록 많은 애를 먹고 실패하는 이유를 파악하도록 도울 수 있다. 불안은 다른 행동들을 부추긴다. 뒤이어 이 행동들은 불안을 지속시킨다. 이런 악순환은 걷잡을 수 없는 지경에 이르러 결국 그들이 나를 찾아오게 만든다.

내가 깨달은 중요한 사실 중 하나는 정신의학에서는 "아는 것이 적을수록 말이 많다"이다. 다시 말해서 어떤 주제나 상황에 대한 이해가 부족할수록 그 공백을 말로 채우게 된다. 말을 많이 한다고 해서 환자를 위한 더 나은 해석이나 더 많은 통찰이 이뤄지는 것은 아니다. 사실 스스로 무슨 말을 하는지 모를 때는 더 많은 단어를 쓸수록 자신이 판 함정에 빠질 확률이 높아진다. 그리고 함정에 빠진 자신을 발견하면 당신은 대개 파는 일을 멈춘다.

과연 그럴까?

　고통스러운 교훈이지만 "아는 것이 적을수록 말이 많다"는 격언이 내게도 적용된다는 사실을 깨달았다. 상상해보라! 나는 계속 헛소리를 늘어놓을 수 있는 예외적인 존재가 아니었다. 말을 더 많이 한다고 해서 환자들을 더 많이 도울 수 있는 건 아니었다. 내가 정반대로 행동했다면, 즉 정신과 의사처럼 말하려고 애쓰는 것이 아니라 입을 다물고 "모른다"는 선불교적 정신을 실천하면서 명확한 연결고리가 보일 때까지 기다렸다면 정말로 사람들을 도울 수 있었을 것이다.

　"적은 것이 많은 것"이라는 격언은 정신의학은 물론 과학의 영역에도 적용된다. 나는 덜 말하고 더 들으면서 습관 변화와 관련하여 내가 개발하던 개념이 계속 응축되어 저절로 단순해지는 것을 깨달았다. 하지만 나는 과학자로서 나 자신의 허풍을 믿지 않도록 주의해야 했다. 개념은 단순하지만 정말로 통할까? 진료실을 넘어선 환경에서도 통할 수 있을까? 그래서 2011년에 첫 대규모 금연 임상 시험에서 내가 추진 중인 앱 기반 훈련 프로그램인 'UNWINDING ANXIETY'가 기준 요법보다 무려 5배나 높은 금연율을 기록했을 때, '대량산만무기weapons of mass distraction'인 스마트폰을 활용하여 사람들이 나쁜 습관을 극복하도록 도울 수 있을지 탐구하기 시작했다. 나는 치열한 과학으로 맞섰고, 실제 임상 시험에서 탁월한 결과를 얻을 수 있었다. 여기서 탁월하다는 의미는 비만과 과체중인 사람들의 경우 탐식을 40퍼센트 감소시키고, 범불안장애Generalized Anxiety Disorder를 가진 사람들의 경우 불안 수준을 63퍼센트 감소시킨 것(그리고 불안한 의사들 대상으로도 그와 비슷한 수준의 효과를 낸 것) 등을 뜻한다. 심지어 우리는 앱 기반 훈련이 금연과 관련된 특정한 두뇌 신경망을 겨냥할 수 있다는 사실을 보여주었다. 그렇다. 앱으로도 가능했다!

나는 임상 정신의학 치료, 연구, 개념 정립의 결과를 이 책에 담았다. 이 책이 불안을 이해하는 양상을 바꾸는 유용하고 실용적인 지침서가 되기를 그래서 당신이 불안을 효과적으로 다스릴 수 있게 되기를 바란다. 그러면 온갖 해로운 습관과 중독까지 물리칠 수 있을 테니까.

차
례

프롤로그   006

0부 / 불안은 어떻게 중독이 되는가?

① 유행병처럼 번지는 불안   019
② 불안은 왜 우리를 집어삼키는가?   034
③ 당신은 불안에 중독되어 있다   049
④ 불안과 번아웃에서 해방되는 방법   062

1부 / 당신의 불안 습관 고리를 풀어내라

⑤ 습관을 바꾸는 일이 고통스러울 필요는 없다   082
⑥ 불안을 퇴치하지 못하는 세 가지 이유   096
⑦ 모든 불안이 성과를 높인다는 헛소리   109
⑧ 불안이라는 자율 주행차   120
⑨ 당신은 어떤 성격 유형인가?   131

2부 / 당신이 불안 중독에서 빠져나오지 못하는 이유

⑩ 습관을 깨기 힘든 뇌 과학적 원인   144
⑪ 아무리 먹어도 불안까지 먹지는 못한다   159

⑫ 당신의 뇌는 스트레스를 받으면 초콜릿을 먹으라고 말한다   168

⑬ 과도한 생각과 계획은 초콜릿과 같다   183

⑭ 습관을 바꾸는 일은 얼마나 오래 걸릴까?   192

3부 / 불안의 악순환을 끊는
　　　더 크고 나은 제안

⑮ 인식을 바꾸는 새로운 습관   212

⑯ 호기심은 타고난 초능력이다   229

⑰ 호흡 훈련: 숨결에 호기심을 담아라   245

⑱ 레인 훈련: 갑작스러운 불안에 당황하지 않는 방법   259

⑲ 자애 수행: 당신의 내면을 확장하는 힘   271

4부 / 어떻게 원하는 삶으로 나아가는가?

⑳ '왜'가 아닌 '무엇'에 집중하라   286

㉑ 온전히 지금, 이곳에 머물러라   298

㉒ 믿음의 습관을 들여라   314

㉓ 불안을 끊고 소통하는 삶으로 나아가라   327

에필로그: 6년과 5분   341

감사의 글   346

주   351

불안은 어떻게
중독이 되는가?

어떤 문제도 그것을 만들어낸 것과 같은
의식을 통해 해결할 수 없다.
– 아인슈타인의 말로 알려진 인터넷 밈

왜 이 책의 시작 부분을 1부가 아니라 0부로 하는지 궁금할 것이다. 그 이유는 우선 무슨 일이 일어나고 있는지 이해해야 1부로 나아갈 수 있기 때문이다. 0부는 당신이 불안을 의식하기도 전에 일어나는 일을 다룬다.

0부에서는 불안이 우리가 의식하기도 전에 우리 내면에 자리 잡는 양상을 심리학과 신경과학으로 설명할 것이다. 불안을 다스리는 방법의 이론적 뼈대에 해당하는 부분이다. 1부에선 불안 촉발인자(그리고 불안 자체가 촉발하는 것)를 파악하는 법을 알려줄 것이다. 2부는 우리가 왜 걱정과 불안의 악순환에 갇히게 되는지, 뇌의 보상 신경망을 어떻게 업데이트해야 악순환에서 빠져나올 수 있는지 이해하는 데 도움을 줄 것이다. 3부에선 불안의 악순환(그리고 다른 습관들)을 영원히 끊을 수 있게 해주는, 뇌의 학습 체계에 기반한 도구를 소개할 것이다. 4부에선 불안에서 해방된 삶을 지속가능하게 만들어주는 좋은 습관들을 이야기할 것이다.

1

유행병처럼 번지는
불안

불안은 포르노와 같다. 정의하기 어렵지만 보면 확실히 알 수 있다.

물론 보지 못한다면 문제가 달라진다.

나는 대학 시절에 도전을 즐기는 A유형 성격(적대적이고 경쟁적이며 다양한 대상에 열의를 보이는 성급한 성격-옮긴이)의 적극적인 사람이었다. 인디애나주에서 자란 나는 형제자매가 세 명이고 어머니는 싱글맘이었다. 나는 오직 한 가지 이유, 즉 절대 붙을 리가 없다는 진학상담관의 말 때문에 프린스턴 대학에 지원서를 넣었다. 캠퍼스에 도착했을 때(캠퍼스를 보지도 않고 지원했다) 사탕가게에 들어선 아이가 된 기분이었다. 내 앞에 열린 모든 기회에 가슴이 벅차올랐고, 모든 것을 해보고 싶었다. 나는 아카펠라 모임에서 노래를 시도했고(당연히 쫓겨났다), 조정팀에 들어갔고(1학기 동안), 오케스트라에서 연주했으며(4학년 때 운영회 공동회장이 되었다), 야외활동 프로그램을 위한 캠핑 여행을 이끌었다. 또한 사이클링 팀에서 활동했고(비교적 짧게 끝난 또 다른 동아리 활동), 암벽등반을 배웠으며(일주일에 예닐곱 시간 동안 인공 암벽에서 열성적으로 시간을 보냈다), 해시 하우스 해리어스 Hash House Harriers 라는 엉뚱한 달리기 모임에 들어가는 것 외에도 훨씬 많은 일을 했다. 대학 생활이 너무 좋은 나머지 여름방학에도 캠퍼스에 머물렀다. 그때 처음으로 연구실에서 연구하는 법을 배웠다. 또한 화학 학사 학위에 음악 공연 이수증까지 취득하며 대학 공부를 마무리지었다. 4년이 쏜살같이 지나갔다.

4학년이 끝나갈 무렵 의대 진학을 앞두고 교내 보건실에 진료를 예약했다. 왕성한 활동에도 불구하고 몸이 좋지 않다고 느꼈기 때문이다. 복부 팽만과 위경련이 심했던 데다가 전에 없이 급하게 볼일을 보기 위해 화장실로 달려가야 하는 일이 잦았다. 이 문제가 너무 심각해서 매일 달리기를 하는 코스도 언제든 볼일을 볼 수 있게 화장실 근처로 잡아야 했다. 증상을 설명하자(당시는 구글이 없어서 스스로 진단을 내리고 우쭐댈 수 없었다) 의사는 내가 스트레스나 불안에 시달리지 않는지 캐물었다. 나는 절대 그럴 리 없고, 그런 일은 불가능하다는 식으로 대뜸 반박했다. 매일 운동하고, 몸에 좋은 음식을 먹고, 바이올린을 연주한다는 따위의 이유를 대면서 말이다. 의사는 참을성 있게 내 말을 들어주었다. 불안을 부정하려던 나의 뇌는 그럴듯한(사실은 전혀 그렇지 않은) 가능성을 불쑥 제시했다. '근래에 캠핑 여행을 다녀왔는데 제대로 정화하지 않은 물을 마신 게 분명해.' (그러나 나는 이런 일에 매우 신중했으며, 같이 여행을 간 다른 사람들은 한 명도 아프지 않았다.)

나는 야생에서 정화되지 않은 물을 마셔서 편모충에 감염되면 심한 설사에 시달리는 병인 '편모충증'을 최대한 설득력 있게 주장했다. 의사는 물론 편모충증이 무엇인지 알지만(어쨌든 그는 의사였다) 증상은 편모충증 같지 않다고 말했다. 나는 명백한 사실을 인정하고 싶지 않았다. 내가 스트레스에 너무 많이 시달린 나머지 불안이 내 몸에서 드러나고 있다는 사실 말이다. 그 이유는 나의 두뇌가 불안을 간과하고 있거나 노골적으로 부정하기 때문이었다. 불안하다고? 그럴 리 없었다. 절대 아니었다.

나는 약 10분에 걸쳐 내가 불안할 리 없고, 의사가 말하는 과민성대장증후군(방금 내가 의사에게 말한 바로 그 증상으로 드러나는 병) 같은 증상은 없다고 설득하려 애썼다. 그러자 의사는 어깨를 으쓱하더니 설사병을 일으키는 이론적 원인인 '편모충'을 제거하기 위한 항생제를 처방했다.

물론 증상은 계속되었다. 마침내 불안이 시험 전에 찾아오는 약간의 긴장, 전면적인 공황발작 그리고 뉴저지주 프린스턴에 있는 모든 공중화장실의 위치를 외우게 만드는 설사까지, 온갖 변신에 능하다는 사실을 알게 되었다.

온라인 사전을 보면 불안은 "대개 임박한 일이나 결과가 불확실한 일에 대해 걱정이나 긴장 또는 불편을 느끼는 감정"이라고 정의되어 있다. 이 정의는 사실 거의 모든 것을 포괄한다. 조만간 일어날 모든 일은 임박한 것이고, 우리가 확실하게 알 수 있는 유일한 것은 모든 일이 불확실하다는 것이다. 그래서 불안은 거의 모든 장소나 상황 또는 시간에 머리를 쳐들 수 있다. 우리는 동료가 회의에서 회사의 분기 실적을 나타내는 슬라이드를 올릴 때 핀으로 찌르는 듯한 불안을 느낀다. 또는 실적을 보여준 후 그 동료가 앞으로 정리 해고가 이뤄질 것이고, 경영진은 몇 명이나 일자리를 잃을지 확정하지 않았다고 말할 때 바늘로 찌르는 듯한 불안을 느낀다.

어떤 사람들은 아침에 불안한 느낌과 함께 깨어난다. 긴장감이 배고픈 고양이처럼 그들을 깨운다. 뒤이어 떨칠 수 없는 걱정이 그들을 뒤흔들어서 점점 더 깨어나게 만든다(커피가 필요 없다). 그들은 왜 불안한지 모르기 때문에 종일 걱정이 쌓여간다. 범불안장애를 가진 나의 부모님이 이런 사례에 해당한다. 그들은 불안하게 깨어나고 종일 걱정한다. 그리고 '왜 잠을 못 자는 거지?'라는 생각에 시달리며 밤늦도록 폭풍 걱정binge-worrying을 한다. 다른 사람들은 난데없이 찾아오거나 (나의 경우처럼) 한밤중에 잠을 깨우는 공황발작을 일으킨다. 또 다른 사람들은 특정 대상이나 주제에 대해 걱정하면서도 이상하게 그들을 미치게 만들 것 같은 다른 사건이나 범주에는 영향을 받지 않는다.

물론 불안장애의 꽤 긴 목록이 있다는 사실을 언급하지 않으면 심히 정신과 의사답지 못할 것이다. 나는 의학을 공부했지만 어떤 문제에 장애나 질환이라는 딱지를 붙이기가 약간 망설여진다. 곧 확인하겠지만 이런 문제 중 다수는 그저 우리 두뇌의 자연스러운(그리고 대체로 유익한) 절차 중 하나가 약간 어긋난 데서 기인하기 때문이다. 그래서 '인간스러움'에 질환이라는 딱지를 붙이는 것과 같다. 나는 '질환'이 생긴 마음·두뇌를 약간 조율이 안 된 바이올린 줄에 가까운 것으로 생각한다. 이런 바이올린이 망가졌다고 내버리는 사람은 없다. 우리는 어느 부분이 잘못되었는지 들어보고 계속 연주할 수 있도록 줄을 약간 조인다(또는 푼다). 그런데 병원에서 불안장애는 특정 공포증(예컨대 거미에 대한 공포)부터 강박장애(예컨대 세균에 감염될까 줄곧 걱정하면서 손을 씻는 것), 범불안장애(일상의 모든 일을 과도하게 걱정하는 것)까지 포함한다.

일상적인 불안을 '장애'로 탈바꿈시키는 것은 진단의의 관점에 다소 좌우된다. 가령 범불안장애 진단의 경계까지 오려면 '다양한 주제나 사건 또는 활동'에 대해 과도한 불안과 걱정을 품어야 한다. 또한 이런 일이 '최소한 6개월 동안 자주 일어나야 하며, 명확하게 과도해야 한다.' 나는 "명확하게 과도해야 한다"는 마지막 부분을 좋아한다. 아마 나는 의대에서 걱정이 불충분한 수준에서 명확하게 과도한 수준으로 넘어가서 처방전을 꺼내거나 약국에 연락해야 할 때가 언제인지 판단하는 방법을 가르쳐주는 강의 시간 내내 잠을 잔 모양이다.

불안은 대체로 머리 옆에 혹처럼 튀어나오기보단 머릿속에 숨어 살기 때문이다. 그래서 나는 환자에게 많은 질문을 던져서 불안이 모습을 드러내는 양상을 파악한다. 대학 시절의 나는 불안에 시달린다는 사실을 분명 알지 못했다. 이리저리 추측한 끝에 마침내 조깅 코스에 있는 모든 화장실을 알아두는 것과 걱정을 연결하기 전까지는 말이다. 의료 지침서에 따르면 불안의 일부 전형적인 증상은 곤두선 신경, 안절부절못하는 태도, 쉽게 피곤해지는 것, 집중력이 떨어지는 것, 짜증을 잘 내는 것, 근육통이 심해지는 것, 잠을 못 자는 것 등을 포함한다. 그러나 분명하게 알 수 있듯이 이런 증상들이 그 자체만으로 당신의 등에 모두가 읽을 수 있도록 '이 사람은 불안합니다'라는 문구를 붙이는 것은 아니다. 내게는 대학 시절에 내가 불안하다는 사실을 부정한 경험이 있다. 그래서 비슷한 환자들이 이런 징후와 그들의 머릿속에서 일어나는 일 사이의 연관성을 파악하도록 돕는 일이 매우 중요하다. 그래야만 진전을 이룰 수 있다.

한 사람의 삶에서 불안이 얼마나 다른 양상으로 모습을 드러내는지 확인하기 위해 유능하고 성공적인 두 여성의 사례를 제시하겠다.

나의 아내인 마리Mahri는 40세의 대학교수로서 학생들에게 사랑받으며, 연구 성과가 국제적으로 알려져 있다. 그녀는 언제 자신의 불안이 성년에 이르렀는지 기억하지 못한다. 대학원에 다닐 때 자매나 사촌과 이 주제에 대한 대화를 나눈 후에야 마리는 가족들의 버릇이 불안의 징후임을 알아차렸다. 따로 놓고 보면 별난 행동일 뿐이지만 하나의 패턴으로서는 불 보듯 명확한 것에 이름을 붙이는 순간, 그녀의 머릿속에 전구가 켜지는 듯했다. 그녀는 그 깨달음을 이렇게 설명한다. "불안은 너무나 미묘해서 우리 가족들의 행동을 돌아보고 그것에 이름을 붙인 후에야 알아차릴 수 있었어." 그녀는 외할머니, 어머니, 이모가 모두 일정 수준의 불안을 갖고 있었음을 깨달았다. 그것도 그녀가 기억할 수 있는 가장 오래전부터 그랬다. 가령 마리가 아이였을 때 그녀의 엄마는 자신이 처한 상황을 통제하기 위한 방편으로 계획 짜기에 과도하게 몰두했다. 이런 경향은 가족이 여행을 갈 때 특히 두드러졌다. 마리는 여행을 준비하는 일을 싫어했다. 엄마의 불안이 그녀와 아빠 그리고 자매에게 딱딱거리는 행동으로 드러났기 때문이었다.

마리는 가족들이 불안에 시달린다는 사실을 알아차리고 나서야 자신도 마찬가지임을 깨달았다. 그녀는 이 책을 쓰기 위해 아침식사 전에 가진 인터뷰에서 불안이 어떤 느낌이었는지 이렇게 회고했다. "그 자체로 아무 목적이 없는 저급한 감정이야. 그래도 모든 특정한 상황이나 생각에 달라붙어. 마치 내 마음이 불안해할 대상을 찾는 것 같아. 이전에는 긴장감 정도로 생각하고 말았을 거야. 그만큼 불안을 인생의 경험들과 떼어놓고 보기 어려웠어. 상황이 바뀌고 삶이 변화할 때면 자연스레 수반되는 감정이라 생각했거든." 그렇다. 이것이 일반적인 불안의 핵심 속성이다. 즉, 우리의 마음이 무해한 대상을 골라 그것을 걱정하기 시작한다. 많은 경우 불안은 새벽에 성냥불로 시작된 들불과 같다.

이 불은 일상적 경험을 연료로 삼아 시간이 흘러갈수록 더욱 밝고 강하게 타오른다.

마리는 나와의 대화를 끝내고 아침을 먹으러 가면서 이렇게 덧붙였다. "나를 잘 모르는 사람들은 내가 항상 이런 문제와 씨름할 거라고는 상상하지 못할 거야." 정신과 의사로 수련했든 아니든 나는 그녀의 말을 입증할 수 있다. 그녀는 동료와 학생들에게 더없이 차분한 모습을 보인다. 하지만 우리는 그녀가 불안에 빠질 때를 감지한다. 대개 그 단서는 그녀가 미래에 일어날 일에 집중하면서 계획을 세우기 시작하는 것이다. 마치 그녀의 뇌가 약간의 불확실성을 지닌 대상이나 시기(예컨대 주말)를 고르고 단지 분명한 형태가 없다는 이유로 불안의 시동을 걸기 시작하는 것 같다. 뒤이어 그녀의 뇌는 계획을 위한 엔진이 돌아갈 때마다 그 찰흙을 익숙한 형태로 다지려고 시도한다. 예술가에게 찰흙덩이는 가능성을 말한다. 여행자에게 주말은 모험을 약속한다. 그리고 예민한 사람에게 무계획은 불안을 야기한다. 마리와 내가 자주 나누는 농담이 있다. 그녀에게 "오늘 아침에도 오후에 저녁을 계획할 계획을 세웠어?"라는 식으로 묻는 것이다.

어떤 사람들은 서서히 조여오는 일반적인 불안과 달리 간헐적인 공황에 시달린다. 마리의 대학 룸메이트인 에밀리Emily(우리 부부의 좋은 친구로서 의대 시절 나의 절친 중 한 명과 결혼했다. 그들은 무심코 마리와 나를 서로에게 소개해주었다)의 경우가 그렇다. 변호사인 에밀리는 국제 협상을 비롯한 수준 높은 정치적 사안을 다룬다. 그녀는 로스쿨에 다닐 때 공황발작을 겪기 시작했다. 나는 그 경험이 어떠했는지 설명해 달라고 요청했다. 그녀는 이메일로 이야기를 들려주었다.

로스쿨 2학년과 3학년 사이의 여름이었어. 그때 나는 운 좋게도 대형 로펌에서 하계 인턴 자리를 얻었어. 하계 인턴으로 일하다 보면 파트너들에게 다른 하계 인턴이나 정규직 소속 변호사들과 함께 저녁 초대를 많이 받아. 친목을 다지고 로펌에서 일하는 사람들의 삶이 어떤지 볼 수 있는 자리지. 7월에 정말 즐겁게 그런 자리를 가진 적이 있었어. 모임이 끝나고 집으로 돌아와서 침대에 들어가 쉽게 잠들었어. 그런데 약 2시간 후에 번쩍 눈이 떠졌어. 심장이 마구 뛰고, 식은땀이 흐르고, 숨쉬기가 어려웠어. 뭐가 잘못된 건지 알 수 없었어. 악몽을 꾼 것도 아니었거든. 나는 급히 침대에서 나와 증상을 멈춰보려고 침대 주위를 걸었어. 그래도 너무 걱정돼서 병원 응급실에서 야간 당직을 서던 남편에게 전화했어. 남편한테 빨리 와달라고 부탁했지. 남편은 그 길로 와주었어. 결국 증상이 완화되었고, 살았다는 생각이 들었어. 무슨 일이 생긴 건지는 여전히 알 수 없었어.

그해 가을에 나는 마지막 해를 보내기 위해 로스쿨로 돌아갔어. 정식 일자리도 확실하게 제의받은 상태였지. 그래서 한결 느긋해졌고, 기억나는 다른 사건은 없었어. 하지만 다음 해 여름에 공황발작이 재발했어. 쉽게 잠이 들었다가도 두어 시간 만에 번쩍 눈이 벼졌어. 그때처럼 말이야. 거의 매일 그랬던 것 같아. 변호사 시험을 준비하던 시기라서 정말로 힘들었지. 같은 시기에 30년 동안 (적어도 내가 아는 한 행복하게) 같이 산 부모님이 갑작스럽게 이혼을 하겠다고 말했어. 게다가 로펌에 취직해서 매일 장시간 일하고 있을 때 바로 옆방에서 일하는 선배 변호사가 나한테 '괴롭힘'을 가하기 시작했어. 마치 나를 물건처럼 취급하면서 근본적으로 나는 회사 소유니까 나한테는 내 삶에 대한 통제권이 없고, 이 기회를 고맙게 여겨야 한다고 설교했어. 이 끔찍한 사건과 상황의 조합이 나의 삶에 대한 통제력을 내게서 앗아갔어. 그게 6개월 동안 일련의 공황발작으로 이어졌지. 나는 두어 번 정신과 상담을 하고 직접 조사도 했어. 그래서 이 무렵에는 무슨 일이 일어나고 있는지 알아차렸어. 나는 자신에게 '죽을 것 같겠지만 그렇지 않아. 이건 뇌가 너에게 장난을 치는 거야. 다음에 일어날 일은 네가 결정해'라고 말했어. 나는 심호흡을 통해 발작에서 빠져나오고 마음을 안정시키는 행위 자체에 생각을 집중하는 법을 익혔어.

모든 사람이 에밀리처럼 스팍 Spock(〈스타트렉〉 시리즈에 등장하는 외계인과 인간의 혼혈 캐릭터로서 철저하게 이성적인 성향을 지님-옮긴이) 같은 초인간적 추론과 집중력을 가진 것은 아니다. 서서히 조여오는 일반적인 불안에 대한 마리의 묘사와 달리, 에밀리의 이야기는 불안이 찻주전자 같은 것일 수 있음을 보여준다. 이런 불안은 계속 끓어오르다가 폭발한다. 그것도 종종 한밤중에. 에밀리와 마리 둘 다에게 중요한 사실은 그들이 특정 유형의 불안에 이름을 붙인 후에야 대응을 시작할 수 있었다는 것이다.

진짜 의사이든 아니면 그냥 구글 박사이든 간에 결론은 임상적 불안 또는 다른 불안을 진단하기 까다롭다는 것이다. 우리 모두는 불안을 느낀다. 불안은 삶의 일부다. 다만 불안에 대응하는 방식이 중요하다. 불안이 발현하는 양상이나 그 이유를 모르면 일시적인 주의 분산이나 단기적 미봉책에 의존하게 된다. 이런 대응은 사실상 불안을 악화시키며, 그 과정에서 나쁜 습관을 만들어낸다(스트레스를 받았을 때 아이스크림이나 쿠키를 먹은 적 있나요?). 또는 불안을 치유하려고 애쓰다가 오히려 가중시키며 평생을 보낼 수 있다('왜 불안한 이유를 바로 찾아내서 고치지 못하는 걸까?'). 이 책은 이런 문제를 다룬다.

지금부터 우리는 불안이 우리 뇌의 매우 근본적인 생존 기제에서 생겨나는 양상과 그것이 심지어 저절로 지속되는 습관이 되는 양상 그리고 불안과의 관계를 바꿔서 스스로 해소되도록 만들기 위해 할 수 있는 일을 같이 탐구할 것이다. 여기에 보너스도 있다. 그래서 그 과정에서 불안이 다른 습관까지 촉발하는 양상(그리고 그 습관에 대응하는 방법)도 알게 될 것이다.

불안은 새로운 것이 아니다. 1816년에 토머스 제퍼슨Thomas Jefferson은 존 애덤스John Adams에게 보낸 편지에서 이렇게 썼다. "실로 침울하고 우울한 사람들이 있네. 병든 육체의 거주자로서 현재를 혐오하고 미래에 절망하는 사람들이지. 그들은 언제나 최악의 사태가 일어날 순간을 기다려. 나는 그런 사람들에게 일어나지도 않을 불행 때문에 우리가 얼마나 많은 고통을 겪었느냐고 말한다네!"[1] 나는 역사학자 근처도 못 가는 사람이지만 제퍼슨이 수많은 일들 때문에 불안해하는 모습을 상상할 수 있다. 그는 새로운 나라의 탄생을 도와야 할 뿐 아니라 노예제에 대한 위선적인 태도를 갖고 살아가야 한다. (그는 "모든 인간은 평등하며" 노예제는 "도덕적 타락"이자 "끔찍한 오점"으로서 새로운 미국의 생존에 중대한 위협이 된다고 썼다. 그러나 동시에 평생에 걸쳐 600여 명의 노예를 거느리고 살았다.)[2]

우리는 현대 세계에서 살고 있다. 기술 진보 덕분에 식량 공급은 안정화되었고, 미국의 역사는 어느덧 250년 가까이 되었다. 그래선지 인류에게 걱정거리가 줄어들었으리라고 흔히들 생각한다. BC, 그러니까 코로나 사태 이전에 미국불안증및우울증협회Anxiety and Depression Association of America는 전 세계적으로 2억 6,400만 명이 불안장애를 가진 것으로 추정했다.[3] 또한 2001년과 2003년 사이에 데이터를 수집했기 때문에 지금은 아주 오래된 것처럼 느껴지는 한 조사에서 미국립정신건강연구소National Institute of Mental Health는 미국 성인의 31퍼센트가 살면서 한 번은 불안장애를 경험하며, 전체 인구의 19퍼센트가 지난 1년 사이에 불안장애를 겪었다고 밝혔다.[4] 게다가 지난 20년 동안 상황은 악화되기만 했다. 2018년에 미국심리학회American Psychological Association

는 1,000명의 미국 성인을 대상으로 불안의 근원과 수준을 조사했다. 그 결과 미국인의 39퍼센트는 2017년보다 더 불안하다고 밝혔으며, 같은 수(39퍼센트)가 작년과 같은 수준의 불안에 시달리는 것으로 드러났다.[5] 이는 인구의 80퍼센트에 달하는 수치다.

이 모든 불안은 어디서 기인하는 것일까? 앞서 언급한 조사에서 응답자의 68퍼센트는 건강과 안전에 대한 걱정이 그들을 다소 또는 극도로 불안하게 만든다고 밝혔다. 또한 67퍼센트는 재정 문제를 불안의 근원으로 꼽았다. 정치(56퍼센트), 인간관계(48퍼센트)가 그 뒤를 이었다. 미국심리학회는 미국인을 대상으로 한 스트레스 조사에서 미국인의 63퍼센트가 국가의 미래가 스트레스의 커다란 근원이라고 생각하며, 59퍼센트는 "미국은 그들이 기억하는 한 역사상 최저점에 있다"는 항목에 체크했다고 밝혔다.[6] 이 조사를 한 시기는 코로나 사태가 생기기 3년 전인 2017년이었다.

미국의 경우 사회경제적 수준이 낮은 지역에서 정신질환이 더 흔한 경향이 있다. 그래서 어떤 사람들은 이 사실을 토대로 덜 부유한 국가들, 즉 식량이나 깨끗한 물 또는 치안 같은 기본적인 필요가 커다란 스트레스 요인인 국가들에서 불안에 시달리는 사람이 더 많지 않을까 하는 의문을 품었다. 이 의문을 풀기 위해 2017년에 〈미국의사협회 정신의학회지JAMA Psychiatry〉에 발표한 한 논문은 전 세계에 걸쳐 범불안장애에 시달리는 사람들의 비율을 살폈다.[7] 수치를 확인할 준비가 되었는가? 평생 유병률은 고소득 국가(5퍼센트)에서 가장 높았고, 중소득 국가에서 더 낮았으며 (2.8퍼센트), 저소득 국가에서 가장 낮았다(1.6퍼센트). 논문의 저자들은 걱정하는 성향의 개인적 차이가 고소득 국가의 상대적으로 부유하고 안정된 여건에서 더 많이 드러난다고 주장했다. 그 이유에 대한 의견은 분분하다. 가령 기본적 필요가 충족되었기 때문에 우리의 생존용 뇌가 위협이나 걱정의 대상을 찾을 한가한 시간이 더 많다는 의견이 있다. 일각에서는 이를 '건강염려증'이라 부른다. 그러나 범불안장애를 가진 사람들은 전혀 건강하지 않다. 이 조사에 참여한 사람 중 절반은 하나 이상의 생활 영역에서 심각한 장애disability를 가졌다고 밝혔다. 나는 범불안장애를 가진 환자들이 불안 지구력을 경쟁하는 스포츠 경기에 출전한 올림픽 선수 같다고 생각한다. 그들은 세상 그 누구보다 더 오래, 더 심하게 걱정할 수 있다.

코로나 팬데믹이 발생하면서 초기의 추정치는 (놀랍게도!) 불안 수준이 급증할 것이라고 제시했다. 2020년 2월부터 중국에서 단면적 조사cross-sectional survey(다양한 유형의 개인들로 샘플을 구성하고 단일 시점을 기준으로 삼는 조사-옮긴이)를 실시한 결과 범불안장애 유병률은 35.2퍼센트였다.[8] 당시는 거대한 규모로 퍼진 팬데믹의 비교적 초기였다. 2020년 4월 말에 영국에서 나온 보고서는 코로나 이전 추세와 비교하여 "정신 건강이 악화되었다"고 밝혔다.[9] 2020년 4월에 미국에서 나온 보고서에 따르면 응답자의 13.6퍼센트가 심한 정신적 고통을 호소했다.[10] 3.9퍼센트만 심한 수준의 번민을 호소한 2018년보다 무려 250퍼센트나 증가한 수치다.

당신 자신의 경험이나 소셜미디어 피드만 살펴도 이 사실을 직접 확인할 수 있다. 코로나 팬데믹 같은 대규모 재난은 언제나 약물 사용과 불안을 비롯한 폭넓은 정신장애의 증가를 수반한다. 가령 뉴욕 주민의 약 25퍼센트는 2001년 9.11 테러가 발생한 이후 술을 더 많이 마셨다고 밝혔다.[11] 또한 2016년에 포트 맥머레이Fort McMurray 산불(캐나다 역사상 가장 많은 재산 피해를 초래한 재난) 이후 지역 주민들이 범불안장애 증상을 호소하는 비율은 19.8퍼센트 증가했다.[12]

불안은 외톨이가 아니다. 그래서 친구들과 어울려 다니는 경향이 있다. 앞서 언급한 2017년 정신의학회지 논문에 따르면 범불안장애를 가진 사람의 80퍼센트는 평생에 걸쳐 다른 정신질환을 경험했다. 그중 가장 흔한 것은 우울증이었다. 우리 연구소에서 근래에 실시한 조사에서도 비슷한 결과가 나왔다. 범불안장애를 가진 사람의 84퍼센트는 동반장애를 겪는 것으로 드러났다.

그리고 불안은 허공에서 갑자기 나타나지 않는다. 불안은 태어난다.

2

불안은 왜
우리를 집어삼키는가?

불안은 이상한 짐승이다.

나는 정신과 의사로서 불안과 그 사촌인 공황이 모두 공포에서 태어난다는 사실을 배웠다. 또한 나는 행동신경 과학자로서 공포의 주된 진화적 기능이 우리의 생존을 돕는다는 것을 안다. 사실 공포는 우리가 가진 가장 오래된 생존 기제다. 공포는 부적 강화negative reinforcement라는 정신적 과정을 통해 미래에 위험한 상황을 피하도록 우리를 가르친다.

가령 붐비는 도로로 발을 들였는데, 자신을 향해 곧장 달려오는 차를 봤다고 가정하자. 이 경우 사람들은 본능적으로 안전한 인도로 껑충 뛰어 올라간다. 이런 공포 반응은 도로가 위험하며, 조심스럽게 접근해야 한다는 사실을 바로 익히는 데 도움을 준다. 진화는 이 과정을 실로 단순하게 만들었다. 너무나 단순해서 이런 상황에서는 세 가지 요소만 있으면 학습이 가능하다. 환경적 단서와 행동 그리고 결과다. 붐비는 도로로 들어서는 일(환경적 단서)은 건너기 전에(행동) 양쪽을 살피겠다는 우리의 신호다. 또한 거리를 무사히 건너는 일(결과)은 미래에도 같은 행동을 반복해야 한다는 것을 기억하도록 우리를 가르친다. 우리는 이 생존 도구를 모든 동물과 공유한다. 심지어 과학자들에게 알려진 가장 원시적인 신경계를 가진 갯민숭달팽이(인간의 뇌에는 약 1,000억 개의 뉴런이 있는 반면 갯민숭달팽이의 뉴런은 총 2만 개에 불과하다)도 이 학습 기제를 활용한다.

지난 100만 년의 어느 기간에 인간은 가장 원시적인 생존형 두뇌 위에 새로운 층을 진화시켰다. 신경과학자들은 이를 전전두피질prefrontal cortex이라 부른다. (해부학적 관점에서 이 새로운 두뇌 영역은 우리 눈과 이마 바로 뒤에 위치해 있다.)

창의성과 계획에 관여하는 전전두피질은 우리가 미래를 생각하고 계획하는 데 도움을 준다. 전전두피질은 지난 경험을 토대로 미래에 무슨 일이 일어날지 예측한다. 보다 중요한 점은 전전두피질이 정확한 예측을 하려면 정확한 정보가 필요하다는 것이다. 정보가 부족하면 전전두피질은 일어날 수 있는 일의 다른 버전들을 전개하여 우리가 최선의 경로를 선택하도록 돕는다. 그 방식은 우리의 삶에서 가장 비슷한 이전 사건들을 토대로 시뮬레이션을 돌리는 것이다. 가령 트럭과 버스는 승용차와 비슷하다. 그래서 우리는 양쪽을 살펴서 빠르게 달리는 모든 차량을 피해야 한다고 안전하게 가성할 수 있다.

이 부분에서 불안이 개입한다.

불안은 전전두피질이 미래를 정확하게 예측하는 데 필요한 정보를 충분히 갖지 못할 때 태어난다. 우리는 코로나가 2020년 초에 전 세계에 걸쳐 폭발적으로 전염될 때 이 사실을 확인했다. 바이러스나 병원체가 새로 발견되면 언제나 그랬듯이, 과학자들은 급히 코로나의 속성을 연구했다. 그 목적은 적절한 대응을 위해 코로나의 전염성과 치명성이 어느 정도인지 정확하게 파악하기 위한 것이었다. 그러나 발견 초기에는 불확실성이 넘쳐난다. 우리의 뇌는 정확한 정보가 없는 경우 두렵고 무서운 이야기를 지어내는 편이 쉽다고 여긴다. 이 이야기는 우리가 듣거나 읽은 최신 보도를 토대로 삼는다. 우리의 뇌가 만들어진 방식 때문에 충격적인 뉴스일수록(그래서 위험하고 무섭다는 느낌이 강할수록) 기억에 남을 가능성이 높아진다. 여기에 두려움과 불확실성이라는 요소(가족의 발병이나 죽음, 실직할 가능성, 아이들의 등교 여부와 관련된 힘든 결정, 안전하게 경제활동을 재개하는 방법에 대한 우려 등)를 더해 보라. 그러면 당신의 뇌가 처리해야 할 나쁜 일들이 산더미처럼 쌓이게 된다.

공포 자체는 불안과 다르다는 점을 알아야 한다. 공포는 우리의 생존을 돕는 적응 가능한 학습 기제다. 반면 불안은 비적응적이다. 생각하고 계획하는 우리의 뇌는 충분한 정보가 없으면 통제 불능 상태가 된다.

공포 반응이 얼마나 빨리 이뤄지는지 살펴보면 이 사실을 이해할 수 있다. 붐비는 도로로 들어섰는데 차가 달려오면 당신은 반사적으로 인도로 뛰어 올라선다. 이 상황에서는 생각할 시간이 없다. 전전두피질에서 이 모든 정보(차, 속도, 방향 등)를 처리하려면 너무 오랜 시간이 걸린다. 어떻게 행동할지에 대한 결정("뒤로 물러서야 할까 아니면 차가 알아서 피해갈까?")을 내리는 일은 더 오랜 시간이 걸린다. 우리는 시간을 세 층위로 나누어 반사 행동과 불안으로 학습된 행동을 구별할 수 있다.

1. 즉각Immediate(몇 천분의 일 초)
2. 급성Acute(몇 초에서 몇 분)
3. 만성Chronic(몇 달에서 몇 년)

'즉각 반응 immdediate reaction'은 생존 차원에서 이뤄진다. 우리는 이런 상황에서 아무것도 학습하지 않는다. 그저 위험에서 벗어날 뿐이다. 회피는 실로 빠르게, 본능적으로 이뤄져야 한다. 인도로 뛰어 올라가는 행동은 너무 빨리 이뤄져서 뒤늦게 방금 무슨 일이 일어났는지 깨닫게 된다. 이런 반응은 오래된 뇌의 자율신경계에서 시작된다. 자율신경계는 의식적 통제 밖에서 신속하게 작동하여 얼마나 많은 피를 심장으로 보낼지 또는 소화관보다 근육이 더 많은 피를 받게 할지 같은 온갖 일들을 제어한다. 이런 작용은 생명을 구한다. 즉각적인 위협이 발생하면 생각할 시간이 없기 때문이다. 생각은 훨씬 느린 과정이다. 다시 말해서 투쟁·도피·경직 반응은 당장의 위험을 모면하고 그런 경험에서 교훈을 얻을 수 있도록 당신을 살려준다.

안전하게 위험에서 벗어나면 그때 당신은 아드레날린이 급성으로 분비되는 것을 느낀다. 그리고 방금 일어난 일을 머릿속에서 처리하기 시작한다(급성 학습acute learning). 자칫하면 죽을 뻔했다는 생각은 도로로 들어서는 일을 위험과 연결 짓는 데 도움을 준다. 당신의 뇌는 심지어 한두 개의 먼 기억을 끌어올릴지도 모른다. 그러면 부모님의 목소리가 갑자기 머릿속에 울리면서 도로를 건너기 전에 양쪽을 살피지 않는다고 엄마나 아빠에게 처음 야단맞았던 기억이 떠오른다. 공포에 따른 심리적 반응의 불쾌함은 당신이 교훈을 얻도록 돕는다. 도로를 건널 때는 휴대폰을 집어넣고 양쪽을 살펴야 한다는 교훈 말이다. 이 학습이 얼마나 빨리 이뤄지는지 보라. 당신이 죽고 싶어 환장했는지 또는 성장기에 반항심 강한 아이였는지 판정하기 위해 몇 달 동안 상담을 받을 필요는 없다. 이는 위험한 상황에서 주의를 기울여야 한다는 단순한 학습의 문제일 뿐이다. 당신은 붐비는 도로와 차에 치일 뻔한 상황 사이에 연결고리를 만든다. 아이러니하게도 당신은 어린 시절에 부모님이 계속 가르치려던 교훈을 신속하게 배운다. (개념을 주입하기보다 경험에서 배우는 것이 얼마나 더 효과적인지 보라. 우리의 뇌는 실로 이런 방식의 학습에 뛰어나다.) 중요한 점은 스트레스를 안기는 상황에서 살아남은 후 껑충껑충 뛰면서 발길질을 하는 얼룩말이나 몸서리를 치는 개들처럼, 당신도 '거의 죽을 뻔한' 위기에서 과다 분비된 아드레날린에 따른 과도한 에너지를 안전하게 발산하는 법을 배워야 한다는 것이다. 그래야 그 에너지가 만성적 스트레스 또는 외상 후 스트레스와 불안으로 이어지지 않는다. 그냥 다른 사람에게 털어놓는 것은 거기에 포함되지 않는다. 고함을 지르든, 몸을 흔들든, 춤을 추든, 또는 운동을 하든 실제로 신체적인 활동을 해야 한다.[13]

당신의 오래된 뇌와 새로운 뇌는 당신의 생존을 돕기 위해 잘 협력한다. 당신은 본능적으로 행동하고(펄쩍 뛰어서 도로에서 벗어나는 것) 그 상황으로부터 교훈을 얻을 때(건너기 전에 양쪽을 살피는 것) 충분히 오래 살아서 미래를 계획할 수 있다("여기가 위험한 교차로라는 걸 아이들한테 알려줘야 해"). 모든 일이 잘 풀리면 이 대목에서 전전두피질이 빛을 발한다. 전전두피질은 과거의 경험으로부터 정보를 취하여 미래로 투사한다. 이는 생길지 모르는 또는 생길 수 있는 일을 예시하고 예측하는 수단이다. 그러면 지금 일어나는 일에 계속 반응하는 것이 아니라 다음에 일어날 일을 계획할 수 있다. 이런 방식은 좋은 예측을 하기에 충분한 정보가 있는 한 아무 문제가 없다. 어떤 일이 일어날지 확실할수록 더 많이 예측하고 계획할 수 있다.

씨앗에게 비옥한 토양이 필요하듯이, 오래된 생존용 뇌는 생각하는 뇌에서 불안이 싹 틀 여건을 조성한다(만성). 여기서 불안이 태어난다. '공포+불확실성=불안'. 가령 당신의 아이가 처음 혼자서 학교까지 걸어가거나 몇 구역 떨어진 친구 집에 가고 싶어 할 때 어떤 기분이 드는가? 당신은 도로를 안전하게 건너야 하며, 낯선 사람은 위험하다는 등 조심해야 할 모든 것을 세심하게 가르쳤다. 그런데도 아이가 시야에서 벗어나는 순간 당신의 뇌는 어떤 일을 하는가? 온갖 최악의 상황들로 머릿속을 가득 채우기 시작한다.

과거의 경험 또는 (정확한) 정보가 없는 경우에 걱정 스위치를 끄고 차분하게 미래를 계획하기가 정말 힘들다. 생각·계획하는 뇌는 정보가 부족하면 더 많은 정보가 확보될 때까지 수면 모드로 들어가는 정보 스위치를 갖고 있지 않다. 오히려 그 반대다. 불안은 빨리 행동하라고 당신을 다그친다. (기이하게도 당신의 머릿속에서) 당신의 귀에다 대고 "정보를 좀 구해봐!"라고 소리친다. 그리고 당신은 아이가 (당신 없이) 목적지까지 안전하게 도착하는지 몰래 확인할 수 있는 미행 방법을 생각해내기 위해 지금까지 본 모든 첩보 영화를 되짚어본다.

대체로 더 많은 정보는 (당신이 얻을 수 있다면) 좋아야 마땅하게 보인다. 어쨌든 더 많이 알면 더 많은 통제력을 발휘하는 데 도움이 된다. 정보가 힘이기 때문이다. 그렇지 않은가? 인터넷이 발전한 덕분에 이제 정보가 부족한 일은 없다. 그러나 콘텐츠의 양에 정확성이 파묻힌다. 사실상 누구라도 어떤 내용이든 원하는 대로 올릴 수 있고, 정확성이 아니라 유머나 분노 또는 충격성에 따라 보상받는다. 결국 웹은 모두 헤치고 나아가기가 거의 불가능할 정도로 많은 정보로 금세 채워진다. (가짜 뉴스는 진짜 뉴스보다 6배나 빠르게 퍼진다.) 이런 양상은 우리가 통제권을 가졌다고 느끼는 데 전혀 도움이 되지 않는다. 계획을 세울 때 선택에 필요한 정보가 과다한 경우를 과학적 관점에서는 '선택 과부하choice overload'라고 부른다.

노스웨스턴 대학 켈로그 경영대학원의 알렉산더 체르네프Alexander Chernev와 동료들은 뇌의 선택 능력을 크게 저하시키는 세 가지 요소를 알아냈다. 과제의 어려운 난이도, 복잡하고 방대한 선택지, 그리고 (놀랍게도!) 과도한 불확실성이다.[16] 매일, 하루 종일 정보가 제공되는 시대의 삶은 단순히 그 엄청난 양 때문에 더 많은 복잡성을 수반한다. 한 번의 구글 검색에서 연관 논문의 방대한 목록이 쏟아지는 것은 그저 바닷물에 발만 담그려고 해변에 갔는데 해일이 밀려오는 것과 같다. (이제는 언제든 세상 모든 곳에서 무슨 일이 일어나는지 알 수 있기 때문에) 뉴스의 주기를 결코 쫓아갈 수 없다고 느끼는 것 또는 심지어 소셜미디어의 인맥들이 올리는 포스트도 따라잡을 수 없다고 느끼는 것은 목이 말라서 물잔을 들고 단번에 들이켜려 하지만 물잔이 한없이 크다는 사실을 깨닫지 못하는 것과 같다.

정보 과부하는 압도되는 느낌을 줄 뿐 아니라 정보에 속성을 더한다. 즉, 모순되는(그리고 의도적으로 오해의 소지를 만든 것 같은) 정보는 자연스럽게 더 높은 불확실성으로 이어진다. 굳이 지적하지 않아도 알겠지만 우리의 뇌는 모순되는 이야기를 정말 싫어한다. 왜 그럴까? 바로 불확실성의 정점이기 때문이다(이 내용의 진화적 근원에 대해서는 4장에서 더 다룰 것이다). 불행하게도 복잡성과 불확실성은 정보 조작 기법이 교묘해질수록(예컨대 딥페이크deep fakes) 더욱 심해지기만 할 것이다.

정보가 덜 확실한 상태는 대개 사건을 덧붙이고 싶은 충동을 수반한다(이 경우 헤쳐나가야 할 정보의 양이 늘어난다). 이때 전전두피질은 갈수록 빠르게 돌아간다. 그래서 가용한 모든 기질(효소의 작용으로 화학반응을 일으키는 물질-옮긴이)을 취하면서 당신이 숙고해야 할 모든 가상 시나리오를 신속하게 뽑아내려고 애쓴다. 물론 이는 계획을 세우는 것으로 볼 수 없다. 그러나 당신의 뇌는 더 나은 방법을 모른다. 전전두피질이 통합하는 정보가 부정확할수록 결과가 더 나빠진다. 그리고 (전전두피질이 아이러니하게도 심해지는 불안 때문에 오프라인 상태가 되기 시작하면 흔히 그렇듯이) 시나리오가 최악으로 치달을수록 투쟁·도피·경직의 생리는 극한으로 촉발된다. 이 경우 앞으로 생길지도 모르는(하지만 가능성은 아주 낮은) 상황을 생각하기만 해도 정말 위험에 처한 것 같은 느낌이 든다. 그 위험이 머릿속에만 존재한다고 해도 말이다. 짜잔! 불안의 등장이다.

당신의 아이를 세 구역 떨어진 학교나 친구 집까지 처음으로 혼자 모험을 떠나보내는 사례로 다시 돌아가 보자. '옛날'(그러니까 휴대폰이 나오기 전)에 우리 부모들은 우리를 야생으로 내보낸 후 집에 돌아올 때까지(또는 친구 집에서 우리가 무사히 도착했다고 알리는 전화가 올 때까지) 그냥 기다렸다. 이제 부모들은 아이를 문밖으로 내보내기 전에 생각할 수 있는 온갖 추적 장치를 단다. 그래야 언제든 아이가 어디 있는지 알 수 있기 때문이다. 그리고 아이의 모든 걸음을 추적할 수 있게 되면서 그 과정의 모든 것을 걱정하게 된다. ('멈췄어. 왜 멈췄지? 낯선 사람하고 이야기하는 걸까, 아니면 신발끈을 매는 걸까?') 각각의 불확실한 정보와 함께 뇌는 도움을 주려고 모든 비상사태를 생각해내려 애쓴다. 이런 양상이 아이의 안전에 크게 도움이 될까? 아마 아닐 것이다. 그에 따라 증가하는 불안을 따져보면 더욱 그렇다.

그렇다. 불안은 진화의 부산물이다. 공포 기반 학습이 불확실성과 결합하면 좋은 의도를 가진 당신의 뇌는 나머지 재료(예컨대 더 많은 정보)를 기다리지 않는다. 대신 무엇이든 지금 있는 것을 취하고, 걱정을 활용하여 한데 휘젓는다. 그리고 아드레날린 오븐에 불을 붙인 다음 당신이 요청하지 않은 빵덩어리, 크고 뜨거운 불안덩어리를 굽는다. 또한 그 과정에서 (천연 발효종 같은) 약간의 반죽을 다음에 쓰려고 저장한다. 다음에 당신이 뭔가를 계획할 때 당신의 뇌는 머릿속 찬장에서 이 불안의 효모를 꺼내서 '필수 재료'로 믹스에 추가한다. 신맛이 이성과 인내심 그리고 더 많은 정보를 모으는 절차까지 압도할 지경으로 말이다.

불안은 코로나처럼 전염성을 지닌다. 심리학에서는 감정이 한 사람에게서 다른 사람에게로 전파되는 것을 '사회적 전이social contagion'라는 석설한 이름으로 부른다. 단지 불안한 사람과 이야기하는 것만으로도 불안이 자극·촉발된다. 두려움이 서린 그들의 말은 우리의 뇌에 바로 내뿜는 재채기와 같다. 우리의 전전두피질을 감정적으로 감염시킨다. 그에 따라 전전두피질은 걷잡을 수 없는 상태가 되고, 우리는 가족이 아프지 않을지, 일자리가 어떤 영향을 받을지 등 모든 것을 걱정하기 시작한다. 월가는 사회적 전이의 좋은 사례다. 우리는 주가의 폭등과 폭락을 지켜본다. 주가지수는 현재 우리의 집단적 불안이 얼마나 심한지 보여주는 지표다. 월가는 심지어 공포지수라고도 알려진 '변동성지수 Volatility Index'라는 것도 갖고 있다. 당신은 2020년 3월에 세상이 유례없는 난국에 처했음을 투자자들이 깨닫기 시작하면서 변동성지수가 10년 이래 최고치에 이르렀을 때도 별로 놀라지 않았을 것이다.

우리가 불안을 통제하지 못하면 이 감정적 열병은 공황(온라인 사전에 따르면 '종종 심하게 부주의한 행동을 초래하는 갑작스럽고 통제할 수 없는 공포나 불안'이라고 정의되어 있다)으로 치닫는다. 우리의 전전두피질(뇌에서 이성적 사고를 담당하는 부위)은 미래에 대한 불확실성과 공포에 압도된 나머지 오프라인 상태가 된다. 논리적으로 생각하면 지하실에 6개월치 화장지를 저장할 필요가 없다는 사실을 안다. 그러나 마트 안을 달려가다가 누군가의 카트에 화장지가 수북이 담긴 것을 보면 그들의 불안이 우리에게 감염된다. 그래서 우리는 생존 모드로 들어간다. 화장지를. 무조건. 구해야. 한다. 전전두피질은 우리가 주차장에서 그 많은 휴지를 차에 싣거나 지하철에 들고 탈 방법을 고민할 때에야 다시 온라인 상태로 돌아온다.

그렇다면 어떻게 해야 불확실한 때에도 전전두피질을 온라인 상태로 유지할 수 있을까? 어떻게 해야 공황을 피할 수 있을까? 나는 불안에 시달리는 환자들이 불안을 억누르거나 떨쳐내려고 애쓰는 모습을 숱하게 봤다. 안타깝게도 의지력과 이성적 판단은 모두 전전두피질에 의존한다. 그러나 중요한 순간에 전전두피질은 차단되어 활용할 수 없다. 대신 나는 그들에게 뇌가 작동하는 양상을 가르친다. 불확실성이 스트레스에 대처하는 능력을 약화시켜서 공포가 덮칠 때 불안을 유도한다는 사실을 이해하도록 만들기 위해서다. 불확실성이 불안을 촉발하고, 뒤이어 불안은 공황을 일으킨다는 사실을 알면 경계가 가능하다. 또한 생존용 뇌가 (충분한 정보가 없어서 약간 오도되었음에도 불구하고) 강하게 발동하는 바람에 문제가 생긴다는 사실을 아는 것만으로도 환자들이 약간 안정을 되찾는 데 도움이 된다.

하지만 이는 첫 번째 단계에 불과하다. 뇌는 끊임없이 "만약 ~면 어쩌지?"라고 묻는다. 소셜미디어에 접속해서 최신 정보를 훑어보면 보이는 것이라고는 낭설과 공포뿐이다. 사회적 전이는 물리적 경계를 모르며, 세상 어디에서든 시작될 수 있다. 우리는 간절하게 정보를 검색할 것이 아니라 우리의 감정을 다스리는 데 도움이 되는 더 믿을 만한 수단을 더해야 한다. 아이러니하게도 공황에 대한 내처도 우리의 생존 본능에 의존한다. 즉, 애초에 우리를 걱정과 불안으로 이끈 동일한 학습 기제를 활용해야 한다.

우리의 뇌를 조작操作하여 불안의 악순환을 끊으려면 두 가지를 인식해야 한다. 그것은 불안·공황에 빠지고 있다는 사실과 불안·공황에 따른 결과다. 이 인식은 우리의 행동이 실제로 생존에 도움을 주는지 아니면 실은 반대 방향으로 우리를 이끌고 있는지 파악하도록 해준다. 공황은 위험한 충동적인 행동으로 이어질 수 있다. 불안은 우리를 정신적, 육체적으로 약화시키며, 장기적으로 건강에 더 많은 악영향을 끼친다. 이런 악영향을 인식하면 뇌의 학습 시스템이 행동의 상대적 가치를 파악하는 데 도움이 된다. 그래서 가치 있는(보상을 안기는) 행동이 뇌의 보상 위계에서 더 높은 자리로 올라간다. 그에 따라 미래에 반복될 가능성이 높다. 반면 가치 없는(보상을 안기지 않는) 행동은 바닥으로 떨어진다(이 내용은 10장에서 자세히 다룰 것이다).

불안의 무가치함을 인식하면 '더 크고 나은 제안bigger, better offer'을 끌어들일 수 있다. 뇌는 단순히 기분이 좋아진다는 이유로 보상을 안기는 행동을 선택한다. 그래서 걱정 같은 오래된 습관적 행동을 자연스럽게 더 가치 있는 행동으로 대체하는 법을 연습할 수 있다.

가령 코로나 팬데믹 초기에 공공의료 부문 관료들은 얼굴을 만지지 말라고 경고했다. 손잡이나 다른 오염된 표면을 만진 후 얼굴을 만지면 바이러스에 감염될 위험이 높아지기 때문이다. 당신이 얼굴을 만지는 습관이 있다는(많은 사람들이 이 습관을 갖고 있다. 2015년에 발표된 한 논문에 따르면 우리는 1시간에 평균 26번 얼굴을 만진다)[15] 것을 알아차리면 해당 행동을 할 때 경계할 수 있다. 그래서 경보가 울리면 한 발 물러서서 정신적 행위로서 걱정을 시작하는지 인식할 수 있다("안 돼, 얼굴을 만졌어. 이제 병에 걸릴지도 몰라!"). 이 경우 공황에 빠지는 대신 심호흡을 하면서 "마지막으로 손을 씻은 게 언제지?"라고 자문할 수 있다. 잠시 멈춰서 이런 질문을 하는 것만으로도 당신의 전전두피질에게 다시 온라인 상태로 돌아와서 가장 잘하는 일, 즉 생각을 할 기회를 주게 된다("맞아! 방금 손을 씻었지"). 이때 당신은 확실성을 활용할 수 있다. 방금 손을 씻었고, 공공장소에 있지 않았다면 병에 걸릴 가능성은 아주 낮다.

자각은 또한 강화 학습을 통해 위생과 관련된 좋은 습관을 기르는 데 도움을 준다. 즉, 손을 씻는 습관을 가지면 더 좋은 기분을 느낄 수 있다. 또한 우연히 또는 습관적으로 얼굴을 만질 때(또는 가려운 부위를 긁을 때) 해당 순간에 자신을 더 쉽게 안심시킬 수 있다. 동시에 꾸준한 손 씻기를 잘하지 못한다면 자각에 더하여 불확실성이 당신을 다그칠 것이다. 그래서 손을 더 자주 씻거나 최소한 현실세계의 사회적 공간에서 돌아올 때만이라도 손을 씻게 만들 것이다. 자연스럽게 생기는 이 불편감은 행동을 촉구한다. 좋은 위생의 긍정적인 느낌과 효과를 분명하게 인식하고, 불확실성이나 불안의 부정적인 느낌과 비교할수록 당신의 뇌는

자연스럽게 선사를 향해 너 많이 나아가게 된다. 그편이 더 기분
좋기 때문이다.

이처럼 단순한 학습 기제를 이해하면 불확실성에 직면했을 때
불안이나 공황에 휩쓸리는 것이 아니라 "당황하지 않고 계속 평
소처럼 행동하는 keep calm and carry on"(런던 사람들은 2차 대전 동안 줄
기찬 공습의 불확실성에 이렇게 대처했다) 데 도움이 된다. 당신의 흔
한 걱정 속에서 머리가 과도하게 돌아가기 시작하면 잠시 멈추고
심호흡을 하라. 그리고 전전두피질이 다시 온라인 상태로 돌아오
기를 기다리라. 전전두피질이 다시 작동하면 불안한 느낌을 차분
한 느낌과 비교하면서 명확하게 사고할 수 있다. 우리의 뇌에게
이는 쉬운 일no-brainer이다. 더 중요한 사실은 뇌의 힘을 활용하여
불안을 극복하면 다른 습관적 경향을 다스리는 일까지 학습의 범
위를 확장할 수 있다는 것이다. 약간의 연습만 하면 더 크고 나은
제안이 불안뿐 아니라 훨씬 더 많은 문제에 대한 새로운 습관이
된다.

불안은 공포에서 태어나지만 성장과 발육을 위해 영양분이 필
요하다. 무엇이 불안을 키우는지 분명하게 파악하려면 애초에 습
관이 자리 잡는 양상을 알아야 한다. 그래야 마음이 작동하는 양
상을 이해할 수 있다.

③

당신은
불안에 중독되어 있다

말하기 미안하지만 당신은 뭔가에 중독되어 있다. 당신은 '중독'
이라는 단어를 보고 아마 알코올이나 헤로인, 아편 또는 다른 불
법 약물을 가장 먼저 떠올릴 것이다. 또한 중독은 다른 사람들이
나 걸리는 것이라고 생각한다. 중독 문제로 심하게 고생한(또는
지금도 고생하고 있는) 친구나 가족 또는 동료가 머릿속에 떠오를
것이다. 그리고 당신의 뇌는 그들의 상황과 당신의 상황을 재빨
리 비교할 것이다. 사실 나는 당신이 "난 중독자가 아냐. 단지 버
리기 힘든 성가신 습관이 몇 개 있을 뿐이야"라고 소리쳐도 놀라
지 않을 것이다.

아마도 이것이 당신이 처음 보일 반응일 것이다. 바로 내가 오
랫동안 그렇게 생각했기 때문이다. 나는 평범함의 중심지인 인
디애나주에서 자란 보통 남자다. 엄마는 내가 채소를 먹고, 학교

에 잘 다니고, 마약과 거리를 두도록 보살폈다. 나는 분명히 엄마의 가르침을 가슴 깊이 받아들였다(어쩌면 너무 과하게?). 이제 40대가 된 나는 채식주의자인 데다가 쓸데없이 많은 학위를 갖고 있기 때문이다. 나는 엄마에게 자랑스러운 아들이 되기 위해 할 수 있는 일을 모두 했다. 하지만 중독에 대해서는 아무것도 몰랐다.

사실 예일 대학에서 정신과 레지던트 수련을 받기 전까지는 중독에 대해 제대로 배우지 못했다. 나는 메타암페타민, 코카인, 헤로인, 알코올, 담배 등 온갖 것에 중독된 환자들을 접했다. 그들 중 다수는 여러 개의 약물에 동시에 중독되었다. 또한 약물중독 치료센터를 들락날락하는 사람도 많았다. 그들의 대부분은 중독이 건강, 인간관계, 주위 사람을 비롯한 전반적인 삶에 초래하는 대가를 아주 잘 아는 보통 사람들이었다. 그런데도 그들은 통제력을 회복하지 못했다. 이런 현실은 종종 서글프면서도 당황스러웠다.

환자들이 겪는 어려움을 직접 경험하면서 대학에서 무미건조하게 배운 중독의 사전적 정의가 생생하게 와 닿았다. 그 정의는 "부정적인 결과에도 불구하고 계속 사용하는 것"이다. 중독의 대상은 니코틴, 알코올, 헤로인 같은 화학물질에 국한되지 않는다. 부정적인 결과에도 불구하고 계속 사용하는 것의 범위는 코카인이나 담배 또는 내가 피했던 해로운 모든 물질을 훌쩍 넘어선다. 이 정의, 혹시라도 모호한 경우에 대비하여 다시 한번 말하자면,

"부정적인 결과에도 불구하고 계속 사용한다"는 정의는 모든 것에 대한 계속적인 사용을 뜻한다.

이 생각은 나를 멈칫하게 만들었다. 나는 아주 나쁜 것들을 사용하여 인생을 망친 환자들을 치료하고 있었다. 그러나 동시에 내 머릿속에는 성가신 의문이 맴돌았다. '중독의 뿌리가 약물 자체가 아니라 더 깊은 곳에 있는 것은 아닐까?' 실제로 중독을 일으키는 것은 무엇일까? 불안이 습관 또는 심지어 중독의 대상이 될 수 있을까? 다시 말해서 불안의 부정적인 결과는 얼마나 명백할까? 우리는 걱정에 중독될 수 있을까? 얼핏 불안은 우리가 일을 해내는 데 도움을 주는 것처럼 보인다. 걱정은 우리 아이들을 해로운 것으로부터 보호하는 데 도움이 되는 것처럼 보인다. 하지만 과학이 이를 뒷받침할까?

심리학 연구자들끼리 나누는 농담 중 하나는 우리가 하는 연구research가 사실은 '자기성찰me-search'이라는 것이다. 우리는 폭넓은 주제에 접근하기 위해 우리 자신의 기벽, 결점, 병변을 살핀다. 그래서 나는 나의 내면을 들여다보았다. 또한 친구와 동료에게 그들의 습관에 대해 질문하기 시작했다. 그 결과를 한마디로 말하자면, 나는 모든 곳에서 중독을 발견했다. 그 양상을 나열하자면, 부정적인 결과에도 불구하고 계속 쇼핑하는 것, 부정적인 결과에도 불구하고 계속 특별한 사람에 대한 그리움에 시달리는 것, 부정적인 결과에도 불구하고 계속 컴퓨터 게임을 하는 것, 부정적인 결과에도 불구하고 계속 먹는 것, 부정적인 결과에도 불구하고 계속 망상하는 것, 부정적인 결과에도 불구하고 계속 소셜미디어를 확인하는 것, 부정적인 결과에도 불구하고 계속 걱정하는 것 등이었다. 중독의 대상은 소위 중독성 마약 또는 물질에 한정되지 않는다. 그것은 모든 곳에 있다. 이런 양상은 새로운 것일까? 아니면 우리가 뭔가를 놓친 것일까?

그 답은 이런 양상이 오래된 측면과 새로운 측면을 동시에 지닌다는 것이다. 그러면 새로운 측면부터 살펴보자.

지난 20년 동안 우리가 사는 세상이 이룬 변화는 이전 200년 동안의 모든 변화를 까마득히 앞지른다. 뇌와 육체는 그 변화 속도를 따라잡지 못했다. 그리고 그것이 우리를 죽이고 있다.

나의 고향, 중서부의 중심이자 평범함의 중심지인 인디애나주, 인디애나폴리스를 예로 들어보자. 1800년대에 내가 초원의 농장에서 살았고, 새 신발을 간절히 원했다면 어떻게 해야 했을까? 아마 말을 마차에 묶고, 읍내까지 가서, 잡화점 점원에게 내가 원하는 신발(과 사이즈)을 알려준 다음 집에 돌아와서 두어 주를 기다려야 했을 것이다. 그동안 구두장이가 주문대로 내 신발을 만들면 나는 다시 말을 마차에 묶고, 읍내까지 가서, (신발값을 치를 돈이 있다면) 그 빌어먹을 신발을 샀을 것이다. 반면 지금은 어떨까? 나는 차를 몰고 가다가 길이 막히는 것에 짜증이 난 나머지 이메일에서 본 광고(구글이 내가 신발을 즐겨 산다는 사실을 알기 때문에 나를 겨냥해서 보낸 광고)를 클릭한다. 그러면 마치 마술처럼 (아마존 프라임 덕분에) 하루나 이틀 후에 내 발에 완벽하게 맞는 신발이 문간에 도착한다.

2분 동안 2번의 클릭만 하면 해결되는 이런 현실이 두 달은 걸리던 과거보다 신발을 더 많이 사게 만들 것이라는 사실은 중독 전문의가 아니라도 알 수 있다.

현대 세계는 편의성과 효율성이라는 미명하에 갈수록 중독적인 경험을 만들어내도록 설계된다. 이는 물건(신발, 음식 등)과 행동(TV 시청, 소셜미디어 확인, 게임)에 모두 해당된다. 심지어 정치나 로맨스 또는 최신 뉴스를 따라잡으려는 욕구도 예외가 아니다. 데이트 앱과 뉴스피드는 갈수록 '클릭베이트clickbait(자극적인 제목이나 이미지로 클릭을 유도하는 것-옮긴이)'로 설계되어 손을 근질거리게 만드는 기능과 헤드라인이 들어가도록 가공되고 있다. 현대의 미디어 재벌과 스타트업은 하루에 한 번 신문을 배달하고 당신이 무엇을 읽을지 결정하게 하는 오랜 전통의 언론사 대신 당신에게 언제, 어떤 정보를 전달할지 결정한다. 그들은 당신이 한 모든 검색과 클릭을 추적할 수 있다. 이 정보는 그들에게 어떤 기사가 클릭할 만한 점착성stickiness(사용자의 호응을 이끌어내는 정도-옮긴이)을 갖는지 파악할 수 있는 피드백을 제공한다. 점착성은 당신이 가려운 부위를 긁게 만든다. 그들은 이 피드백을 토대로 단순히 뉴스를 전달하는 것이 아니라 더 클릭하고 싶고, 점착성이 더 강한 기사를 쓸 수 있다. 요즘의 헤드라인은 10년 전보다 질문이나 부분적인 답으로 구성되는 경우가 많다는 점에 주목하라.

이뿐만이 아니다. 지금은 텔레비전, 노트북, 스마트폰을 통해 거의 모든 것이 즉석에서 바로 제공된다. 그래서 기업들은 간단한 감정적 해결책("이 구두를 사요", "이 음식을 먹어요", "이 뉴스피드를 확인해요")을 제공하여 우리가 취약해지는 모든 순간(지루함, 짜증, 분노, 외로움, 배고픔 등)을 이용할 수 있다. 그에 따른 중독은 습관으로 드러나고 굳어진다. 그래서 중독처럼 느껴지지 않고, 그냥 우리 자신이 그런 것처럼 느껴진다.

어떻게 이런 지경에 이르렀을까?

이 질문에 답하려면 〈초원의 집Little House on the Prairie〉(1870년대 미국 서부를 배경으로 한 드라마—옮긴이) 시대보다 훨씬 이전으로 거슬러 올라가야 한다. 구체적으로는 뇌가 학습 능력을 진화시키던 때로 돌아가야 한다.

앞서 말한 대로 뇌는 오래된 부분과 새로운 부분을 지녔다. 새로운 부분은 사고, 창의적 활동, 의사결정 등을 실행한다. 이 부분은 우리가 생존하는 데 도움이 되도록 진화한 오래된 부분 위에 겹쳐져 있다. 2장에서 언급한 투쟁·도피·경직 본능이 오래된 부분의 작용에 따른 한 가지 예다. 앞서 간략하게 살핀 '오래된 뇌'의 또 다른 기능은 보상 기반 학습 체계다. 보상 기반 학습은 정적 강화positive reinforcement와 부적 강화negative reinforcement를 토대로 삼는다. 간단히 말해서 우리는 기분이 좋아지는 일(정적 강화)을 더 많이 하고 싶어 하고, 기분이 나빠지는 일(부적 강화)을 더 적게 하고 싶어 한다. 이 중요한 능력은 대단히 오래전에 진화했다. 그래서 과학자들은 앞서 언급한 대로 신경 체계 전체에 뉴런이 2만 개뿐인 갯민숭달팽이에게서도 이 능력이 발현되는 것을 관찰했다 (이 발견은 너무나 중대해서 에릭 캔들Eric Kandel은 그 공로로 노벨상을 받았다). 뉴런이 겨우 2만 개라는 것을 상상해보라. 이 동물은 앞으로 나아가는 데(그리고 멈춰서는 데) 필요한 필수적인 부품만 남겨진 차와 비슷하다.

혈거 시대에 보상 기반 학습은 대단히 큰 도움이 되었다. 그때는 음식을 구하기 어려웠다. 그래서 우리의 털복숭이 선조들이 우연히 음식과 마주치면 그들의 작고 둔한 뇌는 "칼로리다… 생존해야 해!"라며 보챘다. 결국 혈거인은 음식을 (맛있게) 먹었고, 짜잔! 하고 살아남았다. 혈거인이 당이나 지방을 섭취했을 때 뇌는 영양분을 생존과 연결했을 뿐 아니라 '도파민'이라는 화학물질을 분비했다. 도파민은 장소와 행동을 짝짓는 법을 익히는 데 필수적인 신경전달물질이다. 그래서 원시 시대의 화이트보드와 같은 역할을 한다. 거기에는 이렇게 쓰여 있다. "무엇을 먹는지, 어디서 찾았는지 기억하라." 혈거인은 맥락 의존적 기억context dependent memory을 저장하고 시간이 지남에 따라 같은 과정을 반복하도록 학습한다. 음식을 보면, 먹고, 살아남는다. 또한 기분이 좋아진다. 이것을 반복한다. 촉발인자·단서, 행동, 보상.

이제 지난 밤으로 시간을 건너뛰어 보자. 당신은 기분이 그다지 좋지 않았다. 직장에서 안 좋은 일이 있었거나, 배우자가 상처를 주는 말을 했거나, 아버지가 다른 여자 때문에 엄마를 떠난 순간이 떠올랐기 때문이다. 당신은 냉장고에 부드럽고 달콤한 밀크 초콜릿을 넣어뒀다는 사실을 기억한다. 요즘은 혈거 시대만큼 음식을 찾기가 어렵지 않다. 그래서 음식은 적어도 (많이 앞서나간) 선진국에서는 다른 역할을 맡는다. 현대적 뇌는 이렇게 말한다. "어이, 이 도파민이라는 거 말이야. 음식이 어디 있는지 기억하는 것 말고 다른 일에도 쓸 수 있어. 실제로 다음에 기분이 나쁘면 맛있는 걸 먹어봐. 그러면 기분이 좋아져!" 우리는 좋은 아이디어를 알려준 뇌에게 고마워하고, 화가 나거나 슬플 때 초콜릿이나 아이스크림을 먹으면 기분이 좋아진다는 사실을 재빨리 학습한다. 이는 혈거인이 경험한 것과 같은 학습 과정이다. 다만 이제는 촉발인자가 다르다. 즉, 위장에서 내보내는 배고픔의 신호가 아니라 슬프거나, 화나거나, 상처받았거나, 외로운 것 같은 감정적 신호가 먹고 싶은 충동을 촉발한다.

당신이 10대이던 때를 상기해보라. 학교 밖에서 담배를 피우던 불량아들을 기억하는가? 당신은 정말 그 아이들처럼 멋있어지고 싶었다. 그래서 담배를 피우기 시작한다. 말보로맨은 촌스럽지 않았으며, 그것은 우연이 아니었다. 멋있는 대상을 보라. 멋있어지기 위해 담배를 피워라. 기분이 좋아져라. 반복하라. 촉발, 행동, 보상. 당신이 이런 행동을 실행할 때마다 해당하는 뇌의 경로가 강화된다.

결국 당신이 알지 못하는 사이에(의식적으로 진행되는 일이 아니므로) 당신이 감정에 대처하거나 스트레스 인자를 달래는 방식이 습관이 된다.

이는 중대한 순간이다. 다음 문장을 천천히 읽어주기 바란다. 혈거인과 같은 뇌 메커니즘을 가진 현대의 천재들은 혈거인이 야생에서 생존하기 위해 학습한 습관들로 스스로를 죽이고 있다. 그리고 이 문제는 지난 20년 동안 기하급수적으로 악화되었다. 비만과 흡연은 전 세계적으로 이환율morbidity(병에 걸리는 비율-옮긴이)과 사망률의 예방 가능한 주요 인자가 되었다. 또한 불안장애는 현대의학에 아랑곳하지 않고 가장 만연한 정신질환이 되었다.

게다가 사람들은 온라인에서 작은 도파민 자극을 받으며 대부분의 시간을 보낸다. 그들은 이런저런 것을 클릭하거나, 이런저런 것에 '좋아요'를 달거나, '좋아요'가 달리는 것을 본다. 이런 습관과 여건은 우리가 새로운 세계에서 생존하도록 도우려는 우리의 오래된 뇌가 만든 것이다.

문제는 그것이 그다지 잘 통하지 않는다는 사실이다.

나는 단지 스트레스나 과식, 쇼핑, 해로운 인간관계, 과도한 온라인 활동, 또는 우리 모두가 항상 직면하는 포괄적인 불안에 대해서만 말하는 것이 아니다. 당신이 한 번이라도 걱정 습관 고리worry habit loop에 갇힌 적이 있다면 내 말이 무슨 뜻인지 알 것이다.

- 촉발인자: 생각이나 감정
- 행동: 걱정
- 결과·보상: 회피, 과도한 계획 등

여기서 생각이나 감성은 뇌가 걱정하도록 촉발한나. 이는 부정적인 생각이나 감정을 회피하는 행동으로 이어진다. 이런 행동은 원래의 생각이나 감정보다 더 큰 보상을 주는 것처럼 느껴진다.

다시 정리해보자.

우리의 뇌는 생존에 도움을 주도록 진화되었다. 배고픈 혈거인은 보상 기반 학습을 통해 어디서 음식을 찾을지 기억하는 데 도움을 받았다. 이제 이 학습 과정은 갈망을 촉발하고 감정을 자극할 뿐 아니라 습관과 충동적 행동 그리고 중독을 초래하는 데 활용된다.

기업들은 이 사실을 오래전부터 알고 있었다.

식품업계는 음식을 거부할 수 없게 만드는 적절한 양의 소금, 설탕, 바삭함을 찾기 위해 수십억 달러를 쓴다. 소셜미디어 기업들은 당신이 완벽한 사진이나 동영상 또는 포스트에 자극받아서 몇 시간 동안 계속 (광고를 보면서) 스크롤하도록 알고리즘을 다듬는 데 수천 시간을 들인다.

언론사들은 클릭을 유도하려고 헤드라인을 꾸며낸다. 온라인 소매업체들은 당신이 구매할 때까지 계속 검색하도록 '당신과 비슷한 다른 고객들이 구매한 물건' 같은 미끼들을 사이트에 넣는다. 이런 일은 모든 곳에서 일어나며, 갈수록 심해지고 커지기만 할 것이다.

문제는 당신이 생각하는 것보다 심각하다. 현대 세계에는 또 다른 '중독 극대화 요소들'이 작용한다.

우선 강화 학습 중에서 가장 갈망을 유발하는crave-ogenic (즉, 갈망하게 만드는) 유형은 '간헐적 강화intermittent reinforcement'이다. 동물에게 일정한 주기 없이 또는 무작위적으로(간헐적으로) 보상을 주면 뇌의 도파민 뉴런이 평소보다 더 많이 활성화된다. 누군가가 당신에게 깜짝 선물이나 파티를 선사한 때를 생각해보라. 분명 당신은 그때를 기억할 것이다. 그 이유는 예상치 못한 보상은 예상한 보상보다 훨씬 많은 도파민을 분비시키기 때문이다.

카지노는 상업적 세계에서 이 점이 실현되는 한 가지 사례다. 그들은 간헐적 강화에 매우 능숙하다. 그래서 평균적으로 보면 모두가 돈을 잃는데도 사람들이 계속 플레이하게 만들기에 딱 적당할 만큼만 '당첨'이 되도록(카지노의 '승리' 공식) 슬롯머신의 알고리즘을 맞춘다.

또 다른 사례도 있다. 바로 실리콘밸리다. 사실 간헐적 강화의 효력은 당신이 새로운 것에 주의를 기울이게 만드는 모든 것으로 확장된다. 문제는 우리의 오래된 뇌임을 기억하라. 이 뇌는 자신이 가진 유일한 기술을 활용하여 오늘날의 초고속, 초연결 세상에서 살아남으려고 노력해야 한다. 그러나 해당 뇌 부위는 검치호랑이saber toothed tiger와 밤중에 당신의 상사가 보낸 이메일의 차이를 구분하지 못한다. 그래서 모든 종류의 경보(먼 옛날 aol.com에서 띄우는 "새로운 이메일이 있습니다"부터 당신이 올린 소셜미디어 포스트에 새로 '좋아요'가 달렸음을 알리는 호주머니 속 휴대폰의 진동까지)는 당신의 오래된 뇌에서 반응을 촉발한다. 당신의 이메일, 트위터, 페이스북, 인스타그램, 스냅챗, 와츠앱, 트룰리아Trulia(미국의 대표적인 부동산 사이트-옮긴이)의 방 3개, 욕실 2.5개, 화강암 싱크대 상판 검색 필터 등 당신이 세상과 연결되도록 돕는다는 모든 것이 중독을 극대화하도록 설계되었다. 그 부분적인 이유는 정기적인 간격으로 울리지 않기 때문이다.

현대 세계에서 일상적인 중독을 극대화하는 두 번째 요소는 즉각적인 가용성이다. 1800년대에 신발을 사려면 많은 노력이 필요했고, 그것은 좋은 일이었다. 만약 내가 남북전쟁의 종전을 기념하기 위해 새 신발을 사려 했다면 다음 날 농장으로 배달될 것을 알고 그냥 충동적으로 주문할 수 없었다. 그 절차가 힘들고, 시간이 많이 걸리고, 느리고, 무엇보다 즉각적이지 않기 때문에 비용과 편익에 대해 깊이 생각해야 했다. 그래서 지금 신고 있는 신발이 다 낡았는지 아니면 조금 더 신을 수 있을지 따져야 했다.

시간은 그 모든 흥분이(와, 새 신발이라니, 너무 좋아!) 우리를 덮치고, 중요하게는 뒤이어 사라지게 만드는 데 매우 중요하다. 시간은 우리가 정신을 차릴 시간을 준다. 즉 순간적인 짜릿함이 현실의 형편에 묻히도록 해준다.

그러나 현대 세계에서 당신은 거의 즉시 모든 필요나 욕구를 해소할 수 있다. 스트레스를 받았다고? 문제없다. 조금만 더 가면 컵케이크 가게가 있다. 따분하다고? 인스타그램에서 최신 포스트를 확인하라. 불안하다고? 유튜브에서 강아지 동영상을 보라. 새 신발이 "필요"하다고(그러니까 다른 사람이 신은 귀여운 신발을 당신도 가져야겠다고)? 그냥 아마존으로 들어가라.

이 말도 굳이 하고 싶지 않지만… 스마트폰은 호주머니에 들어 있는 광고판이나 다름없다. 게다가 당신은 스마트폰이 계속 당신에게 광고를 하는 대가로 요금까지 지불한다.

우리는 오래된 뇌에 내재된 보상 기반 학습과 간헐적 강화 및 즉각적인 가용성을 결합했다. 그 결과 현대적 습관뿐 아니라 대개 약물 남용와 연관 짓는 중독을 훌쩍 넘어서는 중독을 초래하는 위험한 공식을 만들어냈다.

단지 당신을 겁주려고 이런 말을 하는 것이 아니다. 나는 마음이 어떻게 작동하는지 그리고 현대 세계의 많은 부분이 어떻게 중독적인 행동을 만들어내고 이용하도록 설계되는지 알려주고 싶다. 마음을 잘 다스리려면 먼저 마음이 어떻게 작동하는지 알아야 한다. 마음이 어떻게 작동하는지 알면 다스리기 위한 노력을 시작할 수 있다. 이런 이해와 더불어 당신은 다음 단계, 즉 마음을 풀어낼 준비를 갖추게 된다.

그럼 첫 번째 성찰을 할 준비가 되었는가?

불안은 대다수 습관보다 다루기가 약간 더 까다롭다. 불안을 관리하려면 상향식 접근법이 필요하다. 그러니 간단한 것부터 시작하자. 내가 가장 자주 반복하는 습관 세 가지와 일상적인 중독은 무엇일까? 부정적인 결과에도 불구하고 내가 끊지 못하는 나쁜 습관과 원치 않는 행동은 무엇일까?

4

불안과 번아웃에서
해방되는 방법

습관 고리에 대한 세미나를 진행하거나 인터뷰를 할 때 보면 불안이 습관 고리일 수 있음을 이해하는 사람이 대단히 적다.

그 이유를 알기 위해 다시 오래된 뇌를 살펴보자.

초원에 나온 고대 선조들이 어땠을지 상상해보라. 그들의 뇌는 두 가지에 집중한다. 하나는 음식을 찾는 것이고, 다른 하나는 음식이 되지 않는 것이다. 농업 문화가 등장하기 전에 우리 선조들은 새로운 음식 공급원을 찾아서 미지의 영역을 탐험해야 했다. 익숙한 장소에서 벗어나 미지의 영역으로 들어설 때 그들의 뇌는 바짝 경계한다. 왜 그럴까? 거기가 안전한지 모르기 때문이다. 그들은 새로운 영역을 파악하고 위험한지 아닌지 판단할 수 있을 때까지 계속 조심한다. 깊숙이 들어가도 위험한 징후가 보이지 않으면 비로소 안전하다고 확신할 수 있다.

그들은 몰랐지만 우리 선조들은 현대의 과학 실험을 실행했다. 그들은 새로운 영역이 안전하다는 '데이터'를 많이 모을수록 더 확신을 갖고 뇌의 경보 수준을 낮추고, 방어 태세를 풀고, 안심할 수 있었다. 오늘날에 과학자들은 실험을 계속 반복한다. 그래서 같은 결과를 많이 얻을수록 해당 실험이 유효하며, 우리의 결론은 확실하다고 믿을 수 있다. 심지어 이를 가리키는 '신뢰구간 confidence interval'이라는 통계 용어도 있다. 신뢰구간은 (통계적 관점에서) 결과가 반복적인 검증에도 계속 유지될 것이라는 신뢰의 정도를 나타낸다.

혈거인부터 과학자에 이르기까지 우리의 뇌는 불확실성을 결코 좋아하지 않는다. 불확실성은 무섭다. 불확실성은 어떤 일이 일어날지 예측하기 어렵게 만든다. '사자한테 잡아먹힐까?'와 '나의 과학 이론이 검증을 버틸까?'는 뇌에 거의 같은 방식으로 작용한다. 그래서 어서 행동해야 한다는 특정한 감정으로 이어진다. 위협이 얼마나 크냐에 따라 불확실성은 뇌가 안달하는 것 같은 느낌으로 다가올 수 있다. 이 느낌은 우리에게 "정보가 필요해. 가서 구해"라고 말한다. 잠재적 위험이 크거나 위협이 임박한 경우 안달은 더욱 심해져서 즉각적인 행동을 촉구한다. 이 안절부절못하는 조급함은 생존용 뇌에게 방금 우리를 잠에서 깨운 낯선 소리가 무엇이었는지 확인하라고 다그친다. 뭔가가 우리를 잡아먹으려고 오는 것은 아닌지 판단할 수 있도록 말이다.

불안의 정의는 "대개 임박한 일이나 결과가 불확실한 일에 대해 걱정이나 긴장 또는 불편을 느끼는 감정"임을 기억하라. 불확실성이 심하면 우리는 긴장하면서 "뭐라도 좀 해"라고 말하는 조급함에 이끌리기 시작한다. 스트레스나 불안은 우리의 혈거인 뇌가 동굴에서 나와서 무슨 일인지 파악하려고 어두운 바깥으로 나가게 만드는 촉발인자가 된다(즉, 특정 행동을 유발한다). 이때 우리의 뇌가 마침 해결책처럼 느껴지는 것을 떠올리면(예컨대 위험한 것이 보이지 않는다는 인식) 우리는 불안을 덜 느끼는 보상을 얻는다.

- 촉발인자: 스트레스나 불안
- 행동: 해결책을 찾는다
- 결과: (가끔) 해결책을 얻는다

이는 카지노에서 슬롯머신을 하면서 계속 더하게 만들 횟수만큼만 돈을 따는 것과 같다.

불안이 부정적 감정의 강화를 통한 습관 고리로 지속된다는 것을 보여주는 많은 연구결과가 있다. 지난 수십 년 동안 펜실베이니아 주립대학의 연구자인 T. D. 보코벡Borkovec은 불안이 걱정을 촉발할 수 있음을 보여주는 여러 논문을 썼다. 1983년에 보코벡과 그의 동료들은 걱정을 "부정적인 감정을 수반하며 비교적 통제하기 어려운 일련의 생각 및 이미지"로 정의했다. 이 정의는 결과가 불확실한 문제를 머릿속에서 해결하려는 시도를 나타낸다. 부정적인 감정(예컨대 두려움)으로 촉발된 걱정은 또한 그 감정의 불쾌함을 피하려는 방식으로 강화될 수 있다.

- 촉발인자: 부정적인 감정(또는 생각)
- 행동: 걱정
- 결과: 회피·주의 분산

사전에서 '걱정'은 명사("난 걱정이 없어")와 동사("아이들이 걱정돼")로 같이 정의된다. 기능적으로 걱정은 불안한 느낌(긴장감 또는 불편감)으로 귀결되는 정신적 행동이다. 게다가 불안한 느낌은 걱정하는 행동을 촉발할 수 있다. 그래서 악순환이 시작된다.

- 촉발인자: 불안
- 행동: 걱정
- 결과: 더 심한 불안

뇌가 불안을 맞닥뜨릴 때마다 걱정하는 습관을 들이지 않는 한, 걱정이라는 정신적 행동은 그다지 많이 이뤄지지 않는다. 하지만 우리가 문제를 해결하는 방법을 떠올리는 경우가 얼마나 될까? 또한 걱정 자체가 실제로 우리가 창의적으로 또는 문제를 해결할 수 있게 생각하는 데 도움을 주는 경우가 얼마나 될까? 걱정은 우리가 불안을 쫓아내기 위해 무엇이든 시도하게 만드는 발작 버튼을 누른다.

스마트폰을 꺼내서 뉴스피드를 확인하거나 몇 통의 이메일에 답신을 쓰면 잠시 불안이 완화될지도 모른다. 그러나 이는 새로운 습관을 만들 뿐이다. 그래서 스트레스나 불안에 시달릴 때 스스로 주의를 흩트리게 된다. 이는 더 많은 걱정으로 이어지고, 걱정스러운 생각은 그 자체의 촉발인자가 된다. 이것은 그다지 보상으로 볼 수 없다. 그렇지 않은가? 게다가 걱정이 불안을 해소하는 데 썩 만족스럽지 않은 결과만 불러일으키는데도 오래된 뇌는 걱정을 계속한다. 앞서 말한 대로 뇌가 하는 일은 우리가 살아남도록 돕는 것이다. 우리의 뇌는 어느 시점에서 문제 해결과 걱정을 연계시켰다. 그래서 걱정이 최선의 길이라고 생각한다. 결국, 뇌는 해결책이라는 잭팟을 터트리기를 바라며 걱정이라는 슬롯머신의 레버를 계속 당긴다.

문제 해결의 문제

이제 당신은 걱정이 더 기분 나쁜 불안으로부터 당신의 주의를 돌리고, (이론적으로는) 문제를 해결하고 있기 때문에 통제력을 가진 것처럼 느끼게 만드는 정신적 행동으로 작용한다는 것을 안다. (단지 더 걱정함으로써 통제 불능 상태에 빠지면서) 어떤 문제도 해결하지 않고 있다 해도 뭔가를 한다는 느낌은 그 자체로 보상이 될 수 있다. 어쨌든 걱정하는 것은 뭔가를 하는 것이다. 당신이 하나의 행동으로 보지 않는다 해도 그것은 이뤄지고 있다. 정신적 행동도 여전히 행동으로 간주되며 가시적인 결과를 초래할 수 있다.

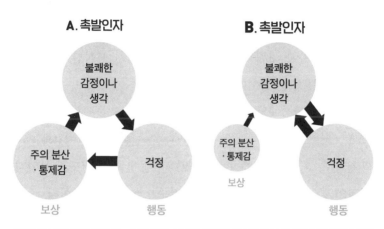

(A)걱정의 악순환을 시작하는 습관 고리: 불쾌한 감정이 주의를 분산시키거나 통제감을 얻기 위한 정신적 행동으로서 걱정을 촉발한다. (B)주의 분산에 따른 "보상"이 약화되거나, 사라지거나, 불쾌한 감정과 걱정을 합친 부정적인 느낌을 넘어서지 못하면 걱정은 (불쾌한 감정으로서) 더 많은 불안을 촉발하고, 불안은 다시 더 많은 걱정을 촉발한다.

하지만 걱정에는 치명적인 두 가지 단점이 있다. 첫째, 걱정하는 마음이 해결책을 떠올리지 못하면, 걱정은 불안을 촉발하고, 불안은 더 많은 걱정을 촉발한다. 둘째, 걱정이 불안만으로 촉발되면 걱정의 구체적인 대상이 없을 수 있다. 나의 환자들이 종종 이런 경우를 토로한다. 그들은 아침에 일어났을 때 그날 또는 미래에 딱히 걱정할 유발인자나 구체적인 일이 없는데도 불안해한다. 우리 병원의 불안 치료 프로그램에 참여한 한 사람은 이렇게 말했다. "특히 아침 일찍 심한 불안에 시달려요. 깜짝 놀라면서 잠에서 깨게 만들어요." 이 불안한 느낌은 무엇을 걱정해야 하는지 파악하려고 애쓰는 과정에서 걱정을 과작동 상태로 몰아넣는다. 그들은 구체적인 대상을 찾지 못하면 그냥 앞으로 일어날 온갖 오래된 일에 대해 걱정하는 습관을 들이기 시작한다. 걱정할 가치가 있든 없든 말이다.

이는 범불안장애의 토대다. 《정신질환 진단 및 통계 편람Dignostic and Statistical Manual of Mental Disorders》(정신질환 진단을 위한 정신과 의사의 성경)은 "다양한 주제나 사건 또는 활동에 대한 과도한 불안과 걱정의 존재"를 포함하는 증상을 기준으로 이를 묘사한다. 나는 뒤이어 나오는 "명백히 과도하다"는 부분의 주관성을 좋아한다. 《정신질환 진단 및 통계 편람》은 또한 "걱정은 매우 통제하기 어려운 양상을 띤다"고 기술한다. 이는 뻔한 내용으로 보인다. 통제가 가능하다면 애초에 사람들이 정신과 의사에게 도움을 구하러 오지 않을 것이기 때문이다.

걱정은 지킬 박사와 하이드의 속성을 지닌다. 우선 문제를 해결한다는 약속 때문에 언뜻 유익하고 도움이 되는 것처럼 보인다. 걱정은 무엇이든 당면한 문제를 해결하려고 노력함으로써 당신의 생존을 돕기 위해 최선을 다하는 것처럼 보인다. 그러나 속아서는 안 된다. 걱정은 속이 시커멓기 때문이다. 그래서 해결책이 나오지 않으면 바로 당신에게 달려든다. 사나운 강에 빠진 사람처럼 걱정은 강변에 선 당신에게 도움을 요청한다. 그리고 정신없이 당신의 손이나 발을 붙잡는다. 결국 당신은 중심을 잃고 같이 급류에 휩쓸리거나 끝없는 불안의 소용돌이에 휘말려서 어디가 위인지 모르게 된다.

'불안이 걱정을 촉발하고, 걱정이 불안을 촉발하는' 습관 고리는 끊기가 매우 어렵다. 이 고리를 끊으려면 당신의 걱정과 불안이 둘 다 자신들이 빠져 죽지 않으려고 당신의 머리를 물속으로 끌어당기고 있다는 사실을 깨닫지 않으면 안 된다. 당신에게 걱정하는 성향이 있다면 이 습관 고리를 생활 속에서 풀어내어 어떻게 전개되는지 파악할 수 있다.

하지만 습관 고리를 풀어내는 일은 불안을 다스리는 첫 번째 단계에 불과하다. 나는 정신과 의사로서 사람들이 불안을 극복하도록 돕는 최선의 방법을 알아내기 위해 연구와 증거 기반 개입을 활용한다. 또한 연구자로서 정신과 의사인 나 자신에게 증거 기반 요법을 처방하는 방법을 알아내고 싶다는 열의도 있다.

번아웃이라는 유행병

의사는 번아웃이라는 유행병에 휩쓸린 의료인 집단에 속해 있다. 심지어 BC(코로나 사태 이전) 시대에도 갈수록 늘어나는 압력에 직면한 의사들은 우려스러운 비율로 두 손을 들었다(또는 수건을 던졌다). 이런 압력 중 다수는 자율성의 감소와 관련이 있다. 그 주된 요인 중 하나는 개인 병원이 집어삼켜지고, 통합되고, 기업(그리고 불가피한 중간 관리자)에 의해 운영되는 추세다. 다른 하나는 전자의료기록의 부상이다. 그래서 우리는 진료 시간에 환자의 얼굴보다 컴퓨터 화면을 더 오래 들여다봐야 한다.

의대에서 우리는 스트레스와 불안이 고개를 들 때에 대비하여 '무장하는' 법을 배웠다. 그것과 싸워서 물리칠 수 있어야 정말로 고통받는 사람들을 돕는 일에 방해받지 않을 수 있기 때문이었다. 우리의 순교자적인 삶은 나의 외과 교수 중 한 명이 한 말로 요약할 수 있다. 그는 "도넛이 보이면 먹고, 잘 수 있을 때 자고, 췌장은 함부로 건드리지 마라"고 말했다. 환자를 돌보기 위해 우리의 기본적인 필요는 뒷전으로 물려야 한다는(그리고 췌장은 정말로 수술하기 어렵다는 것을) 뜻이다. 수련 과정을 돌이켜 보면, 이는 우리의 감정을 다스리는 지속가능한(또는 건강한) 방식이 아니라는 생각이 든다.

의사들이 시달리는 불안과 번아웃 사이의 연관성에 대해 확실한 연구 결과가 발표된 것은 없다. 그러나 여러 일화를 보면 그 연관성은 명확하다. 문제는 의대에서 우리의 감정을 다루는 방법을 제대로 배우지 않는 데다가 임상 환경에서 자율성은 줄어드는 반면 '상대가치단위relative value unit'(우리 병원에서 나의 성과를 측정하는 기준을 가리키는 실제 용어)를 달성하기 위해 더 많은 환자를 봐야 하는 압력은 늘어난다는 것이다. 그에 따라 불안과 번아웃이 증가하는 심각한 위기 상황이 만들어졌다.

그래서 우리 연구소는 병원의 자금 지원을 받아서 간단한 연구를 실행했다. 연구 목적은 마음챙김 수행을 통해 의사들이 걱정 습관 고리를 인식하도록 도와서 불안 및 번아웃을 줄일 수 있는지 파악하는 것이었다. (마음챙김에 대해서는 6장과 8장에서 추가로 살필 것이다.)

보상 기반 학습은 구체적인 맥락에서 행동을 강화한다(앞서 말한 대로 보상 기반 학습은 애초에 음식 공급원이 어디 있는지 기억하는 데 도움을 주도록 설계되었다). 그래서 우리는 임상이나 연구 환경에서 사람들에게 마음챙김을 가르치기보다 앱 기반 마음챙김 수련법('언와인딩 앵자이어티Unwinding Anxiety')을 일상생활에서 그들이 활용할 수 있는 개입 수단으로 삼았다. 우리는 짧은 일일 동영상(하루 10분 이내)과 애니메이션 그리고 불안해질 때 활용할 수 있는 즉석 훈련을 통해 마음챙김을 가르칠 수 있도록 앱을 만들었다. 사람들은 30개의 핵심 모듈을 활용하여 먼저 불안 습관 고리를 풀어낸 다음 (나중에 이 책에서 당신이 배우는 것과 같은 도구를 통해) 그것을 다스리는 법을 배운다. 이 형식은 바쁜 의사들에게 특히 중요하다. 그들은 종종 순교자 모드로 일하고, 자신을 돕기 위해 다른 사람을 도울 시간을 뺏기는 일을 하기 어려워하기 때문이다. (이 연구의 주인공은 모든 데이터를 수집하고 분석한 우리 연구원, 알렉산드라 로이Alexandra Roy다.)

우리는 요법을 시작하기 전에 연구에 참여한 의사의 60퍼센트가 중간 수준과 심각한 수준의 불안에 시달린다는 사실을 발견했다. 또한 절반 이상은 적어도 일주일에 두어 번은 일 때문에 번아웃된 느낌을 받는다고 호소했다. 우리는 불안과 번아웃 사이의 상관계수도 확인했다(구체적으로는 0.71이다. 0은 아무 상관관계가 없고, 1은 완벽한 상관관계를 이루는 상태다). 3개월 동안 우리의 앱을 활용한 후 의사들이 밝힌 불안 점수(임상적으로 유효성이 검증된 범울안장애 '7문항 척도GAD-7'를 통해 측정)는 무려 57퍼센트나 감소되었다. 또한 수행 과정에 번아웃을 방지하기 위한 구체적인 내용을 넣지 않았지만(수행 과정은 오직 불안을 완화하는 데 초점을 맞추었다) 번아웃을 경험하는 비율도 크게 줄었다. 특히 불안을 통해 쉽게 지속되는 냉소적 태도 부문(시스템에 대한 회의가 갈수록 커지는 부문)에서 효과가 컸다.

- 촉발인자: 상대가치단위에서 내가 얼마나 뒤처졌는지 알려주는 또 다른 이메일을 받는다
- 행동: 시스템이 너무나 열악하고, 갈수록 나빠지기만 한다고 생각한다
- 결과: 더욱 냉소적인 태도로 번아웃을 경험한다

우리의 앱이 의료 체계를 바로잡을 수 있다고 말하려는 것은 아니다. 우리의 연구는 사실 제도적이라기보다 개인적인 번아웃 유발 요소들에 주목했다. 우리가 확인한 바에 따르면 냉소적 태

도는 50퍼센트나 감소했지만 감정적 고갈은 20퍼센트밖에 감소하지 않았다. 이는 이해가 가는 대목이다. 냉소적 태도는 개별 의사들의 문제지만 고갈은 시스템과 관련이 아주 많기 때문이다. 실적을 높여야 한다는 미명 아래, 우리는 질을 포기하고 양이라는 관료주의의 신을 받들도록 강요받는다. 이 경우 습관 고리를 풀어내는 법을 배우는 일은 고갈보다 냉소에 더 도움이 될 것이다(정확히 우리가 확인한 그대로다). 또한 나는 의사 및 다른 의료인들이 마음챙김 수행을 통해 습관적인 냉소의 에너지를 시스템에 존재하는 문제를 파악하는 방향으로 돌리고 변화를 지지하는 법을 배우기 바란다.

우리 연구소는 이 연구에서 얻은 데이터와 함께 국립보건원 National Institutes of Health 의 연구자금 지원에 힘을 얻었다. 그래서 더 규모가 큰 무작위 대조 연구(간단히 말해서 최대한 많은 측면에서 동일한 두 집단에 서로 다른 요법을 적용한 뒤에 효과를 측정하는 것)를 실시했다. 이 연구에서 우리는 보다 폭넓은 사람들에게 도움을 줄 수 있는지 알아보기 위해 일반 대중도 대상으로 삼았다. 또한 범불안장애의 요건을 충족한 사람들을 무작위로 선정하여 기존 임상 치료(명상, 요법 등)를 계속하거나 앱 기반 마음챙김 수행을 추가했다.

두 달 동안 '언와인딩 앵자이어티' 앱을 활용한 후 범불안장애를 가진 사람들의 불안 수준이 63퍼센트나 감소했다. 또한 수학적 모형화를 통해 마음챙김 수행이 통하는지 파악한 결과 걱정에 시달리는 정도도 줄어들었다. 이는 불안 수준의 감소로 이어졌다. 우리는 사람들에게 걱정 습관 고리를 인식하고 다스리는 법을 가르치면 임상적으로 의미 있는 결과에 이를 수 있음을 확인했다. 처음에 중간 정도에서 심각 사이이던 불안 수준은 정상 수준으로 돌아갔다.

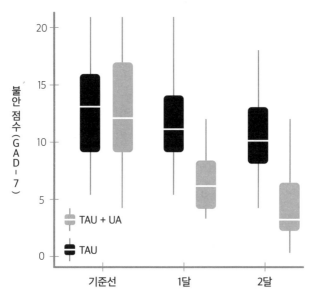

마음챙김 수행은 불안 수준을 크게 감소시킨다. 범불안장애를 가진 사람 중에서 기존 요법 Treatment as Usual(TAU)을 계속 받은 사람보다 마음챙김 수행을 한 사람의 불안 점수가 더 많이 감소되었다.

연구에 참가한 사람들은 불안이 감소한 것에 행복해했다. 게

다가 63퍼센트는 매우 큰 하락폭이다. 하지만 63퍼센트 감소가 임상 현장에서는 어떤 양상으로 바뀔까? 의료계는 일종의 거짓말 탐지기에 해당하는 간단한 척도를 만들었다. 이 척도는 어떤 요법이 임상적으로 유의미한지, 즉 기본적으로 얼마나 큰 효과를 내는지 측정하기 위한 것이다. 물론 의료계에서 만든 것이므로 이 거짓말 탐지기도 줄임말로 불린다. 바로 치료필요수Number Needed to Treat(1명이 치료 효과를 보기까지 얼마나 많은 사람을 치료했는지 나타내는 지표-옮긴이)를 가리키는 NNT다.

가령 불안에 대한 표준 약물군(이 경우 항우울제)의 NNT는 5.15다. 이는 5명이 넘는 사람을 해당 약물로 치료하면 1명이 효과를 본다는 뜻이다. 일종의 복권인 것이다. 약을 먹은 5명 중에 1명만 치료(증상의 대폭적인 개선)에 당첨되는 복권 말이다.

우리 연구의 NNT는 1.6이었다.

나는 임상의로서 이렇게 NNT가 낮은 요법을 발견하면 흥분된다. 같은 수의 복권으로 더 많은 사람이 당첨된다는 뜻이기 때문이다(예컨대 NNT가 5.15가 아니라 1.6이면 5번 이상이 아니라 2번이 약간 안 되는 횟수만에 당첨된다). 또한 나는 과학자로서, 마음챙김 수행이 습관을 바꾸는 양상을 이해하고 싶어 하는 다른 모든 사람들과 마찬가지로 올바른 기제를 찾아내는 일 역시 매우 흡족했다. 우리가 사용자들로부터 받는 피드백도 뿌듯했다.

저는 불안을 느끼기 시작했을 때 피드백 고리의 그림을 머릿속에 떠올렸습니다. 그리고 생각을 되짚기 시작하니 놀랍게도 제가 생각한 모든 것이 결국은 미래의 어느 시점에 최악의 상황으로 끝나는 분명한 경로를 갖고 있었습니다. 이 피드백 고리를 인식하는 것만으로도 그것을 단지 정신적 습관이나 이야기로 인식할 때보다 저의 생각을 덜 감정적이고 덜 걱정스럽게 만들 수 있었습니다.

오랫동안 불안이 생산적이라고, 심지어 하나의 보상이라고 믿도록 제 자신을 속여 왔다는 생각이 듭니다. 일에 대한 생각이 떠오르면(촉발) 저는 바로 걱정하거나 주의가 산만해졌고(행동), 그 결과 더 불안해졌습니다(보상·결과). 이 프로그램을 실행한 처음 며칠 동안 저는 이 고리가 혼란스러웠습니다. 어떻게 불안이 보상처럼 느껴질 수 있는지 이해할 수 없었습니다. '보상? 끔찍하게 느껴질 뿐인데?' 그래도 저는 곧 성과가 있을 줄 알았습니다. 불안을 느끼는 것은 끔찍하기는 해도 끝내지 못한 일을 앞둔 데 따른 적절한 반응으로서 '마땅한' 느낌처럼 보였습니다. 어쨌든 논리적으로는 이런 종류의 불편감이 생산성으로 이어질 것 같았습니다.

저는 이제 제가 분노나 슬픔 또는 초조함 같은 불편한 감정을 회피하거나, 덮어버리거나, 다른 것으로 주의를 돌리기 위해 음식을 찾는 이유를 이해합니다. 누가 그런 감정을 느끼고 싶어 할까요?

• 촉발인자: 불편한 감정
• 행동: 불편한 감정을 일시적으로 완화시키는 음식을 먹는다

• 보상: 여전히 불쾌한 감정에 시달려야 할 뿐 아니라 당분 때문에 두통까지 겪는다!

이제 저는 제가 결국 효과가 없는데도 음식을 통해 힘든 감정에서 벗어나려다가 이 습관 고리에 갇힌 양상을 명확하게 파악할 수 있습니다.

불안은 단지 그것이 반복을 통해 태어나고 자라나며 저절로 지속되는 습관이 된다는 사실을 깨닫는다고 해서 마법처럼 사라지지 않는다. 지적인 이해는 첫 번째 단계에 불과하다. 나를 찾아와서 "이해했다"고 말한 후 밖으로 나가서는 무엇을 해야 할지 모르는 환자들이 많다. 나는 사람들이 개념에서 지혜로 나아가는 데 실제로 필요한 것이 무엇인지 오랫동안 관찰했다. 그것은 바로 불안을 해소하는 직접적인 경험이다. 그리고 믿기 힘들겠지만 그 과정은 뇌보다 자전거와 더 관련이 깊은 3단계 절차로 가장 잘 설명할 수 있다.

나는 성장기에 줄곧 자전거를 탔다. 덕분에 나쁜 길로 빠지지 않았다. 첫 자전거는 기어가 하나뿐인 BMX였다. 그 다음은 10단 로드바이크였고, 마지막은 21단 풀 세트 기어를 갖춘 산악자전거였다. 산악자전거를 탈 때는 가파른 고개를 오를지, 평지를 달릴지, 내리막을 질주할지 알 수 없다. 그래서 그 많은 기어들이 유용한 것이다. 1단 기어는 언덕을 오르게 해준다. 반면 21단 기어는 막 올라온 산을 쏜살같이 내려가는 데 도움을 준다. 같은 이유로 차에도 기어가 있다. 즉, 기어는 어떤 지형에서든 앞으로 나아가기 위한 것이다.

나는 스트레스와 과식에 시달리는 사람들을 돕기 위한 프로그램('이트 라이트 나우Eat Right Now')을 개발한 후 이 기어에 대한 비유를 떠올렸다. 이 프로그램에 가입한 사람은 누구나 나와 함께 하는 라이브 주간 동영상 세션에 무료로 참여할 수 있다. 참가자들은 마음챙김 수행과 과학에 대해 질문할 수 있다. 나는 그들이 여러 개념을 이해하고 수행을 제대로 하도록 도와준다. 또한 어려움을 겪는 사람이 있으면 앞으로 나아갈 수 있게 조언한다. 나는 1여 년 동안 온라인뿐 아니라 마음챙김센터Mindfulness Center(처음에는 메사추세츠 의대에 있었지만 지금은 브라운 대학에 있음)에서 직접 참가자들을 지도한 후 사람들이 진전을 이루는 양상에 추세가 있음을 파악했다. 그들은 세 개의 단순한 단계로 나눌 수 있는 절차를 자연스럽게 따르는 것 같았다. 물론 내 머릿속에 처음 떠오른 것은 기어였다. 그들의 경험에 완벽하게 맞는 비유였기 때문이다. 나는 이 기어 비유를 당신이 이 책을 읽으면서 활용할 수 있는 실용적인 토대로 삼을 것이다.

1부(1단 기어)는 당신이 자신의 불안 '습관 고리'를 풀어내는 데 도움을 줄 것이다.

2부(2단 기어)는 뇌의 보상 체계를 활용하여 불안(및 다른 습관들)을 체계적으로 다스리는 데 도움을 줄 것이다.

3부(3단 기어)는 당신이 타고난 신경적 역량을 활용하여 불안과 관련된 습관(예컨대 걱정, 미루기, 자책)에서 벗어나 새로운 습관(예컨대 호기심, 자비)으로 나아가는 데 도움을 줄 것이다.

내가 확인한 바에 따르면 대개 사람들은 즉각 1단 기어를 (적어도 개념적으로는) 익힌다. 그러나 2단 기어로 올라갈 때는 약간의 저항에 부딪히는 경우가 많다. 그래도 대부분은 3단 기어로 바꾸는 기술을 아주 빨리 익히며, 오랫동안 3단 기어 기술을 즐겁게 연마하고, 가공하고, 정제한다. 어떤 사람들은 3단 기어로 바꿀 준비가 될 때까지 오랫동안 1단 기어와 2단 기어로 주행한다. 당신이 이 스펙트럼에서 어디에 속하든 간에 모든 기어는 당신을 앞으로 이끌어준다. 뒤에 나올 내용은 불안(및 다른 습관) 고리에서 영원히 벗어나는 데 필요한 개념적 이해와 실용적인 방법을 제공할 것이다.

마지막으로 4부에선 불안에서 잠재적으로 영원히 벗어날 수 있도록, 즉 불안에서 해방된 삶을 지속가능하게 해주는 일상적인 습관들(비언어 표현, 알아차림 수행, 증거 기반 믿음 등)을 알려줄 것이다.

1부

당신의
불안 습관 고리를
풀어내라

누구도 이전으로 돌아가 새로운 시작을 이룰 수 없지만
오늘부터 시작하여 새로운 끝을 이룰 수는 있다.

– 마리아 로빈슨 MARIA ROBINSON

5

습관을 바꾸는 일이
고통스러울 필요는 없다

내가 일하는 외래 정신과 클리닉은 불안과 중독을 전문으로 다룬다. 다음은 한 환자의 이야기다.

30대 중반 남성인 존(가명)은 알코올 중독 때문에 주치의 소개로 나를 찾아왔다. 상황은 암울했다. 존은 거의 매일 밤 6잔에서 8잔의 술을 마셨다. 술을 마시게 만드는 것이 무엇이냐는 나의 질문에 존은 자신이 프리랜서이며, 책상 위에 쌓인 수많은 일감에 집착하는 나쁜 습관이 있다고 말했다. 해야 할 일을 바라보는 일은 그를 불안하게 만들었다. 문제는 불안을 완화하기 위해 실제로 해야 할 일을 하는 것이 아니라 텔레비전이나 영화를 본다는 것이었다. 하루가 끝날 무렵 아무것도 한 게 없다는 깨달음은 불안을 가중시켰다. 그러면 그는 그 느낌을 무디게 만들려고 술을 마셨다. 다음 날 아침 존은 숙취에 시달리며 잠에서 깨어나 더 깊은 죄책감을 느꼈다. '오늘은 일을 제대로 할 거야'라고 다짐했지만 그의 의지력은 한 시간 정도밖에 지속되지 않았다. 그는 곧 이전의 습관으로 돌아가 매일 같은 패턴을 반복했다. (의지력이 무너지는 이유에 대해서는 다음 장에서 더 자세히 다룰 것이다.)

나는 종이 한 장을 꺼냈다. 함께 존의 주된 음주 습관 고리를 풀어냈다.

- 촉발인자: 늦은 오후의 불안
- 행동: 음주 시작
- 보상: 무뎌진 느낌, 망각, 취함

이 습관 고리는 종이에 써놓고 보면 아주 명확하다. 그러나 그 한복판에 갇힌 존은 스스로 그것을 파악하지 못했다. 나는 이것이 그의 뇌가 학습하고 생존하도록 만들어진 양상이며, 그에 따른 문제에 시달린다고 해서 자책하지 말아야 한다고 설명했다. 많은 사람들은 불안에 시달리며, 그 느낌을 완화하려고 술을 마신다. 우리 중에서 고등학교 파티에서 처음 술을 마셔본 후 술이 자의식을 덜어주고 더 느긋하게 만들어준다는 사실을 알게 된 사람이 얼마나 많은가.

존과 나는 기본적인 문제를 살핀 후 그와 연관된 미루기라는 습관 고리를 풀어낼 수 있었다.

- 촉발인지: 아침에 오늘 해야 할 일이 너무나 많다는 사실을 확인.
  그 이후 찾아오는 불안
- 행동: 미루기
- 보상: 회피

존에게 이런 습관 고리들의 부정적인 영향은 너무나 심각했다. 그래서 그의 주치의가 그를 내게 보냈다. 그는 상당히 과체중이었고(그가 마시는 위스키 한 잔은 100칼로리가 넘는다. 매일 술로만 1,000칼로리 가까이 섭취한 셈이다), 간 손상의 징후를 보이고 있었다. 게다가 일을 너무 미루는 바람에 (실제로 일을 상당히 잘하고 좋아하는 데도) 사업이 망해가고 있었다.

나는 존을 만나서 습관 고리를 풀어내도록 도와준 지 몇 분 만에 그의 태도가 크게 바뀌는 것을 보았다. 그는 불안한 표정으로 자신은 절대 바뀌지 않을 것이라는 절망감을 안은 채 나를 찾아왔다. 그러나 나와 함께 지금까지 그가 파악하지 못했던 습관 고리를 명확하게 풀어낸 후(불안이 스스로를 무디게 만드는 수단으로 음주를 촉발하는 양상) 활기와 희망을 되찾았다.

나의 환자 중 다수는 마음이 어떻게 작동하는지 모른 채 몇 년을 방황한다. 그들이 처음으로 습관 고리를 찾고 이해하는 모습을 보는 것은 실로 뿌듯하다. 마치 그들이 어두운 방에서 무엇이 습관을 바꿔줄지 보려고 헤매다가 여기저기 부딪히는 와중에 갑자기 누군가 불을 켜서 그들의 마음속 블랙박스를 밝힌 것과 같다.

나는 불안을 둘러싼 모든 습관 고리를 풀어내기 위한 간단한 지침을 알려주고 존을 보냈다.

몇 주 후, 존은 나를 다시 찾아왔다. 그는 자리에 앉기도 전에 자신의 마음에 대해 알게 된 것들을 들뜬 얼굴로 설명하기 시작했다. 그는 불안 습관 고리를 명확하게 풀어냈을 뿐 아니라 음주가 불안과 건강 문제를 악화시키기만 한다는 사실을 깨달았다. 즉, 숙취는 그의 불안을 가중시켰고, 매일 일에 대한 의욕을 발휘하기 어렵게 만들었다. 그는 술을 바로 끊어버렸다.[1] 그는 자신의 주된 문제가 불안이며, 음주는 도움이 되지 않는다는 사실을 깨달았다. 사실 음주는 상황을 악화시킬 뿐이었다.

존은 또한 아내를 대하는 방식을 둘러싼 또 다른 주요 습관 고리를 발견했다. 존은 미국인이고 그의 아내는 중국인이다. 서로의 문화적 배경이 다르다는 점이 의도치 않게 약간의 불안을 촉발하기도 했다. 전반적으로 두 사람의 관계는 좋았다. 그러나 때때로 아내는 문화적 맥락에서 존에게 맞지 않는 방식으로 목소리를 높여서 그를 불안하게 했다. 가령 둘이서 가벼운 대화를 나누다가 그녀가 흥분하는 경우가 있었는데, 그때마다 그녀의 말투가 바뀌었고, 이는 그의 불안을 촉발하기에 충분했다.

- 촉발인자: 아내가 특정한 방식으로 말한다
- 행동: 갈등이 생길까 걱정한다
- 결과: 불안

존은 이 사실을 발견한 것에 실로 흥분했다. 이 문제가 오랫동안 두 사람 사이에 불화를 초래했기 때문이다. 아내의 말투가 바뀌면 존은 불안해졌다. 그래서 아내에게 고함치는 것으로 반응했다. 그러면 존의 아내는 왜 그가 고함치는지 혼란에 빠졌고, 그의 반응에 반응했다.

- 촉발인자: 불안
- 행동: 아내에게 고함친다
- 결과: 부부 사이의 불화

존은 이 일련의 습관 고리를 풀어낸 후 이제는 아내와의 관계가 훨씬 좋아졌다고 기쁘게 밝혔다. 그저 습관 고리를 파악하는 것만으로 그는 거기서 벗어날 수 있었다. 그러나 우리의 작업은 아직 끝난 게 아니었다. 뒤이어 존은 근래의 통찰을 토대로 새로운 일련의 행동을 익히는 일에 나섰다. 가령 아내가 흥분하면서 목소리를 높여도 그냥 그의 과잉반응이 습관에 따른 것임을 자신에게 상기시켰다. 그리고 심호흡을 한 후 차분하게 대응했다. 이 불안의 거품은 그렇게 터졌다.

존은 1단 기어의 좋은 사례다. 이 단계에서는 우리를 해로운 감정적 궁지로 몰아넣는 습관 고리를 그냥 자신에게 설명하기만 한다. 우리는 각 조각이 어떻게 맞춰지고 서로를 이끄는지 풀어낸다. 때로는 습관 패턴을 인식하기만 해도 상당한 성과와 함께 거기서 벗어나는 데 도움이 된다. 하지만 다른 경우에는 그 과정에서 약간의 도움이 필요하다.

오래된 습관 고리를 억지로 극복하려고 애쓰다가 실패한 경우가 얼마나 되는가? 작동하는 양상을 모르는 대상을 어떻게 고칠 수 있을까? 습관 고리를 풀어내는 것이 명백한 출발점이다. 우리는 이 노력을 1단 기어로 정의한다.

1단 기어

1단 기어는 습관 고리를 인식하고 그 구성요소, 즉 촉발인자와 행동 그리고 보상을 파악하는 것이다. 명확하게 말하자면 보상은 한때 보상을 안겼던 행동의 결과라는 점에서 뇌가 내리는 정의다. 애초에 그 행동이 강화된 이유가 거기에 있다. 그 행동은 이제 그다지 보상처럼 보이지 않을 수 있다. 그래서 습관 고리를 그냥 촉발인자, 행동, 결과로 생각해도 된다.

마음 풀어내기 연습

준비가 되었다면 앞으로 며칠 동안 당신의 불안(또는 다른) 습관 고리를 구성하는 TBR(T=촉발인자trigger, B=행동behavior, R=결과result) 요소를 풀어내고 얼마나 문제가 명확하게 드러나는지 보자. 아직 바꾸는 것은 신경 쓰지 말라. 마음이 작동하는 양상을 배우는 것이 변화의 첫 단계다. 서두르지 말라. 내가 운영하는 www.drjud.com/mapmyhabit 같은 웹사이트에서 마음 풀어내기 양식을 다운로드하거나 존과 내가 한 것처럼 종이에 세 가지 요소를 적고 습관 고리를 풀어낼 수 있다. 가장 명백한 것부터 시작하라.

존의 사례처럼 습관 고리를 풀어내는 일은 비교적 쉬워 보일 수 있다. 또한 습관 고리를 명확하게 보기 시작하면 보지 않기가 훨씬 어렵다. 이는 중요한 사실이다. 그렇지 않은가? (그렇다.)

새 환자가 클리닉에 오거나 누군가가 마음챙김 수행 프로그램을 활용하기 시작하면 습관 고리를 정말 빠르게 풀어내는 경우가 많다. 그들은 마음이 작동하는 양상을 배웠다는 사실에 흥분한다. 그리고 아이러니한 습관 함정에 빠진다. 즉시 습관 고리를 바로잡으려 든다. 이는 차에서 들린 이상한 잡음의 원인을 카센터에서 들은 후, 집에 돌아와서 직접 고쳐보겠다며 섣불리 손대는 것과 비슷하다. 그러면 어떻게 될까? 결국 차를 다시 카센터로 가져가서 애초의 고장뿐 아니라 당신이 손대는 바람에 생긴 고장까지 고쳐야 한다. 이 함정에 빠지지 말라!

습관 함정을 같이 풀어내 보자.

- 촉발인자: 습관 고리를 분명하게 보기 시작한다
- 행동: 과거에 시도한 도구로 바로잡으려 시도한다
- 결과: (놀랍게도!) 통하지 않는다

언뜻 보상을 안기지 못할 것 같은 습관 고리가 형성되는 양상은 나중에 살필 것이다.

이 문제에 더하여 자칫 짜증 내거나 자책하는 것 같은 다른 해로운 습관 고리를 강화할 수도 있다. (걱정하지 말라. 이런 유형의 습관 고리에 대응하는 방법을 다루는 장도 있다.)

불안을 극복하고 습관을 바꾸려면 마음이 어떻게 작동하고, 어떻게 이런 습관을 형성하는지 알아야 한다. 거기에는 자신을 고치려는 습관 고리도 포함된다. 이성적으로 또는 개념적으로 대상을 아는 것은 첫 번째 단계일 뿐이다. 1단 기어는 말 그대로 1단계이다. 습관이 어떻게 형성되고 삶에서 드러나는지 이성적으로 아는 일은 속도와 추진력을 만든다. 나중에 모든 도구를 갖추게 될 때, 습관을 바꿀 수 있다.

10대 시절, 〈가라데 키드The Karate Kid〉라는 영화를 좋아했다. 이사를 자주 다녔던 나는 주인공 대니얼(랄프 마치오Ralph Macchio)이 새로운 동네로 이사 왔다가 멋있는 아이들에게 괴롭힘을 당하는 모습에 완전히 공감했다. 그리고 어떤 10대 소년이 앨리Ali(엘리자베스 슈Elisabeth Shue)와 데이트하고 싶지 않을까? 대니얼은 자신의 본 모습을 찾는 법을 익혀서 마침내 앨리를 여자친구로 만든다. 대니얼이 자기방어를 위해 무술을 배우려고 애쓸 때 미야기Miyagi 선생님(팻 모리타Pat Morita가 연기하는 대니얼의 스승)은 그냥 가라데에 대한 책을 건네주고 리포트를 쓰라고 말하지 않는다. 대니얼은 가라데를 배운다는 생각에 잔뜩 들떠서 미야기 선생님을 찾아간다. 그러나 미야기 선생님은 어떤 것을 개념적으로만 배워, 실질적으로 어떻게 해야 하는지 모른 채 밖으로 나가서 시도하는 것의 함정을 알았다. 이소룡이 쓴 책을 읽었다고 해서 바깥에 나가 이소룡이 될 수는 없다. 마법봉을 흔들어도 개념이 지혜로 마법처럼 바뀌지는 않는다. 개념이 경험을 통해 노하우가 되도록 실질적인 노력을 기울여야 한다.

잘 알려진 대로 대니얼이 "왁스를 바르고 닦아내_{wax on, wax off}" 차에 광택을 내고, 담장에 페인트를 칠한 모든 노력은 결실을 맺는다. 그는 미야기 선생님이 개념을 머릿속에서 끄집어내어 몸으로 익히도록 자신을 훈련시켰다는 사실을 깨닫는다. 이런 지도 방식은 그가 가라데를 안다고 착각하고 무술영화에서 본 것들을 흉내 내는 수준에 그치는 함정을 피하는 데 도움을 주었다. 미야기 선생님은 그에게 개념을 행동으로 옮기는 방법을 가르쳤다.

다음 습관 고리에 공감이 가는가?

- 촉발인자: 불안(또는 습관 변화)에 대한 새로운 책을 본다
- 행동: 한자리에서 단번에 독파한다
- 결과: 개념은 이해하지만 습관을 바꾸는 데 실패한다

습관 변화에 있어서 개념은 중요하다. 또한 습관을 풀어낼 때 그 개념들을 실행하게 된다. 다만 풀어내기가 고치기나 고쳐지기와 저절로 똑같아지는 것은 아니라는 사실을 알아야 한다. 물론

존처럼 해로운 습관을 풀어냄으로써 쉽고 빠르게 멈출 수 있을지도 모른다. 실제로 나는 나의 10분짜리 테드TED 강연("나쁜 습관을 없애는 간단한 방법A Simple Way to Break a Bad Habit")을 보고 금연에 성공하거나 대학교에서 미루는 버릇을 고친 사람들이 보낸 감사 이메일을 자주 받는다. 그러나 일이 항상 이렇게 간단하다면 습관 변화로 고생하는 모든 사람들이 짧은 동영상을 시청한 후 바로 습관(들)을 내다 버리고 뒤도 돌아보지 않았을 것이다. 테드 강연은 의욕과 정보를 제공한다. 그러나 대개 거기서 그치는 경우가 많다. 성과를 내려면 인내심을 갖고 절차를 따라야 한다.

대다수 사람들은 오랜 습관을 갖고 있다. 습관을 풀어내는 것은 그것을 바꾸기 위한 첫 번째 단계일 뿐이다. 개념 및 경험으로 습관을 풀어내야 바꾸는 일에 나설 수 있다. 이 책의 첫 3분의 1이 풀어내기에 할애된 이유가 거기에 있다. 건너뛰지 말라. 바로 '해결' 부분으로 직행하지 말라. 생각으로만 습관 변화를 이루려는 개념 함정에 빠질 것이기 때문이다. "왁스를 바르고 닦아내라." 앞으로 확인하겠지만 이는 당신 자신의 경험을 통해 그 절차를 배우는 데 꼭 필요한 일이다.

습관을 바꾸는 일은 힘들다. 하지만…

나는 5년 동안 예일대 의대 학생들에게 환자의 금연을 돕는 법을 가르쳤다. 이 강의는 자신이 배운 모든 것을 45분짜리 장광설로 펼쳐낸 선배 정신과 의사가 내게 넘긴 수업이었다. 이 45분은 학생들이 의대 4년 동안 환자의 금연을 돕는 법을 배울 수 있는 유일한 시간이었다. 이 강의가 유용하고 영향력을 가지려면 학생들이 그 내용을 암기하고, 내재화하고, 현실화해야 했다.

내가 생각한 최선의 수단은 복창을 통한 주입식 교육이었다. 나는 한껏 진지한 얼굴로 학생들에게 "내가 말한 구절을 따라하라"고 말했다.

정말 잘한 일이라고 할 수는 없지만 그것이 학생들을 집중시키고 배우게 만드는 최선의 방법이었다.

나는 학생들에게 이 말을 따라하라고 시켰다. "의사로서 오늘 제가 할 가장 중요한 말은 담배를 끊는 것이 건강을 위해 당신이 할 수 있는 최선의 일이라는 겁니다." 금연을 돕기 위해 우리가 가진 최선의 선택지는 "분명하고, 강력하고, 환자에게 맞는 방식으로 금연을 촉구하는 것"이었다. 뒤이어 "이번에는 정말 담배를 한 번 끊어보시겠습니까?"라고 질문했다. 대다수 학생들은 의대 교수가 유치원식 교육법을 쓰는 것에 약간 놀라서 그저 앵무새처럼 내가 한 말을 따라했다. 나는 참여도를 높이기 위해 학생들이 얼마나 빨리 복창하는지 시간을 쟀다. (약간의 경쟁을 싫어하는 사람이 있을까?) 내가 이 강의를 한 이후 이 책을 쓸 때까지 10여 년이 지났다. 그러나 방금 내가 언급한 구절들은 여전히 금연을 돕는 '표준'으로 남아 있다. 믿지 못하겠다면 검색해보라.

습관 형성에 있어서는 반복이 최고다. 그래서 나는 짧은 강의 시간에 학생들이 최대한 많이 이 구절을 반복하게 만들고 싶었다 (물론 나머지 강의 내용도 전달했다). 그러나 사람들이 습관을 바꾸도록 돕는 더 나은 방법이 있어야 했다!

요점은 습관을 바꾸는 일은 분명 힘들지만 건조하거나, 따분하거나, 심지어 고통스러울 필요가 없다는 것이다.

그러니 이 말을 따라해 보자.

"습관을 바꾸는 일은 힘들지만 고통스러울 필요는 없다."

"습관을 바꾸는 일은 힘들지만 고통스러울 필요는 없다."

머릿속에 남도록 한 번만 더 따라해 보자.

"습관을 바꾸는 일은 힘들지만 고통스러울 필요는 없다."

당신은 방금 습관 변화의 아주 중요한 요소를 암기했다. 다음 단계는 뇌의 습관 형성 장치를 실제로 조작하는 방법을 파악하는 것이다. 그러면 이 장치에 맞서는 것이 아니라 그 힘을 당신에게 도움이 되는 방향으로 활용할 수 있다. 그래야 정신적 근육이 지치지 않으며, 고통받지 않을 수 있다.

당신만의 스토리라인을 찾아라

좋은 영화와 베스트셀러 작가들은 신화적인 주인공의 여정을 따름으로써 스토리라인을 흥미롭게 만든다. 이는 스토리텔링의 태동기부터 존재했던 기법이지만 저술가인 조지프 캠벨Joseph Campbell이 1949년에 처음 성문화했다. 오락 산업에서 이 기법은 유인요소를 만들고(해결해야 할 문제와 해결 방법을 둘러싼 수수께끼), 설득력 있게 이야기를 진행하고(긴장, 투쟁, 고난 등), 반드시 행복하게는 아니지만 잘 끝내는(해소) 기본 공식이 되었다. 어쩌면 당신은 여기서 좋아하는 영화의 후속편을 보거나 〈해리포터〉 시리즈의 다음 권을 읽고 싶게 만드는 보상 기반 학습의 요소를 볼 수 있을지도 모른다.

- 촉발인자: 긴장
- 행동: 고난 등을 수반하는 주인공의 여정
- 결과: 해소

좋은 이야기가 마무리되면 우리는 다른 이야기를 바란다.

같은 공식이 넷플릭스나 아마존 등을 몰아보는 시대에도 작용한다. 다만 약간의 차이가 있다. 〈왕좌의 게임Game of Thrones〉 같은 시리즈를 제작하면서 시청자들이 시즌마다 계속 돌아오게 만들고 싶다면 어떻게 해야 할까? 그렇다. 해소 부분을 빼면 된다.

- 촉발인자: 긴장
- 행동: 고난 등을 수반하는 주인공의 여정
- 결과: 해소되지 않음

긴장이 해소되지 않는 것은 오랜 등산길에 쉬려고 숲속에 앉았는데 거기가 개미굴임을 갑자기 깨닫는 것과 같다. 온몸이 가려운 느낌이 들기 시작하면 당신의 뇌는 경보 상태로 들어가 "불이야! 불! 불을 꺼!"라고 소리친다. 다행히 넷플릭스와 그 공범들은 '다음 화' 옵션과 함께 소화기를 쉽게 손이 닿는 곳에 둔다. 실제로 그들은 당신이 참지 못할 것이라고 예상하고 버튼까지 당신 대신 마음대로 눌러버린다.

습관을 바꾸려면 이야기의 주인공(이건 쉽다. 바로 당신이니까), 플롯(무엇이든 당신이 가진 습관), 수수께끼(왜 M&M을 먹을 때 갈색보다 녹색을 먼저 먹어야 할까?), 긴장(바꿀 수 있을까?) 그리고 해소(그렇다. 바꿀 수 있다!)에 공감해야 한다.

이 책에서 우리는 이 스토리라인을 충실하게 따를 것이다. 당신이 습관 고리를 신중하게, 열심히 풀어내야 하는 이유가 거기에 있다. 그렇다. 마루에 왁스를 칠하고, 담장에 페인트를 칠하고, 세차하기를 그다지 좋아하지 않았던 〈가라데 키드〉의 대니얼처럼 당신은 마음을 풀어내는 일을 따분하고 귀찮은 노동으로 여길 수 있다. 실제로 그것은 힘든 일이다. 그러나 마음 풀어내기는 당신이 주인공인 여정에서 당신을 돕는 결정적인 역할을 한다. 당신이 결국에는 끝내주는 (실제) 이야기를 들려줄 수 있도록 말이다.

6

불안을 퇴치하지 못하는
세 가지 이유

이제 뇌가 작동하는 양상과 관련된 필수적인 내용을 알았으니 해결책을 살펴보자. 심리학자와 치료 전문가는 불안부터 과식, 미루기까지 해로운 습관을 깨트리기 위한 여러 전략들을 찾아냈다. 그러나 이 요법들의 효과는 종종 개인의 유전적 성향에 좌우된다. 다행히 현대과학은 유전적 복권에 당첨되었든 아니든 특정한 오랜 수행법들이 오래된 뇌와 새로운 뇌를 한데 묶어서 해로운 습관들을 깨트리는 양상을 밝혀냈다.

그전에 앞서 언급한 두뇌 모델로 돌아가 보자. 거듭 말하지만 우리의 오래된 뇌는 생존을 돕도록 만들어졌다. 이 뇌는 보상 기반 학습 외에 다른 재주도 갖고 있다. 바로 학습한 것을 최대한 빨리 '근육' 기억으로 전환하는 것이다. 다시 말해서 우리의 뇌는 새로운 것을 배울 공간을 확보하기 위해 습관을 형성하도록 만들어졌다.

매일 아침잠에서 깨었을 때 일어서고, 옷을 입고, 걷고, 먹고, 말하는 법을 다시 배워야 한다고 상상해보라. 정오가 되면 지치고 말 것이다. 반면 '습관 모드'에서 우리는 아무런 생각을 하지 않아도 신속하게 행동한다. 마치 오래된 뇌가 새로운 뇌에게 "걱정 마. 내가 알아서 할게. 이건 신경 쓰지 말고 다른 일을 생각해"라고 말하는 것 같다. 부분적으로 이런 분업 덕분에 전전두피질 같은 우리 뇌의 새로운 부위는 생각하고 미리 계획할 능력을 진화시킬 수 있었다.

이는 당신이 오래된 습관을 꼼꼼하게 풀어낸 후에도 쉽게 떨쳐내지 못하는 이유이기도 하다. 누구도 아직 잡동사니를 쑤셔 넣을 공간이 있는 난잡한 벽장을 정리하면서 아름다운 주말을 보내고 싶어 하지 않는다. 그래서 우리는 벽장이 완전히 가득 차서 어쩔 수 없을 때가 되어서야 정리를 한다. 뇌도 마찬가지여서 임계 수준에 이를 때까지는 오래된 것들을 신경 쓰지 않는다. 새로운 뇌 부위는 차라리 다음 휴가를 계획하거나, 이메일에 답신을 쓰거나, 번잡한 세상에서 평정심을 유지하는 최신 기법을 배우거나, 요즘의 영양학적 추세에 대해 조사하는 것 같은 '더 중요한' 문제에 시간을 쓰려고 한다.

전전두피질은 생각과 사전 계획을 위한 부위로 기능하는 것 외에 당신이 충동을 통제하기 위해 의지하는 부위이기도 하다. 오래된 뇌는 기근 모드로 작동한다. 즉, 언제나 굶주림을 걱정한다. 그래서 도넛을 보면 '칼로리다! 생존해야 해!'라고 생각하며 달려들려고 한다. 코로나 팬데믹 초기에 사람들이 화장지와 밀가루, 파스타 같은 일용품을 향해 달려가던 기이한 현상을 기억할 것이다. 마트에 가서 어떤 물건으로 가득한 다른 사람의 카트를 보면 당신은 무엇이든 남은 것을 급히 움켜쥔다. 집에 그 물건이 충분히 있는데도 말이다. 반면 새로운 뇌는 오래된 뇌에게 "잠깐만. 방금 점심 먹었잖아. 이건 몸에 안 좋은 데다가 심지어 배가 고프지도 않잖아!"라거나 "집에 화장지 충분해. 지금 더 살 필요 없어"라고 말한다. 새로운 뇌는 디저트를 먹기 전에 채소를 먹어야 한다고 상기시키는 이성적인 목소리다(아이러니하게도 같은 내면의 목소리가 당신이 실패했을 때 당신을 비판한다. 이 문제에 대해서는 나중에 더 자세히 다룰 것이다). 새로운 뇌는 새해 첫날의 결심을 지키도록 도와주는 부위이기도 하다.

이제 당신이 불안이나 다른 부정적인 감정을 다스리는 데 도움을 주거나 깊이 자리 잡은 나쁜 습관을 바꾸게 해준다는 말을 들었던 전략들(심지어 당신이 시도했을지도 모르는 전략들)과 그 전략들이 통하지 않는 이유를 살펴보자. 이 논의는 해당 전략들이 과도하게 걱정하는 것 같은 불안 습관 고리에 적용되는 양상을 이해하기 위한 토대를 깔아줄 것이다.

당신이 의지력 보유고를 활용할 때, 새로운 뇌는 오래된 뇌에게 등산을 하고 햄버거 대신 샐러드만 주문하라고 말해야 한다. 그렇지 않은가? 당신이 불안하면 자신에게 긴장을 풀고, 뒤이어 더 많이 풀라고 말할 수 있어야 한다. 의지력은 마땅히 통해야 할 것처럼 보인다. 하지만 거기에는 두 가지 중대한 단서가 붙는다.

첫째, 최근 연구는 의지력에 대한 초기의 인식에 의문을 제기하고 있다.[2] 그중 일부는 의지력이 운 좋은 일부 집단에게 유전적으로 부여된다는 것을 증명했다. 또 다른 연구는 의지력 자체가 근거 없는 믿음이라고 주장했다.[3] 의지력이 실재한다고 인정하는 연구들도 자제력이 뛰어난 사람들이 실제로 목표 달성에 더 많이 성공하는 것은 아니라는 사실을 확인했다. 오히려 노력을 많이 기울일수록 고갈된 느낌만 더 심해졌다.[4] 간단히 말해서 결의를 다지거나, 이를 악물거나, "그냥 하라"고 자신을 밀어붙이는 것은 비생산적인 전략이 될 수 있다. 이런 전략은 단기적으로는 도움이 될지 모르지만(또는 적어도 노력하고 있다는 느낌을 주지만) 정말로 중요한 장기적인 성과에는 도움이 되지 않을 수 있다.

둘째, 의지력을 발휘하는 것은 일반적인 상황에서는 괜찮다. 그러나 (검치호랑이, 상사의 이메일, 배우자와의 다툼, 탈진, 배고픔 때문에) 스트레스를 받았을 때는 오래된 뇌가 주도권을 잡고 새로운 뇌를 압도한다. 그래서 스트레스가 사라질 때까지 사실상 새로운 뇌를 차단해 버린다.[5] 그래서 진짜 필요할 때 (전전두피질에서 나오는) 의지력이 발휘되지 않는다. 결국 기분이 나아질 때까지 오래된 뇌가 컵케이크를 먹은 후에야 새로운 뇌가 온라인 상태로 돌아온다. 즉, 전전두피질은 뇌에서 가장 어리고 진화적으로 덜 개발된 부위인 동시에 가장 약한 부위라고 생각하면 된다. 이는 우리가 유혹에 이끌리지 않기 위해 뇌에서 가장 연약한 부위에 모든 믿음을 걸고 있다는 뜻이다. 그러니 많은 사람들이 죄책감에 시달릴 수밖에 없지 않을까? 대다수 사람들의 경우 의지력의 부재는 그들 자신의 잘못이 아니라 두뇌 배선(그리고 진화)의 결함에 따른 것이다.

불안을 의지력으로 이기려는 것은 논리적이지만 대중이 약간 오해하는 부분이 있다. 내 친구 에밀리(실제든 상상이든 모든 난관을 생각의 힘으로 해결할 수 있는 실력 있는 변호사)는 공황발작이 일어나면 자신에게 '죽을 것 같겠지만 그렇지 않아. 이건 뇌가 너에게 장난을 치는 거야. 다음에 일어날 일은 네가 결정해'라고 말한다. 그녀는 고도로 훈련된 두뇌를 즉시 활용할 수 있는 아주 드문 사람이다. 다른 사람들도 불안이 추한 얼굴을 쳐들 때 불안해하지 말라고 어렵지 않게 자신을 다독일 수 있다면 나는 기꺼이 다른 직업을 알아볼 것이다. 뇌는 이런 방식으로 작동하지 않는다. 특히 이성의 힘으로 힘든 시기를 넘기도록 도와야 할 부위를 스트레스와 불안이 차단할 때는 더욱 그렇다. 내 말(또는 데이터)을 못 믿겠다면 이렇게 해보라. 불안한 느낌이 들면 자신에게 차분하게 다음에 무슨 일이 일어나는지 보라고 말해보라. 난이도를 높이고 싶다면 부모님의 엄격한 목소리로 명령해보라.

습관 퇴치 전략 2: 대체

X를 갈망할 때 대신 Y를 하라. 의지력처럼 대체는 새로운 뇌에 의존한다. 이 전략은 여러 과학적 근거로 뒷받침되며, 중독 정신의학에서 주로 활용하는 전략 중 하나다. 금연하고 싶지만 담배가 간절하다면 담뱃불을 붙이는 대신 사탕을 먹으라. 이 전략은 일부 하위 집단에 효과가 있다(또한 내가 레지던트 수련 때 배운 접근법 중 하나이기도 하다). 그러나 우리 연구소와 다른 연구소에서 실시한 연구에 따르면 갈망 자체를 없애지는 못한다. 즉, 습관 고리는 끊어지지 않는다. 단지 행동을 더 유익한 것으로 바꿀 뿐이다(안다. 사탕이 얼마나 몸에 좋을지는 나중에 논쟁할 수 있다. 그래도 내 말의 요지는 알 것이다). 습관 고리가 여전히 존재하기 때문에 이 경우에도 미래의 어느 시점에는 오랜 습관으로 되돌아갈 가능성이 높다.

이 전략은 또한 스트레스와 불안에 대처하는 수단으로 제안된다. 가령 불안할 때 소셜미디어에 올라온 귀여운 강아지 사진을 보면서 주의를 다른 곳으로 돌리라는 식이다. '언와인딩 앵자이어티' 앱 사용자 중 한 명은 일일이 검색하지 않아도 되도록 강아지 사진을 리트윗하는 봇bot을 만들기도 했다. 그래서 트위터 계정을 열기만 하면 끝없이 나오는 강아지 사진을 스크롤할 수 있다. 그러나 이 방법은 그의 불안(그리고 미루기) 문제를 고쳐주지 못했다. 또한 3부에서 확인하겠지만 뇌는 이런 전술에 싫증을 내기 시작한다.

습관 퇴치 전략 3: 환경 조정

아이스크림의 유혹에 약하다면 냉동실에 아이스크림을 두지 말라. 이 전략 역시 성가신 새로운 뇌를 끌어들인다. 환경 조정에 대한 여러 실험 연구 결과를 보면 자제력이 뛰어난 사람은 애초에 자제력을 발휘할 필요가 없도록 생활을 구조화하는 경향이 있다.[6] 매일 아침 운동하거나, 마트에서 몸에 좋은 음식을 사는 습관을 들이면 건강을 유지하고 영양가 있는 요리를 하는 것이 일과가 된다. 그래서 오래 이어갈 가능성이 높다. 다만 두 가지 단서가 있다. (1)실제로 건강에 좋은 습관을 들여야 한다. (2)오래된 습관이 새로운 습관보다 뇌에 훨씬 깊이 새겨졌기 때문에 자칫하면 오래된 습관 패턴으로 후퇴하여 계속 머물기 쉽다. 나는 우리 클리닉에서 이런 일을 항상 목격한다. 환자들은 한동안 환경 조정 전략을 시도하다가 결국 흡연이나 음주 또는 마약 사용으로 퇴행한다(술이 없는 무인도나 유타로 이사 가지 않는 한 운전하다가 주류 매장을 지나치지 않기는 놀라울 만큼 힘들다). 헬스장들이 연초에 종종 회원 할인 혜택을 제공하는 이유가 거기에 있다. 그들은 당신이 회원 가입을 하고 두어 주 동안 나오다가 춥거나 비가 올 때 며칠 빠지며, 그러다가 아예 발길을 끊어서 결국 장비를 깔끔한 상태로 유지하리라고 예상한다. 그러고는 다음 해 1월이면 몸매를 유지하지 못하는 것에 죄책감을 느끼며 이 연례행사를 반복할 것임을 안다.

환경을 조정하는 일이 어떻게 불안을 다스리는 데 도움이 될까? 불안을 냉동실에 두지 않거나, 힘든 일과를 보내고 퇴근하는 길에 31가지 맛 중 하나를 고르고 싶은 유혹에 빠지지 않도록 불안 매장을 피할 수는 없다. 집에 '불안 금지 구역'을 두는 것은 좋아 보인다. 그러나 설령 그런 구역을 만들어도 불안은 찾아올 것이다.

습관 퇴치 전략 4: 마음챙김

존 카밧진 Jon Kabat-Zinn 은 아마도 가장 유명한 서구의 마음챙김 전문가일 것이다. 그는 1970년대 말에 조용히 명상 수행을 하다가 사람들에게 가르치고 의료 환경에서 연구할 수 있는 8주짜리 마음챙김 프로그램을 개발하고 시험해 보자는 아이디어를 떠올렸다. 그 결과 '마음챙김 기반 스트레스 감소 Mindfulness-Based Stress

Reduction(MBSR)' 프로그램이 탄생했다. 이 프로그램은 이후 40년 동안 전 세계에서 가장 많이 알려져 있고 연구된 마음챙김 코스가 되었다.

카밧진이 내린 마음챙김에 대한 정의는 "현재의 순간에 의도적으로, 무비판적으로 주의를 기울일 때 이뤄지는 인식"이다. 기본적으로 그는 경험의 두 측면인 인식과 호기심을 가리킨다.

이 내용을 조금 풀어보자. 오래된 뇌가 정적 강화와 부적 강화에 반응하여 무엇을 할지 판단하며, 뒤이어 그 행동을 습관으로 바꾸는 데 아주 능하다는 사실을 기억하는가?

당신이 어떤 일을 습관적으로 한다는 사실을 인식하지 못하면 계속 그 일을 습관적으로 하게 된다. 카밧진은 이를 자율 주행모드에 비유한다. 같은 길을 차로 수천 번 다니면 거의 습관적으로 운전이 이뤄진다. 그래서 운전하면서 멍하니 다른 일을 생각하게 된다. 때로는 어떻게 퇴근했는지 기억하지 못할 지경으로 말이다. 이것은 마법일까? 아니, 습관이다.

마음챙김을 통한 인식 구축은 '보닛을 열고' 오래된 뇌에서 무슨 일이 일어나는지 확인하도록 도와준다. 그래서 거의 충돌사고를 낼 뻔했을 때 습관 고리의 끝에서 '깨어나는' 것이 아니라 습관이 진행되는 동안 습관 고리를 인식하는 법을 배울 수 있다.

(자율 주행모드일 때) 습관 고리를 인식하면 무슨 일이 일어나고 있는지 궁금해진다. 왜 내가 이걸 하고 있을까? 무엇이 이 행동을 촉발했을까? 내가 여기서 무슨 보상을 얻으려 하는 걸까? 이걸

앞으로도 계속해야 할까?

처음에는 이상하게 들리겠지만 호기심은 인식과 짝지으면 습관을 바꾸는 데 도움을 주는 핵심 속성이다. 이 연관성은 우리 연구소 및 다른 연구소들에서 실시한 연구 결과로 뒷받침된다. 또한 호기심은 그 자체로 강력한 보상이 될 수 있다. 마지막으로 어떤 것에 호기심을 가졌던 때를 기억하는가? 그 자체로 아주 기분 좋은 감정이다. 그래서 오래된 뇌에게 호기심을 갖는 것이 당장의 슈가 러시sugar rush(당분이 높은 음식을 먹고 에너지가 치솟는 상태-옮긴이) 후에 심한 죄책감에 시달리는 것보다 낫다고 알려준다.

습관 모드에서 벗어나면 새로운 뇌는 자신이 가장 잘하는 일을 할 수 있게 된다. 바로 합리적이고 논리적인 결정을 내리는 일 말이다.

아이스크림을 마구 먹다가 수치심과 자책감에 가득 찬 상태로 정신을 차리는 경우와 그저 어떤 행동을 인식하고, 뒤이어 호기심을 느끼며 당신의 마음이 정말로 하고 있는 일을 풀어내기 시작하는 경우 중에서 어느 쪽이 더 습관을 바꾸기 쉽다고 생각하는가?

호기심은 마음을 열고 변화를 받아들이기 위한 열쇠다. 스탠퍼드 대학의 연구자인 캐럴 드웩Carol Dweck 박사는 오래전에 '고정형 마음가짐fixed mindset'과 '성장형 마음가짐growth mindset'을 비교하면서 이에 대해 이야기했다.[7] (자신을 비판하는 것을 비롯한) 오랜 습관 고리에 갇히면 성장의 여지가 열리지 않는다. (우리 연구소는 이 문제와 연관된 뇌 부위까지 분석했다.)

마음챙김에 대한 과학적 연구는 아직 초기 단계지만 일관된 연구 결과들이 일부 나오고 있다. 여러 연구소에서 실시한 연구 결과에 따르면 마음챙김은 보상 기반 학습의 핵심 연결고리를 구체적으로 겨냥한다. 가령 우리 연구소는 흡연자들이 습관 고리를 인식하고 갈망과 흡연을 떼어놓도록 돕는 데 마음챙김 수행이 핵심적인 역할을 한다는 사실을 발견했다. 다시 말해서 그들은 갈망을 인식하고, 몸(그리고 마음)에서 그것을 어떻게 느끼는지에 대해 호기심을 가졌으며, 습관적으로 담배를 피우는 대신 참아넘겼다. 이 습관 고리를 깨는 일은 현재의 표준 요법보다 5배나 높은 금연율로 이어졌다.[8]

우리 연구소는 사람들이 습관 고리 절차를 이해하는 법을 배우고 마음챙김 기법을 활용할 때 습관 행동에 상당한 변화가 일어난다는 사실을 확인했다. 주의를 기울이는 법을 배우는 일은 흡연뿐 아니라 과식, 심지어 임상 연구에서 살핀 대로 불안 자체와 관련해서도 행동 변화로 이어졌다.

나는 이런 양상이 나 자신의 삶에서도 강력하게 작용하는 것을 확인했다. 이 책의 서두에서 언급한 "아는 것이 적을수록 말이 많다"는 격언의 당연한 결과가 있다. "그냥 아무것도 하지 말고 가만히 있으라!"다. 이는 개인적, 직업적으로 내게 큰 영향을 끼친 단순하면서도 강력한 역설이다. 환자가 진료실에서 (자신에게 일어난 일에 대해 이야기하거나 다가오는 일을 논의하다가) 불안이나 걱정에 휩싸이면 나도 사회적 전이로 불안이나 걱정에 휩싸일 수 있다('심각하네. 내가 이 사람을 도와줄 수 있을까?').

왜 그럴까? 일단 내가 불안의 토끼굴로 내려가기 시작하고, 나의 전전두피질이 생각하는 데 어려움을 겪으면 나는 습관적으로 나 자신의 불안에 반응하게 된다. 그래서 나의 불안을 쫓아내는 방편으로 당장 환자를 '고치려' 든다. 물론 이런 시도는 대개 상황을 악화시킬 뿐이다. 환자가 보기에는 내가 자신을 제대로 이해한 것 같지 않고, 해결책도 좋아 보이지 않기 때문이다. 그럴 수밖에 없는 것이 우리는 그를 불안하게 만드는 근본적인 원인까지 다다르지 못했다(의도치 않게 내게 초점을 맞췄기 때문이다). 또한 "그냥 아무것도 하지 말고 가만히 있으라"는 말은 존재 자체가 행위임을 강력하게 상기시킨다. 다시 말해서 나는 거기 존재함으로써, 환자들의 말에 깊이 귀 기울임으로써 종종 그 순간에 내가 해줄 수 있는 최선의 일을 한다. 즉, 공감하고 이해하고 소통한다. 끝으로 내가 이 말을 좋아하는 이유는 어떤 일이라도 하려는 의지력 본능이 그 자체로 (의도는 좋지만 오도된) 습관 고리임을, 그냥 관찰하기만 해도 된다는 사실을 상기시켜주기 때문이다. 관찰은 실로 유일하게 필요한 '행위'이며, 아이러니하게도 가장 효과적인 행위이다.

당신의 불안(및 다른) 습관 풀어내기에서 성찰할 다른 질문을 맞이할 준비가 되었는가? 이번이 습관을 바꾸기 위한 첫 번째 시도가 아니라면 지금까지 당신이 시도한 모든 습관 퇴치 전략을

검토해보라. 어떤 전략이 통했는가? 어떤 전략이 실패했는가? 그 성공과 실패가 이제 뇌의 작동 양상(구체적으로는 보상 기반 학습)에 대해 당신이 아는 것과 부합하는가? 반면 당신이 처음 습관 변화 게임을 하는 것이라면 한결 유리하다. 나쁜 습관을 바꾸기 위한 노력을 둘러싼 '나쁜' 습관(말하자면 실패했지만 계속 반복했던 전략)이 아직 생기지 않았기 때문이다. 계속 경로를 유지하면서 습관 고리를 풀어내라. 당장 고치고 싶은 충동에 주의를 기울이라(그리고 그것도 습관 고리로 풀어내라). 왁스를 바르고, 닦아내라.

7

모든 불안이
성과를 높인다는 헛소리

나의 환자인 데이브(가명)는 첫 상담에서 지난 1, 2년 사이 어느 땐가 고속도로를 달리다가 공황발작을 일으키기 시작했다고 내게 말했다. 그는 별다른 생각 없이 느긋하게 운전을 하고 있었다. 그때 문득 시속 100킬로미터로 달리는 것이 너무 위험하다는 생각이 떠올랐다. 그는 "고속도로를 쏜살같이 내달리는 큰 총알 속에 타고 있는 느낌"이었다고 털어놓았다. 결국 그는 공황발작이 너무 심해져서 고속도로를 아예 달리지 못하게 되었다.

불행하게도 데이브의 공황발작은 운전에 그치지 않았다. 어느 날 저녁, 여자친구와 스시 레스토랑에 있던 그는 갑자기 자신에게 생선 알러지가 있을지 모른다는 생각을 했다. 이번에도 불안이 너무 심해져서 두 사람은 바로 레스토랑을 나와야 했다. 그는 이성적으로는 그것이 말도 안 되는 일임을 알았다. 그는 생선 알러지가 없었으며, 그날 저녁에 새로운 알러지가 생길 가능성도 없었다. 하지만 그의 이성은 머릿속에서 "지금 그런 걸 따질 시간이 없어. 위험해! 당장 나가야 해"라고 외치는 목소리를 이기지 못했다.

데이브는 뒤이어 지금까지 불안하지 않았던 때가 없었다고 말했다. 그는 어린 시절부터 불안에 시달렸다. 그래서 20대 때는 (기분을 더 나쁘게 만드는) 술로 불안을 달래려 시도했고, (너무 무서워서 먹지 못한) 약물 처방을 받았다. 또한 심리학자, 상담사, 심지어 최면술사까지 만나봤지만 그의 말에 따르면 "하나도 효과가 없었다." 데이브는 뒤이어 그가 불안을 극복하는 주된 기제 중 하나가 먹는 것이라고 말했다. 불안은 뭔가를 먹도록 촉발했고, 음식은 일시적으로 불안한 느낌을 무디게 만들거나 불안으로부터 그의 주의를 돌렸다. 음식 섭취 습관 고리는 심한 과체중으로 이어졌다. 현재 데이브는 과체중 때문에 고혈압과 지방간 그리고 수면 무호흡증에 시달리고 있다.

- 촉발인자: 불안
- 행동: 음식 섭취
- 결과: 불안한 느낌으로부터 몇 분간의 주의 분산

그래서 데이브는 마흔 살에 범불안장애, 공황장애, 심각한 과체중을 안고 나를 찾아왔다. 불안증은 대단히 악화된 상태였다.

너무 무서워서 침대 밖으로 나가지 못하는 날도 많았다. 나와 만났을 무렵 그는 어둠을 뚫고 빛을 향해 나아갈 수 있도록 도와줄 뭔가를 간절히 찾고 있었다.

나는 그가 처음 우리 클리닉을 방문했을 때 종이를 꺼내 삼각형 형태로 '촉발인자', '행동', '보상'이라고 쓴 다음 '촉발인자'에서 '행동'으로, '행동'에서 '보상'으로, '보상'에서 '촉발인자'로 화살표를 그려 넣었다. 그리고 그 종이를 책상 건너편으로 밀며 데이브에게 이렇게 물었다. "이 그림이 정확한가요? '생선 알러지가 있을지 몰라' 같은 무서운 생각(촉발인자)이 상황을 회피하도록 촉발하고(행동), 그러면 기분이 나아지나요(보상)?"

데이브는 "네"라고 대답했다.

"그것이 당신의 뇌가 당신을 안전하게 해준다고 생각하지만 실은 불안과 공황을 이끌어내는 특정한 습관 고리를 만들었나요?"

그는 "간단히 말하자면 그래요"라고 말했다.

데이브와 나는 그의 뇌에 있는 생존 시스템이 납치당하여 그의 삶을 스스로 지속되고 결코 끝나지 않는 불안한 걱정의 악순환으로 만드는 양상을 단 몇 분 만에 풀어냈다. 불안은 걱정과 회피를 촉발했고, 이는 다시 더 많은 불안과 회피를 촉발했다. 게다가 그의 극복 기제인 음식 섭취는 비만과 고혈압을 초래했다.

나는 불안 습관 고리를 풀어낸다는 단순한 목표를 부여하고 데이브를 집으로 돌려보냈다. "불안 촉발인자는 무엇인가?" "행동은 무엇인가?" "보상은 무엇인가?" 나는 그가 이 모든 요소를 파악하고, 해당 행동으로부터 무엇을 얻는지 인식하기를 바랐다.

특히 후자가 중요하다. 뇌는 보상 기반 학습을 통해 습관 고리를 형성한다. 다시 말해서 어떤 행동이 보상을 안기면 우리는 다시 하도록 학습한다. 내가 보기에 데이브는 보상을 얻었기 때문에 두려운 상황을 회피하는(그리고 스트레스성 폭식을 하는) 법을 학습한 것이 분명했다.

이 보상은 비합리적이고 장기적으로 전혀 도움이 되지 않는데도 그를 습관 고리 속에 가둬 놓았다. 미래의 행동을 이끌어내는 것은 어떤 행동 그 자체가 아니라 그 행동이 보상을 안기는 정도다. 이에 대한 또 다른 설명은 행동 그 자체는 그 행동의 결과보다 덜 중요하다는 것이다. 단지 행동을 파악하고 중단하라고 말하기만 하면 되는 문제였다면 나는 기꺼이 실직당할 것이다. "그냥 하지 말라"가 구호로 자리 잡지 못한 데는 그럴 만한 이유가 있다. 나는 오랜 연구와 임상 경험을 거친 후 의지력은 실제 정신적 근육이라기보다 근거 없는 믿음에 가깝다는 확신을 얻었다.

내가 데이브의 이야기를 소개하는 이유는 습관 고리를 풀어내는 일의 단순성과 중요성을 말해주는 좋은 사례이기 때문이다. 시간이 오래 걸리지도 않고, 정신과 의사나 심리분석사를 찾아갈 필요도 없다. 오직 (무료인) 인식만 있으면 된다.

가령 당신이 중대한 회의를 앞두고 있고 당신의 습관 고리가 당신 차례가 아닐 때 발언하는 것이라고 가정하자. 이 경우 불쑥 끼어들기 전에 머릿속에서 그 습관 고리를 풀어내면 무슨 일이 일어나고 있는지 파악할 수 있다.

- 촉발인자: '좋은 아이디어가 있다'는 생각
- 행동: 누가 이야기하는 중이든 끼어들어서 말을 내뱉는다
- 결과: 회의의 흐름을 망친다

나중에 데이브의 이야기를 다시 소개할 것이다. 당신은 그가 어떻게 이 책에서 가르치는 방법대로 마음을 풀어내고 다스려서 진전을 이루는지 알게 될 것이다.

(불안 및 기타) 습관 고리는 당신이 그것을 간파하기 전까지 당신을 통제한다. 통제권을 되찾는 첫 번째 단계는 단지 습관 고리에 주의를 기울이고 풀어내는 것이다. 그 고리를 풀어낼 때마다 어디로 가고 있는지 알기 때문에 자율 주행에 덜 의존하면서 더 많은 통제력을 발휘할 수 있다.

하지만 약간의 불안은 도움이 되지 않을까?

우리의 뇌는 연계에 뛰어나다. 우리는 연계를 통해 학습한다. 우리는 케이크와 맛을 연계시키며, 케이크를 보면 자동으로 먹는다. 식당에서 식중독에 걸리면 그곳을 피해야 한다는 사실을 재빨리 학습한다. 실제로 문제의 식당과 역겨움 사이의 연계는 너

무나 강해서 그 앞을 지나가기만 해도 구역질이 날 수 있다. 그러나 연계의 우수성에는 한계가 있다. 식당 간판에는 독성이 없다. 그러나 우리는 그 간판을 우리 머릿속의 '저기 가지 마' 신호와 연계시키도록 학습한다. 또한 뇌는 뛰어난 연계적 학습 장치로서 툭하면 불안과 성과를 잘못 연계시킨다.

박사 학위 지도교수인 루이스 멀리아Louis Muglia 박사는 내게 "사실이고, 사실이지만, 무관하다"는 구절을 가르쳤다. 이 구절은 연구실에서 인과관계를 확인하기 위한 실험을 할 때 주의할 점을 상기시키기 위한 것이다. 다시 말해서 X라는 행동이나 과정을 연구하다가 Y가 발생하는 것을 관찰해도 여전히 X가 Y를 초래했다는 사실을 (나 자신과 지도교수 그리고 세상에) 증명해야 한다. 즉, X가 발생할 수 있다(사실). 또한 Y도 동시에 또는 바로 직후에 발생할 수 있다(사실). 그러나 그렇다고 해서 X가 Y의 발생을 초래한다는 것은 증명되지 않는다.

뇌는 항상 연계 작업을 한다. 내가 가장 좋아하는 예는 타석에 들어서는 프로야구선수들이다. 그들은 타격을 준비하면서 매번 다양한 의식을 치른다. 가령 발로 특정 횟수만큼 땅을 파거나, 헬멧의 특정 위치를 만지는 식이다. 많은 선수들은 이런 구체적인 행동을 성공과 연계시킨다. 즉, X, Y, Z를 하면 공을 맞힐 가능성이 높다고 믿는다. 그러나 사실 의식을 완료하고(사실), 공을 맞힐 수는 있지만(사실) 이 두 사실이 연관되었다는 증거는 없다.

물론 많은 사람들은 같은 방식으로 불안과 성공을 연계시킨다.

내가 세미나에서 강연을 하면 거의 예외 없이 나중에 누가 찾아와서 불안이 동력을 제공하지 않았다면 세상 어디에도 이르지 못했을 것이라고 확신에 차서(아, 우리는 정말 확실성을 사랑한다!) 말한다. 내가 운영하는 불안 치료 프로그램에서도 같은 일이 일어난다. 어떤 사람은 이렇게 말한다. "저는 실제로 불안 덕분에 성공했다고 생각하기 시작했습니다. 저는 학교에서 아주 좋은 학업성적을 거뒀고, 불안이 공부를 잘하게 만드는 인센티브를 제공했다고 생각했습니다. 그래서 마음속 깊은 곳에서는 불안을 떠나보내기가 두려웠고, 심지어 망설여졌습니다." 또 다른 사람은 "저도 같은 감정을 느낍니다. 불안을 떠나보내면 제 자신을 최대한 강하게 몰아붙이는 능력을 잃을까 두려웠습니다"라고 말한다.

환자든 워크숍 참석자든 간에 이런 사람들과 이야기하다 보면 내 머릿속에서 지도교수의 말이 들리는 것 같다. 그는 "사실이고, 사실이지만, 무관한 것 아냐?"라고 묻는다. 그래서 나는 상관성은 인과성과 다르다는 사실을 설명하기 시작한다. 그리고 그들이 불안한 느낌과 좋은 성과를 잘못 연계한 것은 아닌지 스스로 파악할 수 있도록 그들의 경험을 탐구하는 작업에 들어간다.

내가 관찰한 흥미로운 사실 하나는 불안이 성공에 필수라는 생각에 사람들이 상당한 애착을 갖고 있다는 것이다. 나는 내 도서 편집자인 캐롤라인 서튼Caroline Sutton과 이 점에 대해 토론했다. 그녀는 실로 공감 가는 인상적인 말을 했다. 바로 사람들이 그들의 불안 또는 스트레스를 낭만적이게 바라본다는 것이다. 그들은 그것을 훈장처럼 달고 다니며, 그것이 없으면 덜 잘난 사람이 되거나 심지어 목적의식을 잃을 것이라고 생각한다. 많은 사람들에게 스트레스와 성공은 동의어다. 캐롤라인의 말에 따르면 "스트레스를 받는다는 것은 뭔가 기여하고 있다는 뜻이고, 스트레스를 받지 않는다는 것은 패자라는 뜻"이다.

좋은 성과를 내려면 적어도 조금은 불안해야 한다는 생각은 연구 문헌에서도 낭만적으로 제시된다. 심리학 분야가 아직 태동기이던 1908년에 하버드 대학의 동물행동학자인 로버트 여키스Robert Yerkes와 존 도슨John Dodson은 〈자극의 강도와 습관 형성 속도의 관계〉라는 제목의 논문을 발표했다.[9] 그들은 이 논문에서 흥미로운 관찰 내용을 소개했다. 거기에 따르면 '일본 무용 쥐Japanese dancing mice'는 부적 강화 수단으로서 약하거나 강한 충격을 줄 때보다 적당한 충격을 줄 때 과제를 더 효율적으로 학습했다. 두 사람은 동물이 최선의 학습을 하려면 너무 과하지 않은 일정한 수준의 각성이 필요하다고 결론지었다. 이 논문은 이후 반세기 동안 10번밖에 참조되지 않았다. 그러나 이를 인용한 논문 중 4개는 이 연구 결과를 심리학적 법칙(지금은 인터넷에 여키스-도슨 법칙 또는 여키스-도슨 곡선으로 돌이킬 수 없이 각인되었다)으로 일컬었다.[10]

또한 독일 태생의 영국 심리학자인 한스 아이젠크Hans Eysenck는 1955년에 발표한 논문에서 불안에 대해서는 여키스-도슨 '법칙'이 맞을 수 있다고 주장했다. 그는 각성의 증가가 피실험자의 과제 수행 능력을 개선할 수 있다고 추정했다.[11] 2년 후(1957)에는 아이젠크의 제자로서 런던 대학의 연구자인 P. L. 브로드허스트Broadhurst가 〈감정성과 여키스-도슨 법칙〉이라는 과감한 제목의 논문을 발표했다. 그는 이 논문에서 (그의 설명에 따르면 '강제된 동기 부여의 강도'를 나타내는 척도로서) 쥐의 머리를 갈수록 긴 시간 동안 물속에 집어넣으면(즉, 산소 결핍) 쥐의 수영 속도가 계속 빨라지다가 다시 조금 느려진다고 밝혔다.[12] 그는 '동기 부여', '각성', '불안' 같은 용어를 혼용하면서 "이런 결과로 볼 때 명백히 여키스-도슨 법칙은 확증된 것으로 간주할 수 있다"고 과감하게 결론지었다. (물속에 가장 오래 머리를 처박힌 쥐가 수영하기 전에 그저 잠시 숨을 쉬려고 한 것은 아닌지를 그가 고려했는지 궁금하다.) 춤추는 쥐와 물속에 처박힌 쥐를 동원한 연구들을 통해 불안과 성과의 관계를 나타내는 뒤집힌 U자형 곡선, 또는 종형 곡선은 심리학적 측면에서 실재하게 되었다. 그에 따르면 약간의 불안은 성과에 도움이 되며, 과도한 불안은 크게 도움이 되지 않는다.

이제 반세기를 건너뛰어 보자. 스트레스와 업무 성과에 대한 심리학 논문들을 살펴보면 뒤집힌 U자형 곡선을 지지하는 논문은 4퍼센트에 불과한 반면 46퍼센트는 음의 선형관계를 발견했다.[13] 후자의 경우는 기본적으로 모든 수준의 스트레스는 성과를 저해한다는 것을 뜻한다. 이런 명확한 차이에도 불구하고(데이터 따위!) 과도하게 일반화된 여키스-도슨 '법칙'은 속설이 되었고, 심지어 현대의 신화 수준에 이르고 있다. 해당 논문에 대한 인용 횟수가 기하급수적으로 늘어나는 것이 그 증거다(1990년에는 10회 미만, 2000년에는 100회 미만, 그리고 10년 후에는 1,000회 이상).

불안은 훈장, 업무 성과의 핵심 요소, 수용된 정체성(불안이 너무나 고마워. 그게 없었다면 지금 난 어디에 있을까?)으로서 유사과학적인 설명 모형의 미학과 결합되었다(종형 곡선은 꽤 인기가 좋다). 그래서 치료사들(그들 중 일부는 이 전제를 토대로 책을 쓰기도 했다)뿐 아니라 환자와 일반 대중도 이런 설명에 대한 재평가를 주저하게 만들었다.

당신의 마음 한구석에 불안은 좋은 것이라는 목소리가 존재한다면 그 인과관계가 맞는지 탐구할 때다. 불안이 항상 더 나은 성과를 올리게 해주는가? 불안하지 않을 때 성과를 낸 적이 있는가? 그리고 아직 이 질문을 받을 준비가 되지 않았겠지만 그래도 물어보겠다. 불안은 기운을 빼고, 생각하기 힘들게 만들고, 때로 좋은 성과를 올리지 못하게 방해하지 않는가? (헉!) 덧붙이자면 올림픽 출전 선수나 프로 음악가가 한껏 실력을 발휘하고 있을 때 그들이 불안해 보이는가? (힌트: 마이클 조던이 60점을 득점한 경기에서 그의 혀가 어디에 있는지 보라. 또한 2018년 동계 올림픽에서 클로이 김Chloe Kim이 스노보드 하프파이프 부문에서 금메달을 딴 경기 장면이나 우사인 볼트가 100미터 경기에서 경쟁자들을 따돌리면서 함박웃음을 짓는 모습을 보라.)

불안이든 다른 것이든 습관을 바꾸는 일에 나설 때 모든 촉발 인자를 찾으려 애쓸 필요는 없다. 습관 고리를 풀어내면서 촉발인자를 찾는 데 골몰하여 실제로 습관을 바꾸는 데 도움이 되는 것을 놓치는 경우가 많다. 대개 애초에 이런저런 습관 고리에 갇힌 이유를 파악하는 데 과도한 초점을 맞출 때 이런 일이 일어난다. 이는 마치 지금까지 열린 모든 생일파티를 돌아보면서 심리 분석을 통해 정확히 언제 케이크를 좋아하기 시작했는지 파악하면 '케이크를 보면 먹지 않을 수 없는' 문제를 마법처럼 고칠 수 있다고 생각하는 것과 같다. 왜 어떤 행동이 습관이 되었는지 안다고 해서 당장 마법처럼 고칠 수 있는 것은 아니다. 사실 촉발인자는 습관 고리에서 가장 덜 중요한 요소다. 보상 기반 학습은 촉발인자가 아니라 보상에 기반한다(그래서 그런 이름이 붙었다). 핵심은 보상에 있다. 걱정하지 말라. 보상은 2부에서 살필 것이다. 지금은 습관 고리를 계속 풀어내자.

8

불안이라는
자율 주행차

존 카밧진의 마음챙김에 대한 정의를 다시 소개한다.

"(마음챙김은) 현재의 순간에 의도적으로, 무비판적으로 주의를 기울일 때 이뤄지는 인식이다."

기억하겠지만 우리의 오래된 뇌는 정적 강화와 부적 강화에 반응하여 무엇을 할지 판단하며, 뒤이어 그 행동을 습관으로 바꾸는 데 아주 능하다. 이 작업은 대부분 잠재의식을 통해 이뤄진다. 어떤 일을 습관적으로 하고 있다는 사실을 인식하지 못하면 우리는 계속 그 일을 습관적으로 하게 된다. (이것이 6장에서 언급한 일종의 자율 주행이다.)

그러나 우리는 이런 습관 패턴이 작용하는 것을 더욱 잘 인식할 수 있다. 마음챙김은 거기에 도움을 준다. 즉, 인식 구축을 통해 혈거인 뇌가 작동하는 것을 관찰할 수 있게 해준다.

사람들은 종종 마음챙김이 명상과 어떤 관계인지, 둘이 같은지 또는 다른지 혼란스러워한다. 둘의 관계를 간단하게 그림으로 나타내면 마음챙김이 큰 원이고 명상이 그 안에 있는 작은 원인 벤다이어그램이 된다.

다시 말해서 명상은 마음챙김을 수련하는 방법의 한 범주에 속한다. 마음챙김을 하기 위해 명상을 할 필요는 없다. 하지만 명상은 바로 지금 무슨 일이 일어나는지 더 잘 인식하는 데 도움을 준다. 명상은 뇌를 위한 운동과 같아서 마음챙김 근육을 키우고 강화하도록 해준다.

인식은 촉발인자와 자동적인 반응에 주의를 기울이도록 해준다. 그 대상은 불안과 걱정 습관 고리보다 훨씬 많다. 실제로 우리가 반응하는 모든 것에 적용된다. 다만 주의할 점이 있다. 세상에는 마음챙김이 특별한(불안하지 않은) 마음 상태라거나 단지 긴장 완화 기법에 불과하다고 주장하는 잘못된 정보가 많다. 나는 환자들에게서 이런 경우를 많이 본다. 마음에서 불안한 생각을 지우거나 생각을 통해 불안에서 벗어나려는 노력을 많이 할수록 그들은 더 불안해진다. 가장 흔한 오해는 내가 워크숍에서 지도를 하거나 환자들에게 마음챙김이라는 개념을 소개할 때 종종 받는 질문으로 요약할 수 있다. "어떻게 마음에서 생각을 없앨 수 있나요?"이다. 이 질문은 명상의 목표가 '마음을 비우는 것'이라는 잘못된 가정을 드러낸다.

그렇게 생각한다면 행운을 빈다. 나는 한겨울에 티셔츠 차림으로 땀을 흘리며 10년 동안 길고 고요한 명상 수행을 했지만 통하지 않았다. 게다가 의대와 레지던트 수련 과정의 대다수를 내 뇌에 최대한 많은 정보를 집어넣으려고 애쓰면서 보냈다. 그런데 왜 내 뇌를 비워야 한단 말인가?

마음챙김은 우리 자신에게서 어떤 것을 멈추거나, 비우거나, 제거하는 것이 아니다. 생각, 감정, 육체적 감각은 우리를 인간으로 만드는 것이다. 또한 생각과 계획은 터득해야 할 중요한 능력이다. 나의 생각하는 뇌를 활용하여 명확한 병력病歷을 파악하고 확실한 진단을 하지 못한다면 환자를 잘 치료하는 데 엄청난 애를 먹을 것이다.

마음챙김은 우리의 경험을 구성하는 생각과 감정을 바꾸거나 없애는 것이 아니라 그 생각과 감정에 대한 우리의 관계를 바꾸는 것이다.

이는 쉬운 일이 아니다. 실제로 2010년에 하버드 대학 연구진이 발표한 연구 결과에 따르면 우리는 깨어 있는 시간의 약 50퍼센트 동안 생각(정확하게는 잡념)에 사로잡힌다.[14] 자율 주행으로 돌아가기에는 너무 많은 시간이다.

이런 마음 상태는 아주 흔하기 때문에 뇌에서 측정할 수 있다. 심지어 디폴트 모드 네트워크Default Mode Network(DMN)라는 신경망도 있다. 디폴트 모드 네트워크는 세인트 루이스 워싱턴 대학Washington University in St.Louis의 마커스 라이클Marcus Raichle과 그의 연구팀이 발견했다. 이런 명칭이 붙은 이유는 마음이 특정한 과제를 수행하지 않을 때 기본적으로 돌아가는 곳이기 때문이다.[15]

디폴트 모드 네트워크는 마음이 과거나 미래의 일을 생각하면서 방황하거나, 반추나 불안 같은 반복적인 생각 또는 다른 강한 감정 상태에 사로잡혀 있거나, 다양한 물질을 갈망할 때 작동된다. 또한 우리는 좋든 나쁘든 우리와 관계된 일들에 대한 생각과 기억을 저절로 떠올린다. 그래서 과거에 한 일을 후회하고, 미래에 다가올 일을 걱정한다.

디폴트 모드 네트워크의 중추는 여러 뇌 부위를 연결하는 후측대상피질posterior cingulate cortex이다. 후측대상피질은 사람들에게 그들이 중독된 대상을 상기시키는 또는 중독을 촉발하는 사진을 보여줬을 때 활성화되는 부위라는 점에서 흥미롭다.[16] 가령 이

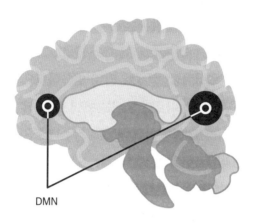

DMN

디폴트 모드 네트워크

부위는 코카인에 중독된 사람에게 코카인 관련 단서(유리 위에 두 어 줄로 늘어선 코카인의 사진)를 보여줄 때나, 니코틴에 중독된 사람에게 흡연 관련 단서(어떤 사람이 담배를 피우는 사진)를 보여줄 때, 또는 도박에 중독된 사람에게 도박 관련 단서(어떤 사람이 룰렛을 하는 사진)를 보여줄 때 활성화된다. 후측대상피질은 우리가 갈망 그리고 우울증과 불안한 걱정의 특징인 반추(고통스러운 기억에 초점을 맞추고 계속 그것에 대해 생각하는 것) 같은 다른 보속적 사고 습관 고리에 사로잡힐 때 전면적으로 작동한다. 여기서 보속성perseveration은 단지 같은 일을 계속 생각하게 되는 것이다. 걱정이 그 전형적인 양상이다. 이 개념을 명확하게 밝히기 위해 몇 가지 예를 제시하겠다.

갈망 습관 고리

- 촉발인자: 케이크를 본다

- 행동: 케이크를 먹는다

- 결과: 흡족하다

반추 습관 고리

- 촉발인자: 기운이 없는 느낌을 받는다

- 행동: 너무나 기운이 없고, 아무 일도 할 수 없을 것 같다

- 결과: (더) 우울하다

불안한 걱정 습관 고리

- 촉발인자: 완료하지 못한 과제 목록을 본다

- 행동: 완료하지 못할 것을 걱정한다

- 결과: 불안하다

참고로 우울한 사람들은 보속적 사고 습관 고리에 너무나 익숙하다. 그들 중 3분의 2는 불안장애에 대한 정신의학적 진단 요건을 충족한다. 우울과 불안 사이의 이 공통성은 기본적으로 통제할 수 없는 보속적 사고 습관 고리의 사례다. 이 습관 고리는 스스로 증식한다. 왜 그럴까? 예루살렘 히브리 대학의 야엘 밀그램Yael Millgram과 동료들이 실시한 연구 결과에 따르면 기분 상태의 익숙성은 우리가 그 상태에 계속 머물게 만드는 데 기여한다.[17]

항상 슬프거나 불안하면 그 슬픔 또는 불안은 우리에게 익숙해진다. 아침 일과나 출근길처럼 우리가 이끌리는 대상이 된다. 이런 상태에서 조금이라도 벗어나는 것은 낯선 일이어서 무섭거나 심지어 불안을 자극할 수 있다. 생존의 관점에서 보면 이런 반응은 타당하다. 낯선 지역을 여행할 때는 경계 태세를 취해야 한다. 안전한지 아닌지 모르기 때문이다. 모든 습관이 나쁜 것은 아니라는 사실을 잊지 말라. 습관은 우리가 앞으로 나아가도록 돕지 않고 우리를 넘어뜨리거나 지체시킬 때만 나쁘다.

우리는 정신적 습관 고리와 자신을 과도하게 동일시한다. 그래서 그 고리들이 우리가 생각하는 자신, 즉 정체성이 된다. 실제로 초기 예비 시험 대상자로 '언와인딩 앵자이어티' 프로그램을 체험한 한 사람은 내게 이런 이메일을 보냈다.

"지금 불안한 생각이 들고 있다는 느낌"과 "나는 원래 불안하다는 느낌"을 해소하는 접근법에 차이가 있나요? 저는 바쁜 일과에서 생기는 불안, 기한을 맞추지 못한 스트레스, 다가오는 일 같은 반사적인 유형의 일화를 다스리는 기법들을 잘 익히고 있습니다. 제가 어려움을 겪는 것은 제 자신에 대한 지각 그리고 투과되지 않는 이불처럼 그것을 덮고 있는, 제 자신이 부족하다는 느낌에서 생기는 불안입니다. 뼛속 깊이 새겨진 불안 말입니다.

이런 사람에게 불안은 자신의 일부처럼 느껴진다. 너무나 뼛속 깊이 새겨져서 불안과 자신을 구분할 수 없을 지경이다.

연구자와 임상의가 사람들의 행동 양상과 그들의 뇌에서 일어나는 일 사이의 연결고리를 찾아내고 이해할 수 있다면 이면의 기제를 정확하고 정밀하게 겨냥할 수 있다. 그래서 실질적이고 지속적인 변화를 이루도록 돕는 일을 더 잘할 수 있다. 임상의로서 나는 보속적 사고가 환자들을 넘어뜨리는 가장 큰 문제라고 생각한다. 이런 유형의 사고는 종종 뇌의 깊은 패턴에 각인되어 있다. 그래서 그들은 "난 흡연자야", "난 불안한 사람이야"라는 식으로 습관과 자신을 동일시하는 지경에 이른다. 보속적 사고 습관 고리는 나의 환자들에게 분명하고 현재적인 위험처럼 보인다. 마음챙김은 그들에게 도움이 될 수 있다. 그래서 나는 연구자로서 치열한 과학으로 이 문제에 맞설 열의를 갖고 있다.

이론적으로 마음챙김과 명상은 우리가 보속적 사고를 인식하도록 돕는다. 즉, 우리는 동일한 사고 패턴을 반복하는 홈에 갇히는 것이 아니라 그 사실을 파악하고 빠져나올 수 있다. 그리고 그 과정에서 새롭고 더 긍정적인 습관을 창출할 수 있다. (구체적인 방법은 나중에 자세히 다룰 것이다.)

디폴트 모드 네트워크는 우리가 보속적 사고(및 갈망)에 사로잡힐 때 활성화된다. 마음챙김은 이론적으로 사람들이 이런 고리에 갇히지 않고 자신의 생각과 자신을 동일시하지 않도록 도움을 줄 수 있다. 따라서 마음챙김이 디폴트 모드 네트워크에 긍정적인 영향을 미칠 수 있다는 것이 우리의 가설이었다.

우리는 첫 연구에서 MRI 스캐너를 활용하여 명상 경험이 없는 사람과 많은 사람의 뇌 활동을 비교했다. 우리는 초보들에게 명상법을 가르친 다음 두 집단 모두에게 스캐너 안에서 명상을 하게 했다. 그 결과 명상자와 비명상자 사이에 다른 활동이 관찰된 뇌 부위는 4개에 불과했다.[18] 그중 2개는 디폴트 모드 네트워크의 핵심 중추였다. 그리고 디폴트 모드 네트워크는 경험 많은 명상자들의 경우 훨씬 조용했다.

이는 해당 분야에서 새로운 발견이었다. 그래서 결과가 확실한지 재차 실험했고, 동일한 결과를 얻었다. 심지어 실시간 뉴로피드백neurofeedback(뇌파를 통해 반응을 살피는 연구기법-옮긴이) 실험을 수차례 실시하여 우리가 관찰한 디폴트 모드 네트워크의 비활성화가 사고, 감정, 갈망에 휩쓸리지 않고 그것들을 관찰하는 피실험자의 주관적 경험과 부합하는지 확인했다.[19]

하지만 우리가 특정한 신경망을 파악하고 겨냥한다는 실질적인 증거는 현실 세계에서 이루는 행동 변화와 일치할 때만 얻을 수 있다. 우리 연구소는 '마음챙김 수행'을 활용하여 사람들이 금연하도록 도울 수 있는지, 그리고 그 수행이 디폴트 모드 네트워크(구체적으로는 후측대상피질에 초점을 맞췄다)의 활동 양상을 바꾸는지 확인했다. 우리는 국립보건원으로부터 '크레이빙 투 퀴트Craving to Quit' 앱과 국립암연구소National Cancer Institute의 앱('퀴트가이드QuitGuide')을 비교하는 연구를 위한 보조금을 받았다. '퀴트가이드' 앱은 마음챙김을 수반하지 않고 건강 정보를 제공하는 것 같은 다른 전략을 활용했다. 우리는 요법을 진행하기 전에 피실험자의 뇌를 스캔한 다음 한 달 후에 후측대상피질의 활동 양상 변화를 통해 흡연 감소율을 예측할 수 있는지 살폈다.[20] 우리는 앱을 활용한 집단의 후측대상피질 활동 감소와 흡연 감소율 사이에 존재하는 강력한 상관관계를 확인했다. 반면 국립암연구소의 앱을 활용한 집단의 경우에는 그런 상관관계가 확인되지 않았다.

마음챙김이 두뇌 활동에 변화를 일으키며 임상적 결과와 상관관계를 지닌다는 사실을 확인했다. 이는 연구자와 임상의가 '실험실에서 병실로bench to bedside'라고 부르는 이행 연구translational research의 좋은 사례다. 그 요지는 아이디어와 개념 그리고 근본적이고 기본적인 연구 문제를 현실 세계의 환경에서 행동 변화에 영향을 줄 수 있는 요법으로 이행한다는 것이다.

해당 분야는 아직 더 많은 연구가 이뤄져야 한다. 특히 장기적인 결과를 살피는 대규모 연구가 필요하다. 그러나 이제 이런 유형의 연구를 할 수 있게 되어서 마음챙김 수행이 통하는 양상에 대해 더 나은 역학적 이해를 얻게 되었다. 이런 이해는 이미 마음챙김 수행이 우울과 불안에 가장 잘 통하는 이유를 설명한다. 바로 보속적 사고라는 공통적 요소를 겨냥하기 때문이다. 우울한 사람은 과거에 대해 보속한다. 불안한 사람은 미래에 대해 보속한다. 마음챙김은 내용(과거·미래)에 상관없이 보속 과정을 해체하는 데 도움을 준다. 영국 국민건강보험공단National Health Service은 마음챙김 수행법 중 하나(마음챙김 기반 인지 치료)를 우울증에 대한 1차 요법으로 수용했다.

이 장이 마음챙김이 무엇이고 어떻게 뇌의 습관 고리를 구체적으로 겨냥하는지 이해하는 데 도움이 되었기를 바란다. 더 중요한 점은 이 정보를 활용하여 행동에 나설 수 있다는 것이다. 주된 습관 고리를 풀어냈다면 종일 얼마나 많이 거기에 초점을 맞출 수 있는지 살피고, 그것들이 뇌의 '플레이리스트' 상단까지 몇 번이나 올라가는지 세어보라. 당신이 풀어낼 수 있는 구체적인 보속적 고리가 있는가? 그 고리가 얼마나 많이 플레이되는지 셀 수 있는가? 어느 고리가 차트 정상까지 올라가는가?

9

당신은 어떤 성격
유형인가?

원생동물 같은 단세포 생물은 생존을 위한 단순한 이분법적 기제를 갖는다. 즉, 영양소를 향해서는 다가가고 독소로부터는 멀어진다. 갯민숭달팽이는 약간 더 복잡한 신경계를 가졌지만 기본적인 학습 방식은 같다.

인간 행동의 다수가 이와 비슷한 '접근 및 회피' 생존 전략에서 기인했다고 볼 수 있을까? 당신은 위협에 직면했을 때 정면으로 맞서 싸우거나, 돌아서서 도망가거나, 위협하는 대상이 당신을 보지 못하기를(또는 당신의 냄새를 맡지 못하기를) 바라면서 그 자리에 얼어붙는다. 사람들이 위험에 직면했을 때 자동으로 드러내는 투쟁·도피·경직 반응이다. 이전에 "조심해요!"라는 외침이나 굉음을 들었을 때를 떠올려 보라. 아마 당신은 스스로 놀랄 만큼 재빨리 차를 피하거나, 큰 소음을 듣고 몸을 수그리거나, 갑자기 조명이 나갔을 때 얼어붙었을 것이다. 모든 행동은 생각할 필요나 시간 없이 이뤄진다. 당신의 뇌와 신경계에 속한 원시적 부위는 안전이라는 명목하에 (다행스럽게도!) 모든 일을 처리해준다. 생각을 통해 나쁜 습관에서 벗어나려는 시도가 통하지 않는 것처럼 빨리 행동해야 할 경우 생각을 통해 위험에서 벗어나려는 시도는 위험하다. 생각은 위험이 임박했을 때는 너무 느린 과정을 거친다. 반응은 반사적 수준에서 이뤄져야 한다. 이런 본능이 성격이 지닌 습관적 요소를 설명해줄 수 있을까?

두어 해 전에 우리 연구팀은 5세기에 발간된 《청정도론The Path of Purification》이라는 '명상 지침서'를 알게 되었다. 이 책은 우리의 성향과 습관적 행동 그리고 정신적 성격 속성 중 많은 부분이 투쟁, 도피, 경직 유형 중 하나에 속한다고 설명한다.[21] 저자는 왜 이 범주들을 제시했을까? 명상하는 법과 습관적 행동 패턴을 바꾸는 법을 배우는 사람들에게 맞춤식 조언을 하기 위해서다. 현재 우리가 맞춤형 의료라고 여기는 것, 즉 개인의 표현형에 치료법을 맞추는 것에 대한 초기의 설명일지도 모른다.

이 지침서의 저자는 생리와 두뇌 활동을 측정하기 위한 심박계와 혈압계 또는 기능적 MRI와 EEG 같은 현대적 장비를 활용할 수 없었다. 그는 사람들이 먹는 음식의 종류, 걷거나 옷 입는 방식 등 눈으로 확인할 수 있는 것에 의존했다. 다음은 《청정도론》에서 그가 설명한 파악 방법이다.

자세를 통해, 행동을 통해,

먹는 것, 보는 것 등을 통해,

마음에 일어나는 상태의 종류를 통해,

기질을 파악할 수 있다.[22]

그는 이런 관찰을 토대로 행동 성향을 현대과학과 놀랍도록 일치하는 3개의 일반적인 범주 또는 유형으로 나눈다.

- 유형 1: 접근·투쟁

- 유형 2: 회피·도피

- 유형 3: 접근도 도피도 하지 않음(경직)

이를 조금 더 분석해보자.

파티장에 걸어 들어간다고 상상해보라. 당신이 유형 1(접근)에 속한다면 파티장에서 제공되는 멋진 음식에 놀라면서 친구들과 신나게 어울리기 시작할 것이다. 반면 당신이 유형 2(회피)에 속한다면 음식이나 초대된 사람들을 평가하고 나중에 밤이 되면 토론 중인 주제의 세부사항이나 정확성을 놓고 다른 사람과 언쟁을 벌일지도 모른다. 당신이 유형 3(접근도 회피도 하지 않음)에 속한다면 그냥 분위기를 맞춰가면서 다른 사람들이 이끄는 대로 따라갈 것이다.

최근 우리 연구진은 이 구분을 한 단계 진전시켰다. 우리는 이 지침서에 묘사된 행동 경향이 보상 기반 학습의 현대적 기제, 즉 접근·투쟁, 회피·도피. 경직과 일치한다는 사실을 발견했다. 접근 유형(1)에 속하는 사람은 정적 강화를 하는 행동에 더 강한 동기를 얻는 경향이 있다. 회피 유형(2)에 속하는 사람은 부적 강화를 하는 행동에 더 강한 동기를 얻는 경향이 있다. 어느 유형에도 속하지 않는(3) 사람은 중간에 위치한다. 즉, 다른 사람들만큼 유쾌하거나 불쾌한 상황에 따른 정적 강화 내지 부적 강화의 경로·경향에 이끌리거나 떠밀리지 않는다.

이 유형들은 현재의 과학과 매우 잘 맞는다. 그래서 우리는 누구나 해볼 수 있는 '행동경향설문 behavioral tendencies questionnaire '을 만들고 현대적 척도와 심리측정 연구기법으로 뒷받침했다.

행동경향설문

다음 항목들을 당신이 일반적으로 행동하는 양상에 맞는 순서대로 나열하라(특정한 상황에서 어떻게 행동해야 한다거나, 행동할지도 모른다고 생각하는 행동 양상이 아니다). 질문 내용을 너무 많이 생각하지 말고 바로 응답해야 한다. 당신에게 가장 많이 해당하는 항목에 1점, 두 번째로 많이 해당하는 항목에 2점, 당신과 가장 맞지 않는 항목에 3점을 부여하라.

1. 파티를 계획할 경우

   □ 사람이 많고 활기가 넘치는 분위기가 좋다

   □ 특정한 사람들만 부르고 싶다

   □ 즉흥적이고, 형식에 얽매이지 않는 파티가 될 것이다

2. 방 청소를 할 경우

   □ 방을 보기 좋게 만드는 데 자부심을 느낀다

   □ 문제 있는 부분이나 불완전한 부분 또는 깔끔하지 않은 부분을 재빨리 알아차린다

   □ 어수선한 방 상태를 알아차리지 않고, 개의치도 않는다

3. 생활 공간이

   □ 아름다운 것이 좋다

   □ 정돈된 것이 좋다

   □ 창의적으로 혼란스러운 것이 좋다

4. 일할 때

   □ 열정적이고 활기차다

   □ 모든 것에 정확성을 기한다

   □ 미래의 가능성을 고려하고 최선의 방안을 궁리한다

5. 사람들과 대화할 때 상대가 받는 나에 대한 인상은

   □ 다정하다

   □ 현실적이다

   □ 철학적이디

6. 내가 옷을 입는 스타일의 단점은

   □ 퇴폐적이다

   □ 상상력이 부족하다

   □ 부조화스럽거나 비통합적이다

7. 대체로 나의 행동 방식은
- □ 들떠 있다
- □ 분주하다
- □ 방향성이 없다

8. 내 방은
- □ 화려하게 장식되어 있다
- □ 깔끔하게 정돈되어 있다
- □ 어수선하다

9. 일반적인 경향상 나는
- □ 어떤 것에 대한 욕구가 강하다
- □ 비판적이지만 명확하게 사고한다
- □ 나만의 세상에 산다

10. 학창시절 다른 아이들의 나에 대한 인식은
- □ 친구가 많다
- □ 지적이다
- □ 몽상을 많이 한다

11. 대체로 내가 입는 옷은
- □ 유행을 따르고 매력적이다
- □ 깔끔하고 단정하다
- □ 대충 걸친다

12. 나의 인상은
- □ 다정하다
- □ 생각이 많다
- □ 멍하다

13. 다른 사람이 어떤 것에 열의를 보이면 나는

    ☐ 동참하고 싶어 한다

    ☐ 회의적인 반응을 보인다

    ☐ 샛길로 빠진다

이제 수치를 더하여 각각 상단 항목, 중단 항목, 하단 항목에 대한 점수를 구하라. 가장 점수가 낮은 항목이 가장 강한 경향성을 나타낸다.

상단＝접근 유형, 중단＝회피 유형, 하단＝분위기를 따르는 유형이다. 가령 상단 항목에서 18점, 중단 항목에서 25점, 하단 항목에서 35점이 나왔다면 접근 유형의 경향이 훨씬 높은 것이다.

'행동경향설문'을 마음챙김 성격 퀴즈로 생각하라. 이 설문이 당신의 일상생활에 도움이 되기를 바란다. 일상적인 행동 경향을 보다 분명하게 파악하고 이해하면 당신 자신에 대해 그리고 내적, 외적 세계에 대한 당신의 습관 반응에 대해 배울 수 있다. 또한 가족, 친구, 동료의 성격 유형을 파악하여 그들과 더욱 조화롭게 생활하고 일할 수 있다.

성격 유형을 잘 살리면 습관 경향의 장점을 활용하는 데 도움이 된다. 가령 뚜렷하게 접근 유형인 사람은 마케팅이나 영업을 잘할 수 있다. 또한 회피 유형에 해당하는 사람에게는 고도의 정밀함과 세밀함이 요구되는 과제를 맡길 수 있다. 그들은 문제를 분석하는 데 집중하기를 즐기고 그런 상황에서 잘해나가기 때문이다. 그리고 분위기를 따르는 유형에 해당하는 사람은 브레인스토밍 회의 동안이나 대형 프로젝트의 초기 단계에서 창의적인 아이디어를 제시한다.

습관적 경향을 이해하는 일은 인격체로서 성장하고 불필요한 상심을 피하는 데도 도움이 된다. 당신이 접근 유형이라면 생활 속에서 과한 수준으로 나아가는 경향이 있는 모든 습관을 풀어낼 수 있다. 이런 경우 좋은 것을 너무 많이 원하면 상황을 악화시킨다(예컨대 과식, 친구에 대한 질투 등). 회피 유형이라면 (당신 자신이나 타인에 대해) 과도하게 비판적이거나 큰 그림에 지장을 초래할 정도로 정확성에 과도하게 집착하는 것 같은 관련 행동에 주의를 기울일 수 있다. 그리고 당신이 분위기를 따르는 유형이라면 갈등을 초래하지 않기 위해 스스로 판단하지 않고 다른 사람의 생각에 동의해 버리는 상황을 인지하는 데 집중할 수 있다.

아래는 각 성격 유형을 전반적으로 정리한 내용이다. 이는 경향이지 딱지가 아님을 명심하라. 대개 사람들은 두드러진 경향을 지니며, 상황에 따라 특정 경향으로 더 많이 쏠린다. 나와 아내는 둘 다 회피 유형에 많이 치우친다. 이 점은 우리가 둘 다 학자인 이유를 설명한다. 우리는 전제와 이론에 의문을 제기하고, 연구와 분석에 시간을 보내는 것을 좋아한다. 또한 둘 다 부차적 경향으로서 분위기를 따르는 유형보다 접근 유형에 더 가깝다. 그래서 한 명이 힘겨워하거나 힘든 하루를 보내고 있으면 다른 한 명은 비판의 불길에 기름을 붓기보다 가까이 다가가서 낙관적인 태도로 기운을 북돋아준다.

실제로 우리의 행동 경향을 아는 일은 아내와 내가 서로의 습관 패턴을 더욱 명확하게 파악하도록 도와주었다. 아내가 직장에서 동료와 있었던 일을 내게 이야기하고, 내가 그 사람을 비판하면 아내는 나의 비판 습관 고리를 부드럽게 지적한다. 덕분에 나는 한 발 물러서서 상황을 더 명확하게 바라볼 수 있다.

접근 유형: 당신은 낙관적이고 다정하며 인기가 많을 수 있다. 당신은 침착하게, 재빠른 생각으로 일상적 과제를 처리한다. 당신은 즐거운 일에 더 많이 이끌린다. 당신은 당신의 믿음을 신뢰하며, 당신의 열성적인 성격은 당신을 인기 있는 사람으로 만든다. 당신은 자신 있는 태도를 보인다(말하자면, 당당하게 걷는다). 때로 당신은 성공을 위해 약간 탐욕스러운 경향을 보인다. 당신은 즐거운 경험과 같이 있으면 좋은 사람들을 갈망한다.

회피 유형: 당신은 명확하게 사고하고 분별력이 뛰어난 경향이 있다. 당신의 지성은 상황을 논리적으로 바라보고 대상의 결함을 파악하도록 해준다. 당신은 개념을 빠르게 이해하고 주변을 깔끔하게 정돈하는 한편 신속하게 일을 처리한다. 당신은 세부사항에 주의를 기울인다. 당신은 경직된 태도를 보인다(말하자면, 경직된 자세로 급히 걷는다). 때로 당신은 과하게 재단하고 비판하는 자신을 발견한다. 당신은 완벽주의자로 비칠 수 있다.

분위기를 따르는 유형: 당신은 느긋하고 인내심이 강한 경향이 있다. 당신은 미래에 대해 생각하고 어떤 일이 일어날지 추정할 수 있다. 당신은 어떤 일에 대해 깊이, 철학적으로 생각한다. 때로 당신은 자신의 생각이나 환상에 사로잡힌다. 몽상에 잠길 때 가끔 당신은 어떤 일에 대해 의심하고 걱정한다. 때로 당신은 자신이 다른 사람들의 제안을 그냥 따라가고, 너무 쉽게 설득당한다고 느낀다. 당신은 당신이 다른 사람들보다 덜 체계적이며, 몽상가로 비칠 수 있음을 인지한다.

마음이 작동하는 양상을 잘 이해할수록 더 잘 다스릴 수 있다. 행동 경향을 더 깊이 탐구할수록 자신의 강점을 더 많이 활용하고, 당신의 경향이 문제를 일으키는 순간을 통해 더 많이 성장하고 배울 수 있다.

이런 경향들은 빠지기 쉬운 습관의 함정을 파악하게 돕는다. 자신의 경향을 인지하는 것은 습관을 바꾸는 데 정말로 도움이 된다. 기본 경향을 보지 못하면서 그것을 바꿀 수는 없기 때문이다(도움이 안 되는 경향을 버리는 일과 강점을 활용하는 일 둘 다 불가능하다). 환자 중 한 명이 이에 대해 적절한 말을 했다. 그녀는 자책(예컨대 "바보 같은 짓이었어. 왜 그랬지?")에 갇혔을 때 자신에게 이렇게 말했다.

"이건 그냥 나의 뇌가 하는 말이야."

이 방법은 모든 일을 감정적으로 받아들이지 않는 데 도움이 되었다.

그러니 앞으로 남은 부분을 읽을 때 행동 경향을 염두에 두라. 또한 당신의 강점을 살려서 불안을 다스리고 전반적인 습관을 바꾸는 데 도움을 받을 수 있을지 보라. 어쩌면 당신은 문제를 일으키기 시작하는 습관적인 행동 경향 중 일부로부터 벗어날 수 있을지도 모른다. 좋다. 이제 마음을 잘 파악할 수 있으니 다음 단계로 나아갈 준비가 되었다고 생각하는가? 그러면 2부로 넘어가 보자.

2부

당신이 불안 중독에서
빠져나오지 못하는 이유

1. 고통이 방문하도록 놔둬야 한다.
2. 고통이 당신을 가르치도록 허용해야 한다.
3. 고통이 너무 오래 머물도록 놔둬서는 안 된다.

— 이제오마 우메빈유오 IJEOMA UMEBINYUO

10

습관을 깨기 힘든
뇌 과학적 원인

사람들이 씨름하는 가장 짜증스러운 불안 습관 고리 중 하나는 아마도 미루기일 것이다. 왜 걱정이나 미루기 같은 불안 습관 고리는 아주 오래 머물까? 종종 미루기를 초래하는 걱정 중 하나는 실패나 무능에 대한 두려움일 것이다. 우리의 불안 치료 프로그램에 참가한 어떤 사람은 이렇게 말한다.

> 저는 걱정 고리 때문에 많이 힘들어요. 이 고리 안에서 저의 불안은 걱정스러운 생각과 자책을 포함하는 맛있는 콤보 밀combo meal을 먹고 살죠. 이 악순환이 초래하는 최악의 결과 중 하나는 미루기입니다. 저는 지금도 일을 미루고 있어요.

또 다른 사람은 자신의 습관 고리를 이렇게 설명한다.

아침 내내 회피 고리에 또 갇혀 있었어요. 프로젝트 파일을 열었다가 소셜미디어로 넘어가서는 30분을 날렸습니다. 다시 프로젝트 파일로 돌아왔지만 모바일 게임을 '딱 한 판만' 하자고 휴대폰을 들었다가 1시간을 날렸어요. 회피의 '보상'은 뒤처졌다는, 할 일이 너무 많다는 기분 나쁜 느낌에 직면할 필요가 없다는 것입니다. 게임이나 소셜미디어는 한동안 이성을 마비시키고, 그 느낌으로부터 숨게 해줘요.

- 촉발인자: 프로젝트 작업
- 행동: 휴대폰 게임하기(즉, 미루기)
- 결과: 회피, 작업 시간 날리기

여기서 우리 모두가 볼 수 있는 아이러니는 '뒤처졌다는 기분 나쁜 느낌'을 일시적으로 회피하려는 행동이 실제로는 더욱 뒤처지게 만든다는 것이다. 이야기를 계속 들어보자.

지난 15년 동안 다양한 도구와 기법을 실험했습니다. 저의 시간을 관리하고 특정한 시간에 다양한 사이트와 앱을 차단하는 5개의 앱과 구독 서비스도 매일 쓰고 있어요. 휴대폰은 거의 항상 방해 금지 모드로 설정해둡니다. 제가 찾는 것은 이 문제에 대한 감정적 반응을 다루는 데 도움이 되는 지침이에요. 근본적으로 어떤 도구나 전술을 활용하든 정말로 일을 미루고 싶으면 미룰 거니까요. 항상 일을 회피할 길을 찾았어요.

제가 여기서 찾고 싶은 건 이면의 욕구, 더 정확하게는 이면의 두려움에 대처하는 방법이에요. 불안의 원인 말이에요. 저는 혼자서 또는 정기적으로 찾아가는 상담사와 함께 지금 하는 활동이 제가 원하는 것이 되도록 오랫동안 노력했습니다. 문제는 여전히 능력이 부족할지 모른다는, 거부당할지 모른다는 끔찍하고 깊고 오랜 두려움을 갖고 있다는 겁니다. 이 모든 두려움은 안타깝게도 실제로 그런 일이 일어난 수많은 사건들로 뒷받침됩니다. 그래서 어떤 일을 아무리 하고 싶어도 두려움이 저를 압도해버려요. 결국 저는 단기적으로 고통을 줄이기 위해 회피 고리에 빠지고 말아요. 전술과 도구가 답이었다면 이미 이 문제를 정복했을 겁니다. 모든 걸다 시도해봤으니까요. 지금까지 제 삶에서 얼마나 많은 사람들이 제게 "그냥 의지력을 발휘해서 해!"라는 식으로 말했는지 몰라요. 저는 그 사람들에게 묻고 싶어요. 제가 그걸 생각해보지 않았겠냐고, 생각해봤지만 단지 그럴 강단이 없을지도 모른다는 걸 고려해봤냐고요. 어느 쪽도 매력적이지 않아요.

그녀는 대단히 배타적인 의지력 클럽(내 친구 에밀리와 〈스타트렉〉의 미스터 스팍이 아마 손꼽히는 회원일 것이다)에 가입하지 못했다. 지난 수십 년 동안 누구도 그녀에게 행동 변화의 열쇠(보상 가치)가 무엇인지, 그것이 어떻게 그녀의 뇌에서 작동하는지 가르쳐주지 않았다.

이는 '케이크가 더 맛있다' 같은 간단한 문제가 아니다. 그 진정한 답은 우리가 특정한 방식으로 행동하는 이유와 스트레스성 폭식부터 미루기까지 폭넓은 나쁜 습관을 깰 수 있는 방법에 대한 통찰을 제공한다.

뇌가 습관을 형성하는 이유와 양상부터 살펴보자. 그러려면 3장에서 다뤘던 내용을 조금 반복해야 하니 이해해주기 바란다. 먼저, 이유는 단순하다. 습관은 뇌가 새로운 것을 학습할 여지를 제공한다. 그러나 모든 행동이 습관이 되는 것은 아니다. 뇌는 무엇을 습관으로 저장할지 그리고 무엇을 다시 하지 않을지 선택해야 한다. 해당 행동이 어떤 보상을 안기느냐를 토대로 습관을 익힌다는 것을 기억하라. 어떤 행동에 따른 보상이 클수록 습관이 더 강하게 굳어진다.

이는 중요한 내용이다. 그러니 다시 반복하겠다. 어떤 행동에 따른 보상이 클수록 습관은 더 강하게 굳어진다.

실제로 뇌는 보상 가치를 토대로 행동의 위계를 정한다. 더 큰 보상을 안기는 행동은 우리의 뇌가 선택하고 우리가 실천하는 행동이 된다. 신경생리학적 관점에서 이는 우리가 처음 해당 행동을 학습할 때 뇌의 보상 중추에서 분비되는 도파민의 양과 관계있을 것이다. 그 근원은 생존을 위해 최대한의 칼로리를 얻게 도와주도록 설정된 혈거인 뇌로 거슬러 올라간다. 가령 당분과 지

방은 많은 칼로리를 지닌다. 그래서 우리가 케이크를 먹으면 뇌의 일부는 '칼로리, 생존!'이라고 생각한다. 그래서 우리는 브로콜리보다 케이크를 더 좋아한다. 막스플랑크연구소Max Planck Institute에서 근래에 실시한 연구 결과에 따르면 뇌는 두 번의 도파민 분비를 경험한다. 첫 번째 분비는 음식을 맛볼 때 이뤄지며, 두 번째 분비는 음식이 위장에 도달할 때 이뤄진다.[1] 칼로리에 대한 약속에 따라 뇌는 어느 음식이 더 많은 보상을 안기는지(더 많은 칼로리=더 많은 보상) 기억한다. 부모님이 절대 저녁밥과 디저트를 같이 주지 않는 이유다. 우리는 선택지가 주어지면 채소를 먹기 전에 케이크만으로 배를 채우니까.

칼로리만 중요한 것이 아니다. 뇌는 사람, 장소, 물건의 보상 가치도 학습한다. 당신이 어릴 때 참석한 모든 생일파티를 떠올려보라. 당신의 뇌는 이 모든 정보(케이크의 맛뿐 아니라 친구들과 누렸던 재미)를 단일한 복합 보상 가치로 통합한다.

보상 가치는 안와전두피질orbitofrontal cortex이라는 뇌의 특정 부위와 연계된다. 안와전두피질은 감정적 정보와 감각적 정보 그리고 이전의 행동적 정보가 통합되는 교차로다.[2] 안와전두피질은 이 모든 정보를 받아서 한데 묶은 다음 행동에 대한 복합 보상 가치를 정하는 데 활용한다. 그래서 우리는 나중에 정보의 '덩어리'로 그 가치를 신속하게 인출할 수 있다.

성인은 케이크 한 조각을 보면 맛이 어떤지 재학습하거나 그것을 먹었을 때 얻은 모든 기쁨을 기억할 필요가 없다. 어린 시절

안와전두피질

에 학습한 연상이 떠오르기 때문이다. 케이크를 먹는 일은 기분을 좋게 해주며, 자동적이고 습관적인 반응을 촉발한다.[3] 습관을 학습하는 것은 일종의 '설정 후 망각'으로 생각하면 된다. 즉, 뇌는 보상 가치를 설정하고 세부사항을 잊어버린다.

습관을 깨기가 너무나 힘든 이유다.

당신이 눈에 띄는 대로 케이크를 모조리 먹어버리는 습관을 고치려 하면 누군가는 그냥 의지력을 발휘해서 먹지 말라고 말할 것이다. 하지만 정말 생각만으로 폭식 습관을 벗어날 수 있을까? 이런 방법은 때로 효과가 있을지 모른다. 그러나 대개 장기적으로는 실패한다. 뇌는 그런 식으로 작동하지 않기 때문이다.

행동을 바꾸려면 행동 자체에만 초점을 맞춰서는 안 된다. 대신 그 행동의 보상에 따라 체감된 경험felt experience에 대응해야 한다. 생각만으로 특정 행동에서 벗어날 수 있다면 그냥 자신에게 담배를 그만 피우고, 술을 그만 마시고, 케이크를 그만 먹고, 스트레스를 받았을 때 아이들한테 고함을 그만 지르고, 그만 불안해하라고 말하기만 하면 된다. 하지만 그렇지 않다. 지속가능하게 습관을 바꾸는 유일한 방법은 보상 가치를 업데이트하는 것이다.[4] 보상 기반 학습으로 불리는 이유가 거기에 있다.

인식: 보상 가치 체계를 업데이트하라

그러면 어떻게 보상 가치를 업데이트하여 걱정과 미루기 그리고 다른 나쁜 습관을 없앨 수 있을까? 한 가지 단순한 방법은 인식이다.

과거에 학습한 가치가 지금은 쓸모없다는 사실이 자리 잡도록 뇌에 새로운 정보를 제공해야 한다. 현재 하고 있는 행동의 결과에 주의를 기울이면 뇌를 습관 자율 주행 상태에서 깨워서 지금 그 습관이 정확하게 얼마나 많은 보상을 안기는지(또는 안기지 않는지) 보고 느끼게 만들 수 있다. 이 새로운 정보는 오랜 습관에 대한 보상 가치를 재설정한다. 또한 더 나은 행동을 보상 가치의 위계에서 높은 자리로 옮기며, 결국에는 자율 모드로 들어가게 만든다(습관 고리의 3단계는 3부에서 더 자세히 다룰 것이다).

한 가지 사례를 살펴보자. 나는 환자들에게 억지로 금연해야 한다거나 흡연이 그들에게 나쁘다고 말할 필요가 없다. 사랑하는 말보로맨이 폐기종에 걸린 것을 지켜본 그들은 이 사실을 이미 안다(실제로 최소 4명의 말보로맨이 만성 폐쇄성 폐질환으로 죽었다).[5] 내 환자 중 누구도 진료실로 찾아와서 담배를 더 피울 수 있는 방법이 있는지 묻지 않았다. 대신 나는 핵심, 즉 직접적인 경험을 겨냥한다. 나는 그들에게 담배를 피울 때 주의를 기울이는 법을 가르친다.

대다수 사람들은 10대 시절에 담배를 피우기 시작한다. 그래서 그들은 담배에 대한 강력한 보상 가치를 설정했다. 젊은 기분을 내고, 학교에서 멋있게 보이며, 부모에게 반항하는 것 같은 온갖 가치들 말이다. 나는 그들에게 담배를 피울 때 바로 지금 그 자리에서 흡연이 얼마나 많은 보상을 안기는지 주의를 기울이라고 말한다. 이 방법을 시도한 한 여성은 담배가 "썩은 치즈 같은 냄새를 풍기고, 맛은 화학약품 같아서 역겹다"고 밝혔다.

그녀가 어떻게 주의를 기울였는지 알겠는가? 그녀는 '흡연은 몸에 나빠'라고 생각하지 않았다. 대신 담배를 피우는 동안 호기심과 인식을 그 경험에 적용했다. 즉, 담배 냄새와 그 안에 든 화학약품의 맛을 인식했다. 실제로 주의를 기울이면 담배는 형편없는 맛이 난다. 이런 측면에서 불안은 상당히 간단하다. 환자들은 절대 나의 진료실로 찾아와서 충분히 불안하지 않다고 말하거나 더 불안하게 만들 약을 요구하지 않는다. 불안은 몹시 기분 나쁜 존재다.

이런 인식은 뇌의 보상 가치를 재설정하고 뒤이어 습관을 깨도록 돕는 데 대단히 중요하다. 이것이 2단 기어의 핵심이다.

아래 경우에 공감이 가는지 보라.

당신은 학교나 직장에서 긴 하루를 보내고 집에 왔다. 힘든 하루를 보내서인지 모르지만 당신은 약간의 스트레스를 안고 있거나 그저 단순히 지쳤다. 아직 저녁시간은 아니다. 그래도 당신은 간식을 찾아 주방으로 간다. 감자칩이나 초콜릿바를 집어들고 앉아서 텔레비전을 보거나 이메일을 확인하거나 통화를 하면서 아무 생각 없이 먹기 시작한다.

당신이 미처 깨닫기도 전에 감자칩 반 봉지가 없어진다. 당신은 배가 부르고 약간 몸이 안 좋다고 느낀다.

이 상황을 풀어보자.

- 촉발인자: 애매한 시간대, 스트레스, 배고픔 등
- 행동: 아무 생각 없이 간식을 먹는다
- 결과: 감자칩 맛이 어땠더라? 제대로 주의를 기울이지 않았네

그렇다. 오래되고 성가신 습관을 깨기가 너무 어려운 이유가 거기에 있다. 앞서 말한 '설정 후 망각'을 기억하는가? 뇌는 텔레비전을 보면서 느긋하게 감자칩을 먹던 모든 때를 한데 뭉친다. 그리고 그것을 '감자칩＋텔레비전＝긴장 완화'라는 하나의 보상 가치로 통합한다. 아무 생각 없이 먹는 좀비 같은 행동은 집으로 들어서는 순간부터 촉발된다. 이 스트레스 해소 보상 가치는 당신이 바로 그 순간에 주의를 기울이기 시작할 때까지 업데이트되

지 않는다. 그래서 해당 행동을 거듭 반복하면서 왜 자신에게 멈추라고 말하지 못하는지 스스로 의아해한다.

앞서 살핀 대로 보상 기반 학습은 보상을 토대로 삼는다. 행동은 결과로 이어지고, 결과는 미래의 행동을 이끌어낸다. 행동이 보상을 안기면 당신은 다시 그 행동을 한다. 반면 보상을 안기지 않으면 당신은 그 행동을 멈춘다. 불교도들은 이를 인과因果로 설명한다. 동물행동학자들은 이를 정적 강화와 부적 강화(또는 강화 학습 내지 조작적 조건 형성)라고 부른다.

이름을 뭐라고 하든 그것을 바꾸고 싶다면 뇌에 있는 안와전두피질의 작은 코에 그 자신의 똥을 문질러서 냄새가 얼마나 지독한지 똑똑히 맡게 해야 한다. 당신의 뇌는 그런 방식으로 배운다. 행동에 대한 보상 가치가 그대로면 해당 행동은 바뀌지 않는다. 그리고 보상 가치는 당신이 인식을 동원하여 실제 보상 가치를 볼 때만 변한다. 이 보상 가치는 당신이 그 자리에서 감자칩한 봉지를 다 먹고 바로 수영을 해도 위경련이 생기지 않던 다섯 살이나 열세 살 때 설정된 것이 아니다. 나는 지금 당신의 삶 속에 있는 보상 가치를 이야기하고 있다. 당신만이 그 크고 빨간 보상 재설정 버튼을 누를 수 있다.

뇌의 조그마한 코에 사소한 습관을 문지르면 마법 같은 일이 일어난다. 그 행동에 대해 환멸을 느끼기 시작하는 것이다. 이 내용은 대충 넘어가면 안 된다. 그래서 이번에는 약간 다른 형태로 반복하여 굵은 글씨로 제시하겠다. **당신이 추정을 하거나 과거의**

경험에 이끌리지 않고 정말 세심하고 긴밀하게 주의를 기울인다면, 그리고 어떤 행동이 바로 지금 보상을 안기지 않는다는 사실을 깨달으면, 장담컨대 그 행동을 다시 할 열의가 줄어들기 시작할 것이다.

그 이유는 뇌가 (이 경우에는 그 느낌에 주의를 기울임으로써) 당신이 제공한 최신 정보를 토대로 보상 가치를 업데이트하기 때문이다. 가치가 변함에 따라 안와전두피질은 보상 위계를 재구성한다. 보상이 적어진 행동은 '촉발되면 해야 하는 행동' 목록에서 아래쪽으로 밀려난다. 당신은 그 행동이 당신이 기억하는 만큼 보상을 안기지 않는다는 것을 분명하게 깨닫는다(또한 느낀다). 그래서 나중에 다시 할 열의가 줄어든다.

환멸, 산타클로스 스타일

산타클로스의 턱수염을 당겼다가 산타가 가짜(진짜는 분명히 아님) 턱수염을 붙이고 빨간 옷을 입은 아저씨라는 사실을 처음 깨달은 아이처럼, 보상 가치가 안와전두피질에서 업데이트될 만큼 행동의 결과에 세심하게 주의를 기울이면 이전처럼 그 변화를 못본 척할 수 없다. 일단 진실을 알고 나면 더 이상 과거로 돌아가 산타클로스가 있다고 자신을 설득할 수 없다.

미루는 습관이 프로젝트 일정을 더 늦추고, 좋아하는 감자칩을 흡입하면 팽만감이 생겨서 형편없는 감정 상태로 이어진다는 사실을 온전히 인식하면 이전으로 돌아가 그 감정을 느끼지 않는 척할 수 없다.

행동에 주의를 기울일 때마다 당신은 거기서 실제로 얻은 것이 무엇인지 더 잘 인식하게 된다. 감자칩을 너무 많이 먹으면 형편없는 기분이 든다는 사실을 인식하면 다음에는 한 봉지를 다 먹고 싶은 열의가 줄어든다. 당신이 억지로 먹지 않게 강제해서가 아니라 그저 지난번에(그리고 그 이전, 또 그 이전, 또 그 이전에) 일어난 일을 기억하기 때문이다. 걱정이나 미루기 또는 오랫동안 습득한 다른 불안 습관 고리의 경우도 마찬가지다.

이는 뇌의 보상 기반 학습 체계를 조작하는 매우 깔끔한 방법이며, 의지력과 아무 관계가 없다. 이제 당신은 당신의 뇌가 어떻게 작동하는지 안다. 그래서 뇌가 당신을 이끄는 것이 아니라 당신이 뇌를 이끌 수 있다.

2단 기어의 정의: 환멸의 선물

2단 기어는 행동의 결과에 주의를 기울이는 것이다. 이는 보상 기반 학습 또는 우리가 익히 아는 원인과 결과다.

당신의 습관 고리를 파악하고 풀어냈으며(1단 기어), 2단 기어로 주행 연습을 할 준비가 되었다면 이렇게 자문하라. "이 행동으로 내가 얻는 것은 무엇인가?"

이 질문에 답하려면 해딩 행동의 결과로 얻어지는 생생하게 느껴지는 실제 감각, 감정, 생각에 세심한 주의를 기울여야 한다.

다만 지적 훈련이 아니라는 점을 주의해야 한다. 뇌에서 보상 가치 설정이 진행되는 양상을 이해한 다음 생각만으로 나쁜 습관에서 벗어나 좋은 습관으로 바꾸려는 함정에 빠지지 말라. 간식을 먹는 습관을 바꾸려고 노력한 적이 있다면 아마 이 말에 공감할 것이다.

- 촉발인자: 애매한 시간대, 불안, 스트레스, 배고픔 등
- 행동: 당신 자신에게 간식을 먹어서는 안 된다고 말한다.

  5분 후 주의가 산만해지고 의지가 약해진다.

  결국 아무 생각 없이 간식을 먹는다
- 결과: 기분이 나쁘다. 당신은 자신에게 그러지 말았어야 한다고 말한다

생각하는 것은 의사결정과 계획에는 도움이 된다. 그러나 우리는 뇌에서 생각을 담당하는 부위를 너무 높게 평가하는 경우가 많다. 이 부위는 뇌에서 가장 약한 부위임을 명심하라. 따라서 힘든 일을 믿고 맡겨서는 안 된다. 대신 재미있고 창의적인 생각을 하게 하라. 실제로 행동을 바꾸는 일은 헤비급들(안와전두피질과 다른 보상 기반 학습 부위)에게 맡기라. 어떻게 하면 덩치 큰 근육남들이 당신이 시키는 일을 하게 만들 수 있을까? 코치나 트레이너 역할을 할 사람을 고용하면 된다. 코치는 헤비급들이 힘든 일을

하면 더 강해지는 데 도움이 된다는 사실을 깨닫도록 도와준다. 그래서 자연스럽게 그 일을 하고 싶어 하게 만든다. 인식이 뇌의 코치라고 생각하라.

당신의 마음이 이를 생각에 의존하는 지적 훈련으로 만들기 시작하면(생각만으로 걱정이나 과식 또는 다른 나쁜 습관에서 벗어나려 들면) 그 사실을 파악하고 (위에 나온 예처럼) 습관 고리로 풀어내라. 그다음 당신 자신에게 '여기서 내가 얻는 것은 무엇인가?'라고 물으라. 어렵게 생각하지 말라.

이 질문을 할 때 생각하는 뇌는 잠시 정지시키고 인식을 관찰 모드로 돌린 다음 몸에서 무슨 일이 일어나는지 보라. 이 시점에서 인식이 뇌를 코치하는 일은 매우 간단하다. 명백히 감자칩 한 봉지를 다 먹는 것은 마라톤 훈련을 하거나 혈압을 낮추는 데 도움이 되지 않는다. 일을 미루면 프로젝트를 완료할 수 없다. 오히려 그 반대다. 특히 기한에 따른 시간 압박이 더해지면 더욱 그렇다. 환멸이 선물 상자처럼 놓여 있는 곳은 크리스마스트리 아래 인식이라는 장소다. 선물을 받기 위해서는 그곳에 참석해야 한다.

환멸의 땅으로 들어설 준비가 되었는가? 그러면 앞으로 나아가자.

뇌를 훈련시키는 방법에 대한 핵심적인 내용을 알았으니 직접 시도해서 요령을 습득할 수 있는지 보라. 이제 2단 기어로 주행할 수 있는지 보라. 당신이 앞으로 나아갈 수 있도록 습관 고리(불안이나 기타 다른 것들)를 풀어낸 다음 행동의 결과에 초점을 맞춰서 2단 기어로 바꾸라. 체현된 경험을 인식하고 '여기서 내가 얻는 것은 무엇인가?'라는 질문에 초점을 맞추라. 단지 어떤 행동을 인식했을 때 그 행동의 결과는 어떤 느낌을 주는가?

11

아무리 먹어도
불안까지 먹지는 못한다

마지막으로 데이브를 봤을 때 나는 불안을 중심으로 습관 고리를 풀어내도록 지도하는 한편 도움을 주기 위해 마음챙김 앱을 설정해주었다. 구체적으로 이 풀어내기 숙제는 행동과 보상의 인과관계에 초점을 맞추는 것이었다. 그는 습관적 행동들이 실제로 얼마나 보상을 안기지 못하는지 스스로 깨달을 필요가 있었다. 그는 이 방법을 통해 상당한 진전을 이룰 수 있었다. 사실상 그가 우리 클리닉을 처음 방문했을 때 나는 그에게 1단 기어와 2단 기어로 나아가는 방법에 대한 지침을 모두 제시했다.

보상 기반 학습 이론은 학계에 알려진 가장 강한 학습 기제로 증명되었다. 그렇다면 그 힘을 활용하여 오래된 습관을 익힐 때와 같은 방식으로 그 습관을 버리는 일이 왜 더 쉽지 않을까? 왜 어떤 습관이 얼마나 많은 보상을 안기는지에 초점을 맞추고, 많은 보상을 안긴다면 다시 하는 네 초점을 맞추지 않을까? 더 이상 보상을 안기지 않는다면 멈추면 되지 않을까? 이론은 간단해 보이고 실제로도 그렇다. 문제는 지난 장에서 언급한 생각의 함정에 빠지기 쉽다는 것이다. 즉, 어떤 행동이 당신에게 나쁘다는 사실을 알지만 생각 그 자체만으로는 행동을 바꿀 수 없다. 충분히 강력하지 않기 때문이다. 보상 가치를 바꾸는 일은 뇌의 역도 선수들이 무거운 역기를 들게 만드는 것이다. 보상 가치는 어떤 역기가 들 가치가 있는지, 없는지 명확하게 파악하도록 코치(인식)가 도와주지 않으면 바뀌지 않는다. 적절한 두뇌 훈련을 거치면 오래된 습관도 쉽게 바꿀 수 있다. 그러나 즉흥적으로 바뀌지는 않는다(더 자세한 내용은 뒤에 다룰 것이다).

데이브는 두어 주 후에 눈에 띄게 달라진 모습으로 돌아왔다. 그는 자리에 앉기도 전에 훈련 과정이 일으킨 변화를 들뜬 얼굴로 내게 말했다.

그는 이렇게 말했다. "불안 습관 고리를 풀어냈어요. 불안이 스스로를 추동한다는 사실을 아는 것만으로도 기분이 훨씬 좋아졌어요. 앱은 불안을 다스리는 법을 익히는 데 도움이 되었어요." 나는 '다행이야. 1단 기어로 자신 있게 나아가고 있네'라고 생각했다.

뒤이어 그는 웃으며 "참, 그리고 살을 6킬로그램이나 뺐어요" 라고 말했다.

나는 "뭐라고요?"라고 말했다.

데이브는 이렇게 말했다. "불안을 이기려고 아무리 먹어봤자 불안이 완화되지 않는다는 걸 분명하게 깨달았어요. 폭식은 체중에 대한 불만 때문에 오히려 기분을 더 나쁘게 만들었어요. 그걸 (폭식이 불안을 없애지 못한다는 사실을) 알고 나니까 오랜 폭식 습관을 멈추는 게 아주 쉬웠어요."

이는 과학 이론을 실천에 옮긴 좋은 사례. 데이브는 인식을 되살려서 오래된 습관 고리를 풀어낼 뿐 아니라, 더 중요하게는 자신의 경험을 통해 불안을 이겨내기 위한 폭식 습관이 얼마나 보상을 안기지 않는지 보고 느끼는 데 도움을 받았다. 그의 안와전두피질은 그에게 폭식이 (불안과 비교하여) 높은 보상 가치를 지닌다고 말했다. 그러나 그 '보상'을 자세히 살핀 그는 그것이 전혀 보상이 아님을 분명하게 파악할 수 있었다. 그의 안와전두피질은 이런 인식을 통해 업데이트된 정보를 얻었을 뿐 아니라 그것을 토대로 작동했다. 그는 2단 기어로 나아가고 있었다! 인식은 그(그리고 그의 안와전두피질)가 올바른 방향으로 가도록 코치하고 있었다.

이후 두어 달 동안 나는 2주에 한 번씩 데이브가 진전을 이루고 있는지 확인하고, 불안을 다스릴 때 초점을 맞춰야 할 부분에 대해 조언했다. 이 글을 쓰는 지금(치료를 시작한 지 약 6개월 후) 그는 44킬로그램을 뺐고(계속 빼는 중), 그의 간은 더 이상 파테 pâte(파이 안에 고기, 생선, 채소 등을 갈아 만든 소를 넣고 오븐에 구운 요리-옮긴이)가 아니며, 수면 무호흡증은 해결되었고, 혈압은 정상 수치로 돌아갔다.

　얼마 전에 나는 습관 변화에 대한 강의(내가 가장 좋아하는 강의)를 막 마치고 브라운 대학 공공의료대학원을 떠나고 있었다. 대학원 건물은 로드아일랜드주 프로비던스Providence의 사우스 메인 스트리트South Main Street에 있다. 내가 인도를 걸어가고 있을 때 갑자기 차 한 대가 속도를 늦추더니 내 옆에 멈춰 섰다. 운전자는 차 유리창을 내렸다.

　데이브는 함박웃음을 지으며 "저드 선생님, 안녕하세요!"라고 소리쳤다.

　분명 나는 깜짝 놀란 표정을 지었을 것이다. 고속도로도 싫어하던 데이브가 대로에서 운전한다고?

　그는 "지금 우버 운전수로 일해요. 공항에 가는 중이에요"라고 말했다. 그러고는 행복한 얼굴로 차를 몰고 자리를 떠났다.

　데이브는 그저 자신의 마음을 이해하고 습관 고리를 체계적으로 관찰함으로써(1단 기어) 놀라운 변신을 이뤘다. 이는 이야기의 일부일 뿐이다. 그는 보상 기반 학습을 조작하는 데 성공했으며, 이를 활용하여 말 그대로 다시 운전석에 앉았다(2단 기어).

　데이브의 사례는 놀라운 이야기다. 그러나 2단 기어가 항상 쉬운 것은 아니다. 사실 많은 경우 오랜 습관의 결과에 긴밀한 주의를 기울이는 일은 실로 고통스럽다. 그래서 환멸 과정(2단 기어 실습) 자체에 환멸을 느끼고 후진 기어로 바꿔서 뒤로 물러서게 된다. 왜 그럴까?

뇌는 견뎌야 하는 고통의 양을 최소화하도록 진화되었다. 생존 관점에서 보면 타당한 일이다. 뜨거운 난로에 손을 대면 열을 느끼고 반사적으로 손을 뗀다. 그 덕에 화상을 입지 않는다.

세상은 고통을 피하고 기쁨을 느끼도록 해준다며 판매되는 만병통치약으로 가득하다. 옷, 차, 약, 경험, 이 모든 것들이 포장되어 '통증과 고통을 완화시켜줍니다'나 '기분을 좋게 해줍니다' 또는 '근심을 잊게 해줍니다'라는 작고 깔끔한 나비매듭으로 묶인다. 그러나 익숙한 곳에 머물면 절대 성장할 수 없다. 삶은 당신에게 수없이 주먹을 날린다. 이때 선택지는 두 가지다. 하나는 옷이나 약으로 인해 방종, 집중력 분산, 무감각 같은 습관을 들이는데 빠져드는 것이고, 다른 하나는 성장하기 위해서 날아오는 주먹을 향해 다가가고 심지어는 가볍게 받아내는 법(이 내용은 다음 장에서 더 자세히 다룰 것이다)을 배우는 것이다.

2단 기어는 아주 오랜 시간이 걸리는 것처럼 느껴질 수 있다. 당신은 오래된 습관을 분명하게 파악한 후 거기서 아무것도 얻지 못한다는 사실을 빠르게 깨닫는다. 그리고 뒤이어 이제 이 모든 것을 분명하게 알았는데 왜 아무것도 바뀌지 않는지 의아해한다. 나는 우리 클리닉과 습관 변화 프로그램에서 항상 이런 사례를 접한다. 특히 (습관 고리가 명백히 아무런 보상을 안기지 않는) 불안한 걱정을 다스리려는 사람들이 그런 경우가 많다. 그들은 습관 고리를 풀어내고 내게 걱정이 불안 외에는 아무것도 주지 않는다는 사실을 밝힌다. 뒤이어 그들은 왜 아직도 걱정을 멈출 수 없냐고 묻는다. 그들은 분명히 자신의 노력이 보상을 안기지 않는다는 사실을 알고, 왜 스위치가 바뀌지 않는지 의아해한다. 이런 순간에 나는 그들에게 걱정 습관 고리(또는 스트레스성 폭식이나 다른 습관 고리)를 얼마나 오래 갖고 있었는지 묻는다. 대부분의 사람들은 '평생'이라고 대답한다. 뒤이어 나는 우리의 프로그램을 얼마나 오래 실행했는지 묻는다. 일반적인 대답은 "2주"나 "3주"다. (대개는 자신의 답을 듣는 것만으로 객관적인 관점을 얻는 데 충분한 도움이 된다.)

즉각적인 만족이 주어지는 세상에서는 조바심 습관 고리에 길들여지기 아주 쉽다.

- 촉발인자: (불안, 습관, 문제에 대한) 해결책을 접한다
- 행동: 문제가 즉각 해소되기를 바란다
- 결과: 문제가 사라지지 않는 것에 짜증을 낸다

단지 습관 고리를 풀어내고 그것이 아무 가치도 없다는 사실을 깨닫는다고 해서 오랜 세월 동안 자리 잡은 습관이 마법처럼 사라지지는 않는다. 이 대목에서 인내가 필요하다. 어떤 습관은 다른 습관보다 빨리 사라진다(데이브도 불안을 다스리는 일에 중대한 진전을 이루기까지 3개월이 걸렸다). 깊이 자리 잡은 습관의 경우, 뇌가 아무 보상이 주어지지 않는다는 사실을 거듭 확인해야만 오래

된 습관을 따르지 않는 새로운 습관이 자리 잡는다. 다시 말해서 '보상 없음'을 충분히 자주, 많이 알리는 새로운 신경 경로를 뚫어야만 그 경로가 자동으로 이뤄지는 새로운 행동이 된다.

이는 모든 과학적 실험과 같다. 거의 동일한 수많은 데이터 포인트와 다른 단일 데이터 포인트는 이상치anomaly에 불과하다. 그러나 더 많은 데이터를 수집하면 예외로 보이던 것이 실은 정확한 것으로 드러날 수 있다. 인식은 당신이 정확한 최신 정보를 얻도록 도와준다. 그래서 당신은 새로운 데이터를 오류로 치부하지 않고 신뢰할 수 있다. 아마 당신은 여기에 존재하는 아이러니를 발견했을 것이다. 오래된 습관적 행동이 낡은 데이터를 토대로 삼지만 오랫동안 따랐기 때문에 익숙하며, 익숙하기 때문에 우리가 신뢰한다는 것이다(변화는 두렵다). 보상 가치에 유통 기한이 있다고 생각하라. 즉, 특정 기간 동안만 유효하며 그 이후에는 가치가 떨어진다. 그래서 오래된 습관이 여전히 도움이 되는지 점검하는 것이 중요하다. 그것이 2단 기어의 핵심이다.

데이브와 마찬가지로 사람들은 환멸을 통해 습관 고리에서 빠져나온다. 다만 그러기 위해서는 악순환(1단 기어)과 행동의 현재 보상 가치(2단 기어)를 인식해야 한다. 더 많이 인식을 되살리고 환멸을 느낄수록 뇌에서 환멸의 경로를 더 깊이 파게 된다. 역기를 들어서 이두박근을 키울 때는 반복이 효과적이다. 정신적 근육을 강화할 때도 반복은 통한다. 당신이 마라톤 훈련을 한다면 코치가 첫날부터 24킬로미터를 뛰라고 하지는 않을 것이다. 마찬가지로 하루 동안 정신적 훈련을 하는 시간을 균등하게 배분하라. 실제로 행동 변화를 위해 뇌를 훈련시키는 최선의 방법은 삶을 정신의 헬스장으로 만드는 것이다. 당신이 사는 바로 그 장소와 공간에서 오래된 습관을 버리고 새로운 습관을 학습할 수 있도록 이 책에서 배운 단계(기어)를 종일 활용하라. 보상 기반 학습의 핵심은 맥락 의존적 기억을 심는 것임을 명심하라.

삶을 정신의 헬스장으로 만들어라

일상생활을 정신의 헬스장으로 만드는 일은 또한 '운동할 시간이 없다'는 인기 있는 핑계를 차단하는 장점을 지닌다. 어떤 습관이 드러나면 어쨌든 대응해야 한다. 그러니 몇 초를 들여서 풀어낸 다음 습관적 행동의 결과에 인식을 적용할 수 있다. 이런 일이 종일 자주 일어나면 정신적 운동을 할 기회가 늘어난다. 그래서 인식을 반복할 때마다 정신이 더욱 강해진다(또한 오래된 습관에 더욱 환멸을 느끼게 된다). 나는 이를 '짧게, 자주short moments, many times(티벳 불교의 전통에 따라 인식을 강화하는 방법으로 자주 언급되는 표현-옮긴이)' 수행법으로 여긴다. 종일 짧게, 자주 인식을 적용하면 더 빠르고 효율적으로 오래된 습관을 잊어버리고 새로운 습관으로 옮겨갈 수 있다. 미야기 선생이 대니얼에게 지칠 때까지 왁스칠과 페인트칠을 시킨 이유가 여기에 있다. 그는 대니얼이 새로운 경로를 운동 기억이 될 때까지 파내도록 만들어야 했다. 그래야만 싸울 준비를 갖출 수 있었다.

2단 기어로 주행하는 것에 환멸이 느껴진다면 데이브의 이야기가 당신을 북돋아줄 것이다. 또한 이런 훈련이 쉽지 않아도 간단하다는 것을 깨닫도록 도와줄 것이다.

습관 고리 훈련을 계속하라. 습관 고리를 풀어내라(1단 기어). '여기서 내가 얻는 것은 무엇인가?'라고 자문하라. 행동의 결과에 따른 육체적 감각, 생각, 감정에 주의를 기울이라(2단 기어). 그리고 반복하라.

12

당신의 뇌는 스트레스를 받으면 초콜릿을 먹으라고 말한다

습관 고리 해체 작업이 어떻게 진행되고 있는가? '여기서 내가 얻는 것은 무엇인가?'라고 자문하면서 2단 기어로 약간 더 멀리 나아갈 수 있는가? 오랜 행동의 결과를 좀 더 분명하게 파악할 수 있는가? 안와전두피질이 뇌 속의 보상 가치를 재설정할 수 있도록 신선하고 업데이트된 정보를 얻고 있는가?

다른 사람들이 경험한 다음 사례들을 통해 당신이 올바로 나아가고 있는지 확인하라. 먼저 '이트 라이트 나우'와 '언와인딩 앵자이어티' 프로그램에서 나온 몇 가지 사례를 소개하겠다. 이 프로그램의 참가자들이 커뮤니티 게시판에 올린 글을 통해 1단 기어 및 2단 기어의 요소를 탐구해보자.

다음은 첫 번째 사례다.

차에 꿀을 한 숟가락 넣으러 갔다가 그냥 숟가락째 제 입에 먼저 넣고 말았어요. 그러는 동안 '너무 지쳤어'라는 생각이 머릿속을 스쳐 지나갔죠. 하지만 숟가락을 입에 넣는 순간 '이건 전혀 도움이 되지 않아'라고 생각했어요. 사실 그다지 맛있지도 않았어요. 그래서 그런 일이 일어났다는 것에 감사했어요. 당분 섭취가 기분을 낫게 해주지도 않고, 맛도 좋지 않다는 사실을 깨닫게 되어서 정말 기분이 좋았어요.

- 촉발인자: 당분
- 행동: 운동뉴런을 조작하여 당분을 차가 아니라 입에 바로 넣는다
- 결과: 맛있지 않고 기분도 나아지지 않는다

이 글을 쓴 여성이 자신에게 '이게 도움이 될까?'라고 자문하는 순간이 무엇이라고 생각하는가? 2단 기어? 과연 그럴까? 10장에서 경고한 내용을 기억하라. "생각에 갇히는 일을 피하라." 그녀가 그 생각만 따랐다면 그냥 자신에게 그러지 말라고 말했을지도 모른다. 그리고 그 과정에서 생각만으로 행동에서 벗어나려는 시도에 그칠 수 있다. 이런 사고 패턴은 지금까지 불발에 그쳤다.

걱정하지 말라. 그녀는 생각만 하는 단계를 지나 2단 기어로 나아갔다. 그녀는 원인과 결과를 매우 명확하게 파악했다(당분은 맛있지 않고 기분을 좋게 해주지도 않는다).

여기서 끝이 아니다. 그녀는 또한 자신에게 일어난 일에 감사

함을 느꼈다고 썼다. 학습이 기분을 좋게 해준다는 확실한 징표다. 우리는 유용한 것을 배우면 감사함을 느낀다. 그 지식 덕분에 미래에는 나쁜 행동을 반복할 가능성이 줄어들기 때문이다. 학습과 진전은 그 자체로 하나의 보상이다.

또 다른 게시자는 이런 글을 올렸다.

저는 전날 밤에 일어난 일에 대해 약간의 불안을 느끼며 잠에서 깼습니다. 하지만 불안에 굴복하지 않고 그 느낌이 어떤지 호기심을 가졌습니다. 그것만으로도 불안 수준이 한 단계 내려갔습니다.

- 촉발인자: 전날 밤 일에 대한 불안
- (새로운) 행동: 육체적 감각에 대해 호기심을 갖는다
- 결과: 불안의 완화

행동 앞에 '새로운'을 추가한 이유는 그것이 불안을 덜어준 새로운 행동일 뿐 아니라 호기심을 활용하여 이런 습관 고리에서 벗어나도록 해주는 능력을 부각시키기 위해서다. (그렇다. 약간이지만 3단 기어의 장점이 드러났다. 자세한 내용은 3부에서 살펴볼 것이다.)

다시 사례로 돌아가 보자. 그는 뒤이어 이렇게 썼다.

그래서 저는 동전의 양면 모두에 대해 환멸의 질문을 자신에게 던졌습니다.

"이런 육체적 감각에 대한 불안에서 내가 얻는 것은 무엇인가?"

(답) 더 많은 불안뿐이다.

"이런 감각과 내가 느끼는 불안에 대한 호기심에서 내가 얻는 것은 무엇인가?"

그것은 불안이 완화된 상태였으며, 이 상태는 제가 편안하게 잠에 빠져들게 해주었습니다.

- 촉발인자: 전날 밤 일에 대한 불안
- (오래된) 행동: 육체적 감각에 대해 불안해한다
- 결과: 불안해지는 것이 더 많은 불안으로 이어지는 것을 본다

이는 2단 기어를 변형한 좋은 사례다. 불안과 걱정에 굴복하면 무엇을 얻는지 적극적으로 자기 성찰을 한 점에 주목하라. 그가 어떻게 실제로 불안과 걱정에 시달리거나 휩쓸리지 않았는지에 주목하라. 대신 그는 단지 그 고리와 이전에 거기서 무엇을 얻었는지를 풀어냈다. 그것만으로도 3단 기어로 바꾸기에 충분했다. 그는 3단 기어에서 다른 행동으로 호기심을 끌어들였다.

나는 이를 '소급적 2단 기어'라 부른다. 2단 기어에서 소급적으로 주행하는 것은 어떤 일이 일어난 후에 '여기서 얻는 것이 무엇인지' 묻는 하나의 방법이다. 이는 중요하다. 이 점을 강조하는 이유는 2단 기어가 사후에도 여전히 통한다는 것을 보여주기 때문이다. 우리는 어떤 상황이 일어나는 동안 그것을 통해 학습할

수 있고, 나중에 백미러를 보면서도 학습할 수 있다. 앞서 불안 때문에 잠을 설친 사람은 불안의 토끼굴에 들어간 이전의 경험들을 돌아볼 수 있었다. 그는 그런 경험들이 수면에 얼마나 도움이 되지 않는지를 깨달았다. 이는 다시 토끼굴에 들어가지 않도록 도와주었다. 때로 지난 일을 돌아보는 것은 실제로 학습에 더 좋다. 감정적으로 영향을 덜 받기 때문이다. 먼지가 가라앉기를 기다린 후 피해를 조사하고, 내용을 기록하고, 학습하라. 이 일은 경험을 여전히 생생하게 느낄 수 있는 한, 원하는 만큼 많이 반복할 수 있다.

여기서 생생하다는 말은 그 행동에 따른 육체적 감각, 감정, 사고가 얼마나 보상을 안겼는지(또는 안기지 않았는지) 상기할 수 있다는 뜻이다. 이는 무엇을 지적으로 파악하거나 머릿속으로 자신에게 손가락질을 하는 것이 아니다. '당위should'에 대한 것이 아니다. 소급적 2단 기어는 사실을 소급적으로 상기하는 것이다. 편집 없이 단지 어떤 일이 일어났는지 그리고 그것이 얼마나 보상을 안겼는지 확인하는 것이다. 머릿속에서 편집된 잡다한 이야기는 방해만 될 뿐이다. 당시 시나리오를 정확하게 상기하지 못하도록 주의를 분산시키고, 떠올린 경험을 살피는 일을 더 어렵게 만든다. 구체화된 경험은 당신의 뇌가 그 경험이 주는 보상을 어느 정도로 판단했는지 알려주는 단서다. 이전의 경험을 생생하게 떠올릴 수 있다면, 그 경험으로 계속 학습할 수 있다는 뜻이다.

소급적 2단 기어가 작동하는 양상을 확실하게 이해할 수 있도록 하나의 사례를 들도록 하겠다. 나는 폭식 문제로 고생하는 많은 환자들을 만났다. 그들은 나를 찾아와서 폭식을 했다며 무너지는 모습을 보인다. 그리고 "이렇게 했어야 한다"거나 "그러지 말았어야 한다"며 '자책shoulding'을 시작한다. 농담처럼 그들은 "자책하려고 안간힘을 다한다."

자책에 대한 이 해로운 집착을 깨트리기 위해 나는 환자들에게 기억 속에 여전히 생생한 가장 최근의 폭주binge를 상기해보라고 요청한다. 이렇게 과거를 돌아보고 이전에 실행한 습관 고리의 결과를 풀어내는 것은 소급적 2단 기어의 핵심이다. 나는 그들에게 자신을 재단하지 말고 단지 어떤 일을 했는지(행동) 그리고 그다음에 어떤 일이 일어났는지(결과) 묘사해보라고 요청한다.

그들은 폭주 장면(어떻게 자제력을 잃었는지 또는 저절로 몸이 움직였는지)을 묘사한 후 종종 다음 날 아침에 배가 더부룩하거나, 숙취에 시달리거나, 정신적 및 육체적 피로에 시달리며 일어났다고 털어놓는다. 우리는 이 부분에 초점을 맞춘다. 폭주의 결과, '다음 날 아침 부분' 말이다. 몸은 어떤 상태였나요? 끔찍했어요. 감정 상태는요? 끔찍했어요. 정신 상태는요? 끔찍했어요. 뒤이어 나는 "지금 뒤돌아보면 어떤 것을 느끼나요?"라고 묻는다. 다음은 하나의 사례다.

- 촉발인자: 가족과 말다툼을 벌인다
- 행동: 폭주

● 결과: (가족과의 관계는 개선되지 않은 가운데) 육체적, 감정적, 정신적으로 끔찍한 상태

이 간단한 1단 기어 및 (소급적) 2단 기어 훈련 이후 종종 이런 깨달음이 찾아온다.

"그러니까 그렇게 폭주한 게 완전히 무의미한 건 아니었네요."

나는 이렇게 말한다.

"거기서 교훈을 얻을 수 있다면요."

이것이 기본적인 소급적 2단 기어다. 습관 고리를 돌려보는 일이 기억 속에서 생생하게 이뤄지는 한, 환멸을 형성하는 데 도움이 된다.

문제로부터 도망칠수록 해결책으로부터 멀어진다

소급적 2단 기어를 효과적으로 활용하는 방법이 있다. 이 방법을 통해 과거의 경험을 최대한 생생하게 떠올리면 학습을 극대화할 수 있다. 6장에서 언급한 캐럴 드웩을 기억할 것이다. 그녀는 스탠퍼드 대학 연구원으로서 '고정형 마음가짐'과 '성장형 마음가짐'이라는 개념을 만들어냈다. 그녀의 정의에 따르면 고정형 마음가짐은 자신의 기본적인 지성과 능력을 바꿀 수 없다고 믿는 것이다. 즉, 주어진 것이 전부이므로 최대한 활용해야 한다고 생

각한다. 반면 성장형 마음가짐은 시간이 지남에 따라 능력을 개발하고 개선할 수 있다고 믿는다.

드웩 박사는 오랫동안 마음가짐을 연구했다. 한 가지 정의에 따르면 마음가짐은 개인 또는 집단이 가진 일련의 가정이나 방법론 또는 인식이다. 간단히 말해서 그 사람이 가진 세계관이다. 마음가짐 또는 세계관은 너무나 습관적이어서 우리가 사건들을 해석하는 양상을 물들인다. 그래서 선택과 학습 방식에 영향을 미친다. 심지어 비슷한 세계관을 가진 개인들이 모여서 서로 영향을 주고받기 시작할 때 형성되는 소위 정신적 관성 또는 집단사고에도 기여한다. 군중심리를 생각해보라. 다시 말해서 마음가짐은 중요한 문제다.

우리는 어떻게 특정한 마음가짐을 갖게 될까? 힌트를 주자면 보상 기반 학습과 관련이 있다. 간단히 초콜릿을 예로 들어보자. 당신은 스트레스를 받았을 때(촉발인자) 초콜릿을 먹고(행동) 약간 기분이 나아진다(결과). 이때 당신의 뇌는 스트레스를 받으면 기분이 나아지도록 초콜릿을 먹어야 한다고 학습한다.

나는 이것이 세상을 특정한 방식으로 보는 법을 학습하는 것이라고 생각한다. 즉, 우리는 초콜릿색 안경을 쓰고 세상을 바라보게 된다. 그래서 다음에 스트레스를 받으면 뇌는 "초콜릿을 먹으면 기분이 좋아질 거야"라고 말한다. "세상을 장밋빛으로 본다"거나 "세상을 보는 눈이 어둡다"는 말이 여기서 나온다. 언제나 세상을 특정 방식으로 바라보는 양상을 우회적으로 표현한 말이다. 상냇빛 관점은 언제나 반쯤 차 있는 잔으로 세상을 바라본다. 반면 어두운 관점은 언제나 잔이 반이나 비었다는 세계관 또는 마음가짐에 해당한다. 우리는 초콜릿이나 걱정 또는 다른 모든 유형의 마음가짐 안경을 쓰는 법을 익힐 수 있다. 이 안경은 자주 쓸수록 쓰고 있다는 사실을 잊어서 정체성의 일부가 된다.

개념은 아주 단순하다. 당신은 이전의 경험을 토대로 특정한 방식으로 세상을 바라보는 법을 학습한다. 당신이 학습을 강화하는 일을 할 때마다 당신이 쓴 세계관의 렌즈는 약간 더 두꺼워지고, 더 편안하게 느껴진다.

드웩은 대부분 교육과 학교 환경에서 마음가짐을 연구했다. 그러나 그녀의 연구는 우리가 하는 거의 모든 활동과 밀접한 관련이 있다. 마음가짐은 우리가 세상을 보는 관점을 물들이기 때문이다. 그녀는 앞서 언급한 대로 고정형과 성장형이라는 두 가지 상반된 마음가짐의 개념을 제시한 것으로 유명하다.

드웩에 따르면 능력의 근원에 대한 암묵적 관점을 기준으로 사람들을 하나의 연속체 위에 놓을 수 있다. 만약 성공이 기본적으로 타고난 내재적 능력만을 토대로 삼는다고 믿는다면 고정형 마음가짐에 속한다. 반면 노력, 학습, 훈련을 통해 진전을 이룰 수 있다고 믿는다면 성장형 마음가짐을 가진 것이다. 당신은 자신이 어느 쪽에 속한다고 생각하는가?

당신은 자신의 습관적 마음가짐을 인식하지 못했을 수도 있다. 그래서 고정형 마음가짐과 성장형 마음가짐 중에서 어디에 더 가까운지 모를 수 있다. 이 경우에도 당신의 행동만 살펴보면 어떤 마음가짐을 가졌는지 감을 잡을 수 있다. 가령 실패에 대한 태도에서 마음가짐이 명확하게 드러나는 경우가 많다. 고정형 마음가짐을 가진 사람들은 실패를 두려워한다. 실패는 기본적인 능력에 대한 부정적인 진술로써 타고난 한계를 상기시키기 때문이다. 반면 성장형 마음가짐을 가진 사람들은 실패를 꺼리거나 두려워하지 않는다. 능력을 향상시킬 수 있으며, 교훈은 실패에서 나온다는 사실을 인식하기 때문이다.

이는 타당한 구분이다. 가령 특정한 지적 능력을 타고난다고 믿는 경우, 실패할 때마다 자신의 한계를 상기하게 된다. 그래서 '더 잘할 수는 없어. 나로서는 이게 최선이야'라고 생각한다. 반면 성장형 마음가짐을 가지면 실패를 배움의 기회로 보게 된다.

인도를 걸어가는 경우를 예로 들어보자. 당신이 고정형 마음가짐을 가졌다면 돌부리에 걸려 넘어졌을 때 칠칠맞지 못하다고 자책할 것이다. 같은 상황에서 성장형 마음가짐을 가졌다면 '걷다가 돌부리에 걸려 넘어졌네. 이 일에서 뭘 배울 수 있지?'라고 생각할 수 있다. 심지어 성장형 마음가짐에서는 실패라는 개념 자체에 약간의 의문을 제기할 수 있다. 실패한다는 것은 무슨 의미일까? 거기서 교훈을 얻을 수 있다면 실패라고 볼 수 있을까?

드웩은 성장형 마음가짐이 스트레스를 덜 받고 더 성공적인 삶을 살도록 해준다고 주장한다. 이 주장 역시 타당하다. 성장형 마음가짐에서는 언제나 경험을 통해 학습하고 이득을 보기 때문이다. 드웩은 《마인드셋 Mindset:The New Psychology of Success》에서 이렇게 조언한다. "부모가 아이에게 줄 수 있는 최고의 선물은 도전을 사랑하고, 실수에 흥미를 느끼고, 새로운 전략을 추구하고, 노력을 즐기고, 계속 배우도록 가르치는 것이다. 그러면 아이가 칭찬의 노예가 되지 않는다. 그들은 평생 스스로 자신감을 키우고 되살릴 방법을 얻게 될 것이다."[6]

나는 "노력을 즐긴다"는 구절을 좋아한다. 억지로 변화를 일으키기 위해 이를 악물고, 벽에 머리를 부딪힐 때는 현재 일어나는 일을 즐기기 어렵다. 그러나 우리의 경험에 호기심을 갖고, 도전을 사랑하고, 실수에 흥미를 느끼기 시작하면 어떤 일이 생길까?

나는 이런 개념을 당신의 직접적인 경험으로 확대하는 것이 도움이 된다고 생각한다. 그러면 2단 기어로 주행하는 동안 인식을 활용하여 고정형 마음가짐에 갇히는 것이 아니라 성장형 마음가짐으로 나아가는 데 도움이 된다.

그 방법에 대한 감을 잡으려면 다음 질문을 탐구하라. 고정된 관점을 가졌을 때, 즉 당신 자신의 생각에 대한 다른 사람의 생각이나 피드백에 폐쇄적인 자세를 취할 때 몸에 어떤 느낌이 드는가?

아마 다른 정보가 들어오도록 허용하여 당신의 세계관을 오염시키지 않도록 당신 자신을 차단하는 것처럼 닫혀 있거나 움츠러든 느낌이 들 것이다. 흥미롭게도 진화적 측면에서 이와 유사한 경우가 있다. 가령 검치 호랑이에게 쫓겨서 궁지에 몰리면 최대한 작은 표적이 되도록 조그만 공처럼 몸을 웅크려야 한다. 그래야 주요 장기를 보호할 수 있기 때문이다.

반면 성장형 마음가짐을 가지면 어떤 느낌일까? 당신은 새로운 아이디어에 사방으로 활짝 열려 있다. 당신 자신의 경험에서 이런 기분을 느낄 수 있는가? 성장형 마음가짐을 가져야만 열린 자세로 학습할 수 있다.

당신이 절박하게 바꾸려 하는 오래된 습관 고리에 갇혀 있을 때 대개(또는 습관적으로) 어떤 마음가짐을 가지는가? 자신을 재단하거나 질책하면 당연히 닫힌 자세를 취하게 된다. 공격받고 있기 때문이다(당신이 자신을 공격한다고 해도 말이다).

사례를 하나 살펴보자.

나의 환자 중 한 명은 매일 밤 보드카 1파인트pint(독주 8잔 분량)를 마시는, 그다지 건강하지 않은 습관을 갖고 있다. 그녀는 직장에서 스트레스에 시달리는 일과를 마치고 집에 돌아온다. 그리고 저녁식사를 만들면서 긴장을 푸는 수단으로 술을 마시기 시작한다. 그녀는 몇 년 동안 이 행동을 지속하다가 신체 건강과 정신 건강에 매우 해롭다는 사실을 깨달은 후 나를 찾아와 도움을 청했다. 나는 1단 기어를 활용하여 습관 고리를 풀어내는 법(이 부분은 그녀에게 어렵지 않았다)에 뒤이어 2단 기어에서 음주의 결과에 초점을 맞추는 법에 대한 기본적인 지침을 제시했다. 그녀는 한 달 남짓한 기간에 걸쳐 알코올이 친구가 아니라는 사실을 명확하게 깨달은 후 매일 밤 4잔으로 양을 줄일 수 있었다. 그로부터 한 날 후에는 술을 마시지 않는 날들을 이어가다가 거의 일주일 동안 한 잔도 마시지 않는 수준까지 연장시켰다. 그러나 그녀는 나를 다시 찾아와 그동안 이룬 진전을 이야기하면서도 행복해하지 않았다. 이 진전을 오히려 실패로 봤기 때문이다. 그녀는 왜 아예 술을 끊을 수 없는 건지 답답해했다. 게다가 그녀는 이 '실패'를 자책하고 있었다.

어떻게 해야 그녀가 자신을 실패자로 보는 고정형 마음가짐에서 성장형 마음가짐으로 나아갈 수 있을까?

나는 학생이나 환자 들이 끝없는 불안, 끈질긴 습관, 통제할 수 없는 중독의 무게에 짓눌릴 때, 그런 경험들을 교사로 생각하라고 북돋는다. 교사들은 우리가 배우도록 돕는다. 뭔가를 배우는 일은 기분이 좋다(보상을 안긴다). 최고의 교사는 마법을 부려서 우리가 열린 자세로 고난에서 교훈을 보도록 돕는다. 우리가 고통에 시달리면서 반사적으로 마음을 닫거나 뒤로 물러설 때도 말이다. 이럴 때마다 나는 고난의 순간들이 선생인 것처럼 맞아들여 보라고 학생과 환자 들에게 부탁한다. 이러한 마음가짐은 고난의 낌새만 느껴져도 습관적으로 마음을 닫는 대신 마음을 열고 고난에서 가르침을 얻을 수 있도록 도와줄 것이다.

앞서 소개한 나의 환자는 한 번에 6일 이상 금주하는 데 실패한 과정을 설명하면서 "2보 전진하면 1보 후퇴하는 것 같아요"라고 덧붙였다.

나는 그녀에게 지난 몇 달 동안 마음이 작동하는 양상에 대해 너무나 많은 것을 배우고, 독주를 하루에 1파인트씩 마시다가 며칠씩 금주를 즐기는 수준까지 나아간 것에 대해 어떻게 느끼는지 물었다.

그녀는 "기분이 좋아요"라고 말했다. (이 순간 그녀는 마음을 열고 성장형 마음가짐으로 나아갔다.)

뒤이어 나는 그녀가 말한 '후퇴'에 대해 물었다. 그녀는 자신의 습관과 그녀 자신에 대해, 다른 경우에는 배우지 못했을 것들을 배울 수 있었을까? (특히 그녀가 고정형 마음가짐으로 자책의 습관 고리에 갇혀 있었다면 말이다.)

나는 "뭔가를 배웠다면 그걸 후퇴로 볼 수 있을까요?"라고 물었다.

그녀는 학습을 실제로는 전진으로 간주할 수 있다는(또 그렇게 느껴진다는) 사실을 깨닫고 "아닌 것 같아요"라고 말했다.

우리는 그녀가 단기간에 이룬 모든 진전에 대해 더 이야기를 나눴다. 각각의 '실수'를 일종의 가르침으로 인식하고 그녀가 전진할 수 있도록 도와주는 학습 경험으로 받아들이는 방법도 논의했다. 그녀는 경험을 통해 배울 수 있고, 동시에 자책의 습관 고리에서 벗어날 수 있음을 알고 가벼운 발걸음으로 진료실을 떠났다. 심지어 앞으로 닥칠 난관을 거의 기대하는 눈치였다.

나는 "문제로부터 도망칠수록 해결책으로부터 멀어질 뿐"이라는 말을 좋아한다. '2보 전진, 1보 후퇴'는 우리가 자신의 진전을 가로막는 일을 멈출 때 의미를 잃는다. 인식과 열린 자세로 교훈을 얻으면 모든 경험은 우리를 앞으로 이끌어준다.

이제 근래에 당신이 경험한 습관 고리를 상기해보자. 그것을 머릿속에서 풀어내보라(1단 기어). '여기서 내가 얻은 것은 무엇일까?'라고 자문하라. 마음을 닫는지 또는 자책하는지(고정형 마음가짐) 살피고 대신 그 경험을 교사라고 생각하라(성장형 마음가짐). '여기서 무엇을 배울 수 있을까?'라고 자문하면서 그 결과를 느끼라(소급적 2단 기어). 이 과정을 반복하라.

13

과도한 생각과 계획은
초콜릿과 같다

내가 가장 좋아하는 신경과학 실험을 실시한 사람은 예일 대학의 신경과학자이자 음식 연구자인 데이나 스몰Dana Small 박사다. 그녀는 다양한 유형의 음식과 칼로리원이 뇌에 어떤 영향을 미치는지 살피는 실험을 설계한다. 또한 밀크 셰이크부터 여러 냄새까지 모든 것을 두뇌 스캐너 안에 있는 사람에게 전달하는 온갖 종류의 기이한 장치를 만들었다. (피실험자가 기능적 MRI 스캐너 안에 들어가 있고, 당신은 6미터 떨어진 제어실에서 펌프를 통해 여러 종류의 밀크 셰이크를 머리가 고정된 피실험자에게 전달한다고 생각해보라. 쉬운 일이 아니다!)

스몰 박사는 노스웨스턴 대학에서 음식 연구를 시작했다. 젊고 대담한 박사 과정 연구자였던 그녀는 사람들이 초콜릿을 먹을 때 뇌에서 이뤄지는 활동을 측정하려 시도했다. 당시 그녀는 양전자

방출 단층 촬영 스캐너Positron-Emission Tomography Scanner (PET)를 활용하여 두뇌 활동을 측정했다. PET 스캐너 안에서는 스캔이 이뤄지는 동안 피실험자가 음식을 먹을 수 있지만 fMRI 스캐너 안에서는 머리를 전혀 움직일 수 없어 PET로 측정했다.

스몰 박사는 피실험자들이 좋아하는 초콜릿 바를 고르게 한 다음 뇌를 스캔하는 동안 한 조각씩 먹였다. 또한 실험하는 동안 한 조각을 더 먹고 싶은 정도를 −10점에서 +10점까지 점수로 표시하도록 요청했다. −10점은 '끔찍함. 더 먹으면 속이 울렁거릴 것 같음'에 해당하고, +10점은 '정말 더 먹고 싶음'에 해당했다. 피실험자들은 좋아하는 초콜릿 바를 골랐기 때문에 당연히 실험을 시작할 때는 +10점을 부여하는 편이었다.

그러나 시간이 지나면서 점수가 '즐거움. 한 조각 더 먹어도 좋음'에 해당하는 +5점 정도로 내려가기 시작했다. 뒤이어 점수가 중립적이 수준까지 내려간 후에도 스몰 박사는 계속 초콜릿 바를 먹였다.

당연히 점수는 '불쾌함. 더 먹고 싶지 않음'에 해당하는 −5점을 지나 '끔찍함. 더 먹으면 속이 울렁거릴 것 같음'에 해당하는 −10점까지 내려갔다.

짧은 시간이 지나는 동안 피실험자들은 무척 원하던 것에서 혐오감을 느끼게 되었다.

실험이 진행되는 동안 스몰 박사는 그들의 두뇌 활동을 측정했고 흥미로운 점을 발견했다. 우리가 어떤 경험에 사로잡힐 때 활성화되고, 명상하거나 주의를 집중하거나 생각을 버릴 때 잠잠해지는 후측대상피질posterior cingulate cortex은, 기쁨과 혐오 모두에 활성화되는 유일한 뇌 부위였다. 이는 우리가 갈망 및 혐오를 느끼는 동안 해당 피질이 활성화된다는 뜻이었다. 즉, "정말 더 원해"와 "정말 그만했으면 좋겠어", 두 경우 모두 해당 피질을 활성화시켰다.

스몰 박사의 연구는 더 많이 원하는 것이 덜 원하는 것과 같은 두뇌 부위를 활성화시킨다는 사실을 보여주었다. 여기서 공통분모는 갈망 내지 바람이다. 보다 정확하게는 더 원하는 것에 사로잡히는 것 또는 덜 원하는 것에 사로잡히는 것이다. 여기서 드러나는 밀어내기와 끌어당김의 요소에 주목하라. 우리는 즐거운 것을 우리 쪽으로 끌어당기고(또는 갖고 있으면 좋은 것을 계속 붙잡고), 불쾌한 것을 밀어내거나 불쾌한 것을 경험할 때 주의를 분산시키려 애쓴다.

그러면 왜 이 점이 습관 변화에 중요할까? 과식 습관 고리를 예로 살펴보자. 당신이 초콜릿(좋아하는 다른 음식이나 활동으로 대체해도 된다)을 정말 좋아한다고 가정하자. 당신은 초콜릿을 보면 먹고 싶어 한다. 초콜릿을 먹고 나면 적어도 한동안은 기분이 좋아진다. 그래서 당신의 뇌는 "좋아. 또 해"라고 말한다. 이 활동을 너무 많이 하면 어떤 일이 생길까? 그것은 당신이 주의를 기울이는지 여부에 좌우된다.

당신이 스몰 박사의 초콜릿 실험에 참가한 사람들과 같다면 주의를 기울여 점수를 매길 것이다. 더 많이 원하는 정도를 점수로 표시해야 하는 상황은 충분히 즐긴 시점을 분명하게 인식하도록 해준다. 그러나 현실 세계에서 우리는 종종 아무 생각 없이 먹는다(또는 행동한다). 그래서 즐거움에서 불쾌함으로 넘어가는 지점에 도달했다는 사실을 인식하지 못하는 경향이 있다.

하지만 인식하는 훈련을 하면 상황이 달라진다. 우리 연구소는 마음챙김 섭식 프로그램에 참가한 사람들로 구성된 초점집단을 활용하여 이 환멸 과정을 풀어냈다.[7] 그들은 단지 섭식의 결과에 인식을 적용함으로써 초콜릿을 적당히 즐기는 방법을 익힌다. 그러나 이제는 긴밀한 주의를 기울이기 때문에 섭식 패턴을 바꾸고 탐닉이나 과식을 더 잘 피할 수 있다.[8] 우리는 한 예비 연구에서 '이트 라이트 나우' 프로그램 참가자들이 식생활에 대한 구체적인 지시 없이 두 달 후에 평균 3.6킬로그램을 감량했다는 사실을 확인했다. 우리는 단지 먹을 때 주의를 기울이고 포만감이 들면 멈춰야 한다는 것만 강조했다. 마음챙김이 의지력에 기반한 전통적인 접근법 없이도 체중을 효과적으로 감량하는 특별한 방법일 수 있다는 증거다.

습관 변화를 일으키는 방법으로써 행동의 결과에 인식을 적용하는 일의 효과는 섭식을 넘어선다. 그래서 걱정에도 통할 수 있다. 미래에 대한 계획을 세우는 것이 그 예가 될 수 있다. 계획은 초콜릿과 같다. 조금은 맛이 좋지만 너무 과하면 역효과를 일으킨다. 일이 잘못될 경우에 대한 불안을 초래하기 때문이다.

따라서 과도한 섭식, 과도한 계획, 과도한 생각 같은 탐닉을 둘러싼 습관 고리에 시달리고 있다면 다음에 그 고리에 갇혔을 때 스몰 박사의 실험을 자신의 버전으로 실행할 수 있을지 보라. 즉, 무엇이든 과도한 수준으로 하는 동안 주의를 기울이라. '여기서 내가 얻는 것은 무엇일까?'라고 자문하라(2단 기어). 그리고 정확히 언제 저울이 '맛있음'에서 '중립'을 지나 '불쾌함'으로 넘어가는지 파악할 수 있는지 보라. 이 방법이 전환점에서 멈추는 데(또는 최소한 속도를 늦추는 데) 도움을 주는가?

나쁜 태도를 과감히 버려라

쓰레기를 버리는 일이 일과의 하이라이트로 여겨지는 경우는 드물다. 그러나 쓰레기를 버리는 것 같은 행위에서 태도가 차지하는 역할에 대해 생각해보자. 쓰레기를 버려야 할 때 나쁜 태도로 하면 어떻게 될까? 쓰레기를 버리는 일을 나쁘거나 불쾌한 것과 짝짓도록 학습하게 된다. 반면 어차피 쓰레기는 버려야 하는 것임을 깨닫고 별것 아니라고 간주하면 쓰레기를 버리는 것이 별것 아님을 학습하게 된다. 그래서 다음, 또 그다음에는 설령 겨울이나 비가 쏟아지는 와중에도 쓰레기를 버리는 일이 더 쉬워진다. 아주 간단한 일이라고 해도 그 일에 대한 태도를 바꾸는 것은 삶에 큰 영향을 미칠 수 있다.

생각에 주의하라. 생각은 말이 된다. 말에 주의하라. 말은 행동이 된다. 행동에 주의하라. 행동은 습관이 된다. 습관에 주의하라. 습관은 성격이 된다. 성격에 주의하라. 성격은 운명이 된다.

이는 쓰레기를 버리는 일뿐 아니라 당신이 살면서 하는 모든 일에 적용된다. 습관 고리에 시달리기 시작할 때마다 '또 이러네' 라거나 '이건 다스릴 수 없어. 절대 못 바꿀 거야'라는 식으로 생각하면 그 습관 위에 해로운 이차적 습관을 더하게 된다.

- 촉발인자: 시달리기 시작한다
- 행동: 기분이 나빠질 것이라고 생각한다(고정형 마음가짐)
- 결과: 기분이 나빠질 가능성이 늘어난다

또한 원래의 습관 고리와 훨씬 오래 씨름해야 한다. 당신이 지금 시달리는 습관 고리에 더하여 '나쁜 태도' 습관 고리까지 두 습관 고리가 계속 강화되기 때문이다. 반면 1단 기어와 2단 기어로 주행하면서 당신의 경험에 즐거운 호기심을 적용하는 훈련을 하면 1타 3피를 얻을 수 있다. (1)당신이 시달리는 습관을 다스리기 쉬워진다. (2)(보상을 안기지 않는다는 것을 깨닫고) 해로운 태도를 버리는 법을 배운다. (3)호기심을 갖는 유익한 습관을 기른다 (이 습관이 얼마나 많은 보상을 안기는지는 3부에서 확인할 것이다). 그러니 당신의 태도를 꾸준히 점검할 수 있는지 보라.

어떤 일이 매우 터무니없고 불합리하면 더 이상 진지하게 받아들이기 어려워진다. 그래서 그 일은 당신에 대한 영향력을 잃는다. 마음챙김은 마음이 사로잡힌 것에 더 긴밀한 주의를 기울이도록 도와준다. 또한 단지 어떤 일이 엿같을 것이라고 확신했기 때문에 그 일이 엿같아지는 것이 얼마나 불합리한지 깨닫도록 해준다. 이 깨달음은 애초에 스스로 해로운 습관을 들인 자신을 용서하도록 해준다. 환자 중 한 명이 자책에 따른 불안 습관 고리에 갇히기 시작할 때 자신을 붙잡은 이야기가 기억나는가? 그녀는 자신에게(약간의 키득거림과 함께) '이건 그냥 뇌가 그러는 거야'라고 말했다. 뇌가 만들어진 양상을 놓고 자신을 질책하기보다 언제나 자신을 다정하게 대하는 것이 중요하다.

이렇게 명랑한 태도를 머릿속에 떠오르는 모든 생각과 감정에 적용할 수 있다. 맞서 싸우거나 밀어내지 말고 단순히 그리고 명랑하게 그것들을 생각과 감정으로 인식하라. 그것이 호기심을 갖는 태도의 핵심이다. 이런 감정에 진정한 호기심을 갖고 그에 대한 당신의 습관적 반응을 살피기 시작하라. 그러면 당신의 삶이 얼마나 많이 거기에 이끌리는지 파악할 수 있다. 이런 호기심 어린 태도를 적용하면 그것들이 과거에 당신에게 미쳤던 영향력이 크게 줄어든다. 또한 그것들이 단지 생각과 육체적 감각일 뿐이라는 사실이 명백해진다. 그렇다. 그것들은 잠시 당신의 삶을 좌우할 수 있을지 모른다. 그러나 당신의 정체성을 구성하지는 않는다.

당신은 심지어 이런 생각과 감정을 길잡이로 삼을 수 있다. 너무 빠른 진전을 이루는 데 고전하거나 실패한다고 좌절하는 대신 호기심을 가지라. 생각과 감정은 이미 존재한다. 그러니 당신이 거기에 반응하는 온갖 방식을 탐구하는 수단으로 활용하라. 다음은 그 예다. 당신은 자신이 좌절하고 있다는 것을 인식한다.

- 촉발인자: 좌절감을 느끼기 시작한다
- 행동: 습관적 반응을 파악하고 '내가 여기서 얻는 것은 무엇인가?'라고 자문한다
- 결과: 오래된 습관이 얼마나 보상을 안기지 않는지 깨닫는다. 좌절감을 자극하는 일에 환멸을 느낀다(2단 기어)

당신의 습관 변화 과정에 다정하고, 명랑하며, 호기심 어린 태도를 적용할 수 있을지 보라. 공포 기반 습관 고리에 대응하는 동안 두려워지는 것을 파악하거나, 불안 습관 고리를 풀어내는 일이 불안을 초래한다면 그 감정으로부터 약간 거리를 둘 수 있는지 보라. 심호흡을 하라. 그러고는 당신의 뇌가 도움을 주려 하지만 방향이 조금 엇나간 것임을 상기하라. 당신은 좌절이나 다른 나쁜 태도가 나타나면 마음을 닫고 고정형 마음가짐 습관 고리에 갇히는가? 그렇다면 잠시 시간을 내어 습관 고리를 풀어내고, 그로부터 무엇을 얻을 수 있는지 보라. 요점은 보상이 거의 없다는 걸 깨닫고 그 태도를 버리기 시작하는 것이다. 언젠가 마음이 힘

을 잃어 나쁜 태도가 다시 모습을 드러내면, 그저 알아차리고 당신이 만든 어리석은 습관일 뿐임을 기억하라. 이 간단한 인식 활동은 오래된 습관의 거품을 터트리고 개방적이고 호기심 어린 태도로 살아갈 수 있게 도와줄 것이다.

14

습관을 바꾸는 일은
얼마나 오래 걸릴까?

어느 날 나는 한 컨퍼런스의 백스테이지에서 강연을 준비하다가 내 앞 차례의 강연자가 하는 말을 들었다. 그는 내가 자주 받는 질문의 원천에 대한 이야기를 하고 있었다. 그 질문은 "새로운 습관을 형성하는 데 정말로 21일밖에 걸리지 않나요?"였다.

강연자는 이 질문을 설명하기 위해 맥스웰 몰츠Maxwell Maltz라는 성형외과의의 말을 인용했다. 코 성형수술을 받은 환자들이 달라진 자신의 새로운 얼굴에 익숙해지는 데 약 21일밖에 걸리지 않았다는 내용이었다. 문제는 이 주장을 뒷받침할 동료평가 논문을 전혀 찾을 수 없다는 것이다. 따라서 21일이 일반적으로 받아들여진 수치이기는 하지만(이 말은 인터넷 곳곳에 수없이 도배되었기 때문에 아마 이 책을 읽는 독자들보다 오래 살아남을 것이다) 그것이 사실임을 증명할 실질적인 증거는 없다.

습관 고리는 단순하고 쉽게 형성된다. 어떤 행동을 하고, 그것이 보상을 안기면, 기회(그리고 촉발인자)가 주어졌을 때 그 행동을 다시 할 가능성이 높아진다. 반면 당신이 (즉각적이고 분명한 보상을 안기지 않는) 새로운 습관을 들이려고 애쓰는 경우는 사실 결과가 어떻게 될지 모른다. 유전적 성향부터 동기 부여 상태, 당신이 처한 상황, 행동 그 자체까지 모든 것을 고려해야 하기 때문이다. 습관 형성은 21일이라는 수치가 시사하는 것보다 더 복잡한 문제다.

이 문제는 연구할 가치가 있다. 그러나 지금까지 소수의 연구밖에 이뤄지지 않았다. 가령 2009년에 유니버시티 칼리지 런던University College London의 필리파 랠리Phillippa Lally와 동료들은 〈습관은 어떻게 형성되는가: 현실 세계에서 이뤄지는 습관 형성의 모형화〉라는 제목의 논문을 발표했다.[9] 연구 결과, 어떤 행동이 '자동성automaticity'에 이르는 데 18일에서 254일이 걸렸다. 이처럼 결과의 범위가 비교적 넓은데도 기간은 12주에 불과했다. 그래서 이 연구는 전적으로 수학적 모형화에 의존할 수밖에 없었다. 게다가 62명의 피실험자 중에서 해당 모형에 '적합'한 결과를 보인 사람은 39명에 불과했다(적합하다는 것은 데이터 포인트가 이론적 그래프의 곡선에 가깝다는 뜻이다). 나는 지금 이 논문에 대해 트집을 잡으려는 것이 아니다. 변수가 너무나 많은 상황에서 이런 연구를 하기는 매우 어렵다.

그러나 두어 가지 방법을 통해 그 변수들을 줄이는 일은 가능하다. 그렇게 함으로써 어쩌면 새로운 습관이 형성되는 현실적인 기간을 확인할 수 있을지 모른다. 그 방법은 특정한 행동을 골라서 연구 대상으로 삼고, 그 보상 가치의 변화를 측정하는 것이다.

우리 연구소가 바로 그런 방식을 썼다.

실은 복수의 실험 패러다임(생쥐, 원숭이, 인간)에서 연구되고 재현된 오래된 문헌이 하나 있다. 인터넷에 떠도는 이야기보다 훨씬 야심 차고 믿을 만한 연구다. 1970년대에 두 명의 연구자, 로버트 레스콜라Robert A.Rescorla와 앨런 와그너Allan R.Wagner는 자신들의 이름을 따서 이제는 유명해진 수학 모형을 제시했다.[10] 수학 괴짜들은 아래 공식을 살펴보라. (나머지 독자들은 그냥 다음 문단을 건너뛰어도 된다.)

레스콜라-와그너 강화 학습 모델[11]은 다음과 같다.

$$V_{t+1} = V_t + \alpha\delta_t$$

이 모형은 특정한 행동이 지니는 현재의 보상 가치(V_{t+1})가 이전의 보상 가치(V_t)와 학습 신호($\alpha\delta_t$)에 좌우된다고 말한다. 학습 신호는 예측 오류(δ_t)라고 부르는 것에 좌우된다. 이는 행동의 실제 결과와 예상한 결과 사이의 오차를 가리킨다. 학습 신호는 (주로) 안와전두피질 같은 두뇌 부위와 연계된다. 'α'는 너무 신경 쓰지 않아도 좋다. 고정된 주관적인 수준의 변수(상수)일 뿐이다.

이를 비수학적인 방식으로 다시 살펴보자. 기본적으로 어떤 행동(예컨대 한 조각을 먹는 것)을 실행할 때 뇌는 먼저 그 행동이 얼마나 보상을 안기는지(케이크는 맛있어!)에 대한 기억을 저장한다. 이 가치는 맥락이나 감정 상태 등 온갖 요소(그 행동과 연계된 사람이나 장소 또는 물건)를 토대로 결정된다는 점을 기억하라. 이 모든 요소가 하나의 복합적 가치로 뭉쳐진다. 뇌는 보상 가치를 학습한 다음에는 과거에 얼마나 보상을 안겼는지를 토대로 다음에 그 행동을 할 때 같은 양의 보상을 받을 것으로 기대한다. 문제는 맥락이 다를 때도 가치가 과거와 같으리라고(케이크를 먹는 것=케이크를 먹는 것) 기대한다는 것이다(배고플 때 케이크를 먹는 것=배부를 때 케이크를 먹는 것). 당신은 유통기한이 지난 우유를 마시는 경우 맛이 시큼하다는 사실을 인식하는 순간 마시기를 멈춘다. 뇌가 얻을 것으로 기대한 것과 실제로 주어진 것 사이에 오차(앞부분을 건너뛰지 않은 수학 애호가들에게 말하자면 이것이 바로 예측 오류다)가 있다는 신호를 보내기 때문이다. 실제 결과(지금 이것이 얼마나 많은 보상을 안기는가?)에 주의를 기울이지 않고 습관적으로 케이크를 먹으면 뇌는 뭔가가 빠졌거나 잘못되었다는 신호를 보내지 않는다(케이크=케이크이기 때문에 예측 오류가 발생하지 않는다). 하지만 실제 결과에 주의를 기울이면, 그리고 두 조각의 케이크를 먹는 일이 당신이 다섯 살이고 아침, 점심, 저녁으로 케이크를 먹어도 살이 찌지 않을 때만큼 보상을 안기지 않는다면 이 예측 오류는 당신의 뇌에게 보상 가치를 업데이트할 때가 되었다는 신호를 보낸다.

이것이 2단 기어의 수학적 토대다. 우리는 이런 방식으로 학습한다. 또한 이런 방식으로 습관을 바꾼다.

이 사실을 이해하는 일은 얼마나 빨리 '나쁜' 습관을 버리고, '좋은' 습관을 익히는지를 포함하여 현실의 삶에 영향을 미친다 (수학 부분은 걱정하지 말라).

우리는 2단 기어를 활용하면 과식과 흡연의 보상 가치가 얼마나 많이, 얼마나 빠르게 떨어지는지 살피기 위해 '이트 라이트 나우'와 '크레이빙 투 퀴트' 앱에 '갈망 대응 도구'를 만들었다. 우리는 피실험자들에게 갈망이 생길 때마다 이 도구를 활용하라고 요청했다. 우측의 이미지는 이 도구의 1단계를 보여준다.

뒤이어 우리는 지금 갈망이 얼마나 강한지 점수를 매기도록 요청한다.

1단계는 사람들(그리고 우리 연구팀)이 바로 지금 해당 행동이 얼마나 보상을 안기는지에 대한 정확한 추정치를 얻는 데 도움을 준다. 그들이 케이크를 먹고 싶은 갈망이 생겨서 그것을 먹는 상상을 하는 갈망 대응 훈련을 거친다고 가정하자. 보상 가치가 높다면 갈망의 정도는 전과 동일하거나 심지어 더 강해질 수 있다 (먹는 상상 때문에 지금은 정말로 먹고 싶을 수 있다). 배가 고프면 그 정도는 더 강해진다.

뒤이어 2단계에서 우리는 피실험자들에게 마음챙김 폭식·흡연 훈련을 시킨다. 그래서 실제 결과가 뇌에 기록되도록 만든다.

이 대목에서 그들은 (한 조각에서 멈추는 것이 아니라) 세 조각의 케이크를 먹거나 담배를 피울 때 주의를 기울인다. 그러면서 그

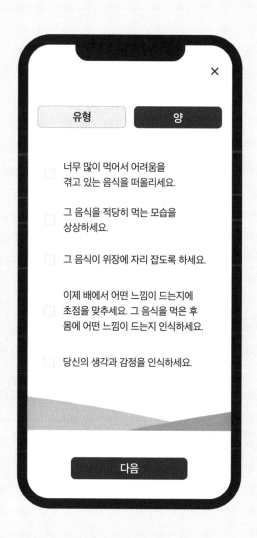

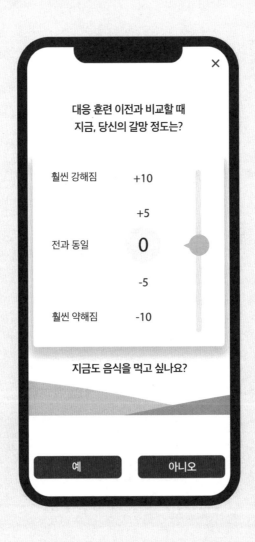

대응 훈련 이전과 비교할 때
지금, 당신의 갈망 정도는?

훨씬 강해짐	+10
	+5
전과 동일	0
	-5
훨씬 약해짐	-10

지금도 음식을 먹고 싶나요?

예   아니오

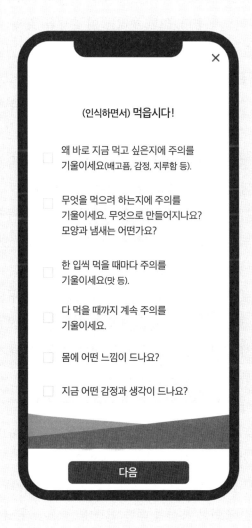

(인식하면서) 먹읍시다!

☐ 왜 바로 지금 먹고 싶은지에 주의를 기울이세요(배고픔, 감정, 지루함 등).

☐ 무엇을 먹으려 하는지에 주의를 기울이세요. 무엇으로 만들어지나요? 모양과 냄새는 어떤가요?

☐ 한 입씩 먹을 때마다 주의를 기울이세요(맛 등).

☐ 다 먹을 때까지 계속 주의를 기울이세요.

☐ 몸에 어떤 느낌이 드나요?

☐ 지금 어떤 감정과 생각이 드나요?

다음

행동이 실제로 얼마나 보상을 안기는지 인식한다(그리고 느낀다). 우리는 그들이 만족감을 느끼는 정도를 점수로 매겨서 인식한 바를 즉시 알리도록 한다. 또한 우리는 이 훈련을 몇 분 후에 바로 반복하도록 한다. 커다란 케이크 조각이나 많은 쿠키를 급하게 먹는 데 따른 포만감이 바로 느껴지지 않는 경우가 있기 때문이다. 우리는 그들이 갈망을 느낄 때마다 이 훈련을 반복하도록 한다. 그래야 그들의 뇌가 그 행동이 실제로 얼마나 보상을 안기는지에 대해 정확하고 업데이트된 정보를 얻을 수 있기 때문이다. 이는 오래되고 뒤처진 보상 가치 기억을 대체하는 데 도움을 준다. 이 훈련은 많이 할수록 새로운 기억이 확고하게 자리 잡는다. ('크레이빙 투 퀴트' 앱을 쓰는 어떤 사람은 "오늘 제가 피운 모든 담배가 역겨웠다"고 밝혔다.)

새로운 보상 가치가 자리 잡으면 다음에 음식이나 담배에 대한 욕구가 촉발되어도 1단계만 거치면 된다. 그러면 새로운 가치가 떠올라서 갈망이 줄어든다. 물론 이는 습관 고리에서 벗어나 행동을 바꾸는 데 도움을 준다.

우리는 피실험자들의 주관적 점수(어떤 행동을 한 후 그리고 그 행동을 다시 하고 싶은 갈망이 생긴 후 만족감의 정도)를 토대로 어떤 행동의 보상 가치가 줄어드는 데 얼마나 많은 시도가 필요한지 계산할 수 있다. 우리 연구소의 연구원인 베로니크 테일러 Veronique Taylor 박사는 각각 흡연과 폭식에 대한 연구에 근사한 레스콜라-와그너 모형을 적용했다.[12] 그녀는 두 연구에서 현저하게 비슷한 레스콜라-와그너 곡선이 형성되는 것을 확인했다. 구체적으로는 갈망 대응 도구를 10회에서 15회 활용한 후 실제 보상 가치가 0 가까이 줄었다.

우리는 이 연구 결과를 한 달 동안 '크레이빙 투 퀴트' 앱을 활용한 후 흡연자들의 뇌에 생긴 변화를 살핀 연구 결과 그리고 '이트 라이트 나우' 앱을 두 달 동안 활용한 후 갈망에 따른 폭식이 40퍼센트 줄어들었다는 연구 결과와 통합했다. 그 결과 3단 기어 모델이 신경적으로, 행동적으로 작동하는 양상을 훨씬 잘 이해할 수 있었다.[13] 물론 모든 것을 확고하게 통합하려면 아직 더 많이 탐구해야 한다.

다만 모든 계산과 측정에서 아주 확실하게 드러나는 한 가지 사실이 있다. 바로 습관을 바꾸려면 주의를 기울이는 것이 실로 중요하다는 점이다. 간절하게 깨트리고 싶은 습관이 있어도 자신에게 말거나 강요하거나 바란다고 해서 그 습관을 멈출 수 없다. 이런 것들은 보상 가치에 아무런 영향을 미치지 못할 가능성이 높기 때문이다. 또한 같은 이유로 21일 후나 21년 후에 시작하고 싶은 습관이 있어도 이성이나 강요 또는 바람을 토대로 그렇게 될 확률은 아주 낮다.

생각만으로 나쁜 습관에서 벗어나거나 좋은 습관을 들일 수 없다. 아무리 습관에 대한 바람과 계획을 가져도 (행동의 결과가 기록되는) 우리의 느끼는 몸이, 생각하는 정신을 이긴다.

(현재적 및 소급적) 2단 기어를 계속 연습하여 당신의 뇌를 조

작하고 이 개념적 지식을 행동으로 옮길 수 있는지 보라. 딩신의 레스콜라-와그너 곡선이 얼마나 빨리 '보상이 많은 수준'에서 '그저 그런 수준'을 거쳐 '사양하고 싶은 수준'까지 떨어지는지 보라.

당신 자신이 바로 성공 비결이다

지금 고전하고 있다면 걱정하지 말라. 1단 기어와 2단 기어는 아직 행동 변화에 초점을 맞추지 않았다. 그 부분은 3부에서 다룰 것이다. 지금은 꼬마 기관차를 생각해보자.

내가 어릴 때 가장 좋아한 동화 중 하나는《넌 할 수 있어, 꼬마 기관차 The Little Engine That Could》였다.

주인공인 작고 파란 기관차는 원래 전철용 기관차였지만 아이들을 위한 크리스마스 선물을 가득 싣고 언덕을 넘어가는 일을 맡는다. 꼬마 기관차는 자신이 그 일을 해낼 수 없다고 생각한다.

꼬마 기관차는 엄청난 역경에 맞선다. 머릿속에서 자신감을 꺾는 나쁜 생각들이 꼬마 기관차의 발목을 잡는다. 꼬마 기관차는 이 나쁜 생각들을 물리치기 위해 읊조리기 좋은 주문을 떠올린다. "할-수-있어 I-think-I-can. 할-수-있어. 할-수-있어. 할-수-있어"라는 주문이다.

꼬마 기관차는 크리스마스 선물이 실린 화물열차에 자신을 연결한다. 신뢰의 주문을 머릿속으로 외우며 언덕을 오르기 시작한다. "할-수-있어. 할-수-있어." 꼬마 기관차는 나쁜 생각들을 물리치며 언덕을 넘어선다. 그리고 장난감을 받고 기쁨의 환호성을 지르는 아이들로부터 영웅으로 환영받는다. 꼬마 기관차는 언덕을 내려갈 때 주문을 "해낼-줄-알았어I-thought-I-could. 해낼-줄-알았어. 해낼-줄-알았어. 해낼-줄-알았어"로 바꾼다.

그러면 꼬마 기관차의 성공 비결은 무엇이었을까? 엔진오일일까? 피땀 어린 노력일까?

사실 이 이야기에는 노력 외에 다른 요소가 있다. 꼬마 기관차는 처음에는 미래에(할 수 있어), 그 다음에는 과거를 다시 체험하는 데(해낼 줄 알았어) 초점을 맞춘다. 그러나 꼬마 기관차가 정말로 언덕을 오르도록 해준 것은 이 둘 다에 사로잡히지 않은 것이었다. 대신 꼬마 기관차는 현재 순간에 집중했다.

이것이 우리가 이 이야기에서 얻을 수 있는 교훈이다.

당신의 생각을 신뢰하지 말라(특히 '당위적 사고shoulds'는 더욱). 생각은 그저 머릿속에 떠올랐다가 사라지는 말과 이미지일 뿐이다. 따라서 건강한 시각으로 바라봐야 한다. 그렇다고 해서 생각이 나쁘다는 말은 아니다. 계획, 문제 해결, 창의성은 우리를 인간으로서 고유하게 만들고 삶 속에서 우리에게 도움을 주는 것의 일부임을 잊지 말라. 생각은 우리가 걱정이나 자책의 습관 고리에 사로잡힐 때(즉 '이래야 한다'거나 '저러지 말아야 한다'며 당위적 사고를 할 때shoulding) 우리의 발목을 잡는다. 이런 유형의 생각, 특히 강한 의견을 지닌 생각은 주의하지 않으면 안 된다. 우리 자신에 대해 나쁜 감정을 갖게 만들기 때문이다.

당신의 뇌를 믿으라. 뇌는 당신의 생존을 돕기 위해 오랜 세월 동안 진화했다. 그래서 모든 답을 아는 것도 아니고, 때로 오도하기도 한다(예컨대 걱정스런 생각). 그렇지만 전적으로 신용할 수 있는 참된 학습 기제(즉, 보상 기반 학습)를 갑자기 바꿔서 당신의 신뢰를 저버리는 짓을 하진 않는다. 뇌가 작동하는 방식에 대해 더 많이 알수록, 습관 고리를 풀어내고 오래된 습관에 환멸을 느끼는 것이 진전을 이루는 데 도움이 된다는 사실을 더 많이 깨달을수록, 신뢰는 더욱 깊어질 것이다.

당신의 몸을 믿으라. 또는 달리 표현하자면 당신의 몸과 마음을 믿으라. 이 둘은 별개가 아니기 때문이다. 여기에 보상 가치가 기록된다. 행동의 결과에 주의를 기울이면 실제의 육체적 감각과 감정이 안와전두피질에게 보상을 업데이트하라고 말한다.

당신의 경험을 믿으라. 당신이 바로 그 성공의 비결이다. 습관 고리를 거듭 풀어내는 일은 당신이 습관을 바꾸는 일에 진지하게 그리고 헌신적으로 임한다는 사실을 당신의 뇌가 인식하도록 도와준다. 습관적 행동과 그 결과 사이의 인과관계에 주의를 기울이는 일은 정말로 그 행동의 보상 가치를 바꾸며, 당신에게 도움이 되지 않는 습관에 환멸을 느끼고 도움이 되는 습관에 매료되도록 도와준다.

대학 시절, 친구들과 점심을 먹으러 학생식당에 간 적이 있었다. 다른 테이블에 한 남학생이 혼자 앉아 있었다. 왜 그랬는지 모르겠지만 나는 그가 혼자라는 사실에 주의를 환기시키는 말을 불쑥 내뱉었다. 아무리 애써도 무슨 말을 했는지는 기억나지 않는다. 하지만 나머지 일은 생생하고도 세세하게 기억난다. 나와 내 친구들 모두 방금 내가 한 말에 경악했기 때문이다. 거의 25년이 지난 후 이 글을 쓰는 지금도 민망해 죽을 지경이다. 나는 그렇게 못된 인간은 아니었다. 학교에서 다른 아이들을 괴롭힌 적도 없었다. 그래서 우리는 그 일에 충격을 받았다. 그러나 가장 큰 충격을 받은 사람은 내가 놀린 불쌍한 남학생이었다. 그는 아무것도 못하고 그저 머리를 숙인 채 묵묵히 밥을 먹기만 했다.

이 이야기의 핵심적인 부분은 그다음에 일어났다.

내 머리에서 나사가 빠지지 않았다면 나는 자리에서 일어나 그에게 다가가서 사과했을 것이다. 그러나 나는 그렇게 하지 않았다. 나는 내가 한 일에 너무나 큰 충격을 받은 나머지 역시 머리를 숙인 채 밥을 먹고 자리를 떠났다.

나는 왜 이 장면을 마치 어제 일처럼 생생하게 떠올릴 수 있을까(심장이 뛰고 위장이 조여드는 등 자율신경계의 각성을 알리는 온갖 신호와 함께)? (사과함으로써) 그 수류탄을 밖으로 내던지지 않고 마음속 깊은 곳에 묻어버렸기 때문이다. 그리고 가끔 혼자서 그 핀을 빼내기 때문이다. 이미 저지른 행동을 바꿀 수는 없지만 그 행동을 두고 자책할 수는 있다. 몇 번이고 계속.

생존 기제는 실수로부터 학습하도록 만들어져 있다. 우리는 한 번 손을 덴 이후에는 뜨거운 난로를 피해야 한다는 사실을 학습한다. 그러면 계속 델 일이 없다. 우리는 자책함으로써 학습하고 있다고 생각한다. 어쨌든 뭔가를 하고 있기 때문이다. 그러나 그 뭔가는 학습하는 것이 아니라 그저 과거의 상황을 다시 체험하면서 수류탄의 핀을 계속 빼내는 것일 뿐이다. 자신을 채찍질하면 과거가 마법처럼 바로잡힐 것이라고 생각하면서 말이다.

물론 나는 학생식당에서 겪은 그 불운한 순간을 통해 교훈을 얻었다. 그래서 다시는 그와 비슷한 행동을 하지 않았다. 하지만 흉터는 여전히 남아 있다. 중요한 사실은 그 흉터가 거기 있을 필요가 없다는 것이다. 사실 애초에 상처를 입을 필요가 없었다. "무슨 생각으로 그랬지?"라며 그에게 사과했다면 둘 다 어색하게 웃고 말았을 것이다. 잠깐 정신이 나갔다고 치부하고 지나갔을 것이다.

10여 년이 지난 후 나는 오랫동안 명상을 하고 보상 기반 학습을 속속들이 연구했다. 그리고 모든 FGO(빌어먹을 성장 기회Fucking Growth Opportunity)에는 두 가지 경로가 있음을 깨달았다(이 용어를 알려준 아내에게 감사드린다).

경로 1은 '바라보고 배우는' 건강한 선택지로서 실제로 배우고 성장하는 길이다. 우리는 이를 반면교사로 섬기며 그 상황에서 생긴 일을 살피고 (내면적 피드백을 포함하여) 거기서 교훈을 얻는다.

- 촉발인자: '실수'를 저지른다
- 행동: 바라보고 배운다
- 결과: 같은 '실수'를 반복하지 않는다.
  그 경험을 통해 성장하고 앞으로 나아간다

이를 자연식품으로 구성된 채소 위주의 점심 식단 같은 선택지로 여기라. 이 선택지는 맛이 좋고 활력을 부여한다. 또한 아마존 유역의 열대우림 서식지가 파괴되는 것을 막는 데 도움을 줄 수 있다.

경로 2는 '돌아보고 후회하는' 선택지로서 훨씬 덜 건강하다. 그래서 자책 습관 고리에 갇히게 되며, 실제로 아무것도 배우지 못한다. 우리는 자신을 채찍질하는 데 몰두하여 성장 기회를 간과하거나 억누른다.

- 촉발인자: '실수'를 저지른다
- 행동: 자신을 비판하거나 질책한다(즉, 상처에 붙은 딱지를 뜯는다)
- 결과: 오랜 상처가 덧나고 다시 피를 흘린다

얼마 전에 나는 "용서는 더 나은 과거에 대한 희망을 버리는 것"이라는 말을 접했다. 시간은 조금 걸렸지만 마음챙김 수련과 '돌아보고 후회하는' 습관 고리의 보상이 얼마나 적은지에 대한 지식의 도움으로 나는 나 자신을 용서했다. 용서는 내가 대학 시절 학생식당에서 생긴 FGO(성장기회)로부터 진정한 교훈을 얻을 수 있도록 문을 열어주었다.

- 촉발인자: 학생식당에서 저지른 잘못을 떠올린다
- 행동: 위장이 조여들고 머릿속에서 자책이 시작되는 것을 인식한다. 나 자신을 정신적으로 포옹하면서 이미 한 일을 바꿀 수 없지만 거기서 교훈을 얻을 수 있음을 상기시킨다
- 결과: 상처를 치유한다

내 얘기는 이걸로 충분하다. 이제는 당신이 자책 습관 고리를 성찰할 차례다. 그 고리를 풀어내라. 그렇게 함으로써 그 오래된 습관 고리에서 벗어날 수 있다. 또한 과거에 생긴 일이 아니라 현재에, 자책 습관 고리 촉발인자가 나타나는 바로 그 순간에 당신 자신을 만나는 방법을 통해 바라보고 배울 수 있다.

돌아보고 후회하는 것 = 고정형 마음가짐
바라보고 배우는 것 = 성장형 마음가짐

당신이 풀어낸 자책 습관 고리를 살피고(1단 기어) 2단 기어로

바꿔서 이렇게 자문할 수 있는가? '나 자신을 질책해서 얻을 수 있는 게 무엇일까? 나 자신을 채찍질하는 게 같은 과정을 지속시킨다는 사실을 보다 분명하게 인식할 수 있을까? 자책이 얼마나 고통스러운지에 주의를 기울이는 게 그 악순환을 끊는 데 도움을 준다는 사실을 이제는 인식할 수 있을까?'

3부에서는 이 2단 기어 훈련을 토대로 삼아 더 크고 나은 제안을 FGO(성장기회)에 적용하는 방법을 살필 것이다.

2단 기어에서 자신을 질책하고 채찍질하는 일에 대한 환멸을 실로 뼛속 깊이 느끼면서 충분한 추진력을 확보했다면 이제 3단 기어로 바꿀 준비가 되었다.

불안의 악순환을 끊는
더 크고 나은 제안

호기심은 용감한 의지보다
더 강력하게 두려움을 정복할 것이다.
— 제임스 스티븐스 JAMES STEPHENS

15

인식을 바꾸는
새로운 습관

헨리 블라섬Henry Blossom과 빅터 허버트Victor Herbert가 쓴 〈내가 원하는 때에 내가 원하는 것을 원해I Want What I Want When I Want It〉라는 노래가 있다(1905년에 만든 노래지만 요즘 노래라고 해도 이상하지 않다). 이 제목은 현대적인 느낌을 준다. 지금 우리가 중독의 시대로 접어드는 것처럼 보이기 때문이다. 지금처럼 과거의 어떤 것보다 훨씬 중독적인 화학물질과 경험을 개발하고, 정제하고, 대량생산하고, 유통시키는 집단적 역량이 집약된 적은 없었다. 코카인은 잊어라. 페이스북이 '좋아요' 버튼을 도입하자 우리 모두는 거기에 중독되었다. '그·그녀가 가진 걸 원해'라는 모든 생각이 중독을 부추긴다. 불안과 자책을 초래하는 이 생각은 우리가 온라인에서 며칠 전 구글로 검색한 정보와 관련하여 알고리즘이 맞춤식으로 띄우는 팝업 광고를 보거나, 소셜미디어 피드를 훑어보다가 완벽하게 꾸며진 다른 사람의 삶을 담은 사진을 볼 때 머릿속에 떠오른다.

인간은 수천 년 동안 갈망과 싸웠다. 기원전 440년에 만들어진 그리스 아테네의 파르테논 신전에는 야생마를 길들이려 애쓰는 기수의 모습을 보여주는 부조浮彫가 있다. 이 조각은 충동 및 욕망(말) 그리고 우리가 가진 의지의 '억제력'(기수) 사이의 투쟁을 묘사한다. 아이러니하게도 행동 변화에 대한 현대적 접근법은 어쩌면 계몽 시대의 사고에서 많은 영향을 받았다. 오늘날의 세계에서 개인주의와 이성은 지나치게 강조된다.[1] 우리는 우리의 힘이 비판적으로 사고하는 능력에 있다고 믿는다. 또한 생각의 힘으로 깊은 욕구(전전두피질에 기반한 의지력보다 훨씬 강한 힘)에 이끌린 행동에서 벗어날 수 있다고 믿는다. 어떤 습관이 나쁘다는 사실을 아는 것만으로는 그것을 바꾸기에 충분치 않다. 다이어트를 하고 살을 빼기 위해 아무리 조리 정연한 계획을 고안해도 왜 요요 현상(체중이 빠졌다가 다시 늘어나는 끝없는 악순환)에 빠지는 걸까? 우리는 습관을 바꾸고 중독에서 벗어나기 위해 기수에 너무 과한 초점을 맞춘다. 이 방법은 통하지 않는다. 미국만 해도 아편유사제 중독과 비만이 유행병으로 간주된다.

우리가 추구하는 개인적, 합리적, 자기중심적 접근법을 앞으로 나아가기 위한 교훈으로 삼기에는 적절하지 않다는 단서를 찾을 수 있을까?

현대적 신경망은 여전히 상당 부분이 수렵채집인(그리고 사냥감이 되지 않기 위한) 모드로 되어 있다. 이는 우리가 스트레스를 받아서 담배를 피우거나, 컵케이크를 먹거나, 이메일 또는 뉴스피드를 확인할 때마다 보상 기반 학습이 등장한다는 뜻이다. 기본적으로 우리가 자신을 달래려고 어떤 것을 찾을 때마다 학습이 강화된다. 나중에는 그것이 자동적이고 습관적으로 이뤄지는 지경에 이른다. 그렇게 해서 우리는 불안(또는 다른) 고리에 갇힌다. 한 가지 사례로 40년 된 흡연 습관을 고치려고 찾아온 환자가 있었다. 그때까지 그는 학습 경로를 약 29만 3,000번이나 강화한 셈이다. 그런데 의지력이 어떻게 맞설 수 있을까?

현재의 심리학적, 행동학적 접근법은 거의 전적으로 이성과 의지력에 의존한다. 가령 현재 미국립약물중독연구소National Institute on Drug Abuse에서 중독 요법의 표준으로 삼고 있으며, 일반적으로 정신건강을 위한 가장 폭넓게 받아들여진 증거 기반 요법인 인지행동요법cognitive behavioral therapy은 부적응적 사고 패턴과 행동을 바꾸는 데 초점을 맞춘다.[2] (우리의 욕망이 말이고 인지적 통제 능력이 기수인) '말과 기수' 비유를 다시 들자면 인지행동요법은 주로 기수가 스트레스 인자를 제압하는 능력을 개발하는 데 집중한다.[3]

그러나 약물과 경험의 중독성과 접근성이 높아지면서 말은 갈수록 힘이 세지고 거칠어진다. 2013년 탐사보도 기자인 마이클 모스Michael Moss는 《뉴욕타임스매거진The New York Times Magazine》에 식품산업에 대한 폭로 기사를 실었다.[4] 〈중독성 강한 정크푸드의 특별한 과학〉이라는 제목의 이 기사는 갈수록 강한 중독성을 지니도록 제품을 가공하는 식품회사들의 의도적이고도 치열한 노력을 다뤘다. 기술산업도 그 뒤를 따랐다. 그들은 수백만 명(일부 경우에는 수억 명)의 사용자를 대상으로 소셜미디어 플랫폼부터 게임까지 다양한 제품을 시험했다. 이런 제품은 사용자의 참여도를 높이고 만족감을 주기보다 추가적인 소비로 이어지도록 설계된다. 페이스북의 '창업주' 중 한 명으로서 그 지분으로 억만장자가 된 션 파커Sean Parker는 페이스북을 직설적으로 설명했다. "(페이스북은) 사회적 인정을 얻기 위한 피드백 고리다. (…) 인간 심리의 약점을 활용하기 때문에 정확히 나 같은 해커들이 고안할 만한 것이다." 그는 뒤이어 페이스북 개발 초기의 목표는 "사용자들의 시간과 의식적 주의를 최대한 많이 소모하게 만드는 것"이라고 설명했다.[5]

(혹시 잊을까 봐 말하지만 그저 우리가 음식을 찾도록 도우려는) 우리의 불쌍한 뇌는 지력과 화력에서 역부족이다. 인지적 통제와 연계된 것으로 보이는 주요 신경 구조(예컨대 배외측 전전두피질dorsolateral prefrontal cortex)는 스트레스 같은 촉발인자에 직면할 때 가장 먼저 단절된다.[6] 우리는 모두 어느 정도 이를 경험했다. 스트레스와 피로에 지친 밤, 브로콜리보다 아이스크림에 끌릴 가능성이 훨씬 높다.

욕망과 갈망이 보상 기반 학습에 따른 과정으로 충족된다면 승률을 비슷하게 맞추기 위해 바로 그 과정을 활용하여 정신을 훈련시킬 수 있을까?[7] 가능하다면 시간과 노력을 추가로 투입할 필요 없이?

좋은 소식은 당신이 이미 이를 위한 준비 작업을 했다는 것이다. 당신은 지금까지 1단 기어에서 불안 습관 고리를 풀어내고, 2단 기어에서 행동의 결과에 세심하고 명확한 인식을 적용함으로써 인식을 구축했다. 그 과정에서 당신은 안와전두피질에 기록되는 보상 가치를 재설정하기 시작했다. "왁스를 발랐다가 닦아내고, 담장에 페인트를 칠하는" 이 모든 일은 당신이 뇌와 벌일 큰 싸움에 대비할 수 있도록 해준다.

인식은 행동 변화에 영향을 미치기 위해서도 필요하다. 습관적 행동에 대해 조치를 취할 수 있으려면 행동하는 와중에 그 사실을 인식하거나 정신을 깨워야 한다. 이것이 1단 기어와 2단 기어의 핵심이다. 또한 어떤 행동의 가치가 기록된 후에 인식은 환멸을 통해(2단 기어) 오래된 습관을 버릴 뿐 아니라 건강한 습관을 들이는 데도 도움을 준다. 즉, 습관 고리가 형성됨에 따라 반복된 행동은 자동성을 향해 다가간다.

이는 현재의 인지적 기법과 마음챙김 훈련이 갈라지는 중요한 지점이다. 이성(기수)은 멈추라고(그리고 당신의 '고약한 생각 stinkin' thinkin'을 바꾸라고) 말한다. 그러나 대부분의 경우 충동(말)은 이성을 걷어차 버리고 아무런 제약이나 통제 없이 마구 날뛴다. 반면 마음챙김은 주의를 기울이라고 말한다. 행동의 대가나 결과를 경험하고 다음을 위해 교훈을 얻으라고 말한다. 마음챙김 훈련의

216

이면에 놓인 이론은 뇌에서 보상 기반 학습이 작동하는 양상과 직결된다. 즉, 안와전두피질이 정확한 정보를 얻도록 만들면 어떤 행위의 상대적 가치를 미래에 대비하여 업데이트하고, 저장하고, 기억할 수 있다.

이런 과정이 제대로 진행되면 이성에 의존할 필요가 없다. 대신 행위의 상대적 가치는 더 명확해지고, 당신의 혈거인 뇌가 주도권을 잡는다. 생존용 뇌는 더 어리고 나약한 사촌인 전전두피질보다 훨씬 강하다는 사실을 기억하라. 그래서 생각의 힘으로 상황에서 벗어나려고 애쓸 필요가 없다. 상황은 그저 뇌가 당신의 학습을 돕는 양상을 뒷받침하는 자연스런 원칙에 따라 전개된다.

이제 당신이 1단 기어와 2단 기어에 대한 증거 기반을 스스로 확보했기를 바란다. 만약 그렇다면 '이트 라이트 나우' 프로그램의 참가자가 올린 다음과 같은 글에 공감할 수 있을 것이다.

어느 날 저녁에 감정을 자극하는 상황에 대응하려고 간식에 달려들었습니다. 어서 기분이 좋아지려고 불길에 기름을 부은 거죠. 잠깐의 위안을 준 달콤함은 초콜릿 때문에 생긴 '거북함'뿐 아니라 패배감과 환멸감에 사로잡히는 육체적 감각에 압도당했습니다.

당신 자신의 경험을 통해 환멸감을 명확하게 인식했다면(그냥 개념을 이해하는 것이 아니라 몸으로 느꼈다면) 축하한다. 3단 기어로 올라설 준비가 되었다.

다시 안와전두피질로 돌아와서, 우리는 어떤 행동을 강화하고 유지하려면 그 보상 가치가 그것을 대체할 행동의 보상 가치보다 커야 한다는 사실을 안다. 안와전두피질을 틴더Tinder나 다른 데이팅 앱에 중독된 사람으로 생각하라. 그들은 언제나 더 크고 나은 제안을 찾아 화면을 넘긴다. 우리의 안와전두피질은 행동을 선택할 때 언제나 더 크고 나은 제안을 찾는다.

실제로 안와전두피질은 정신적 에너지를 너무 많이 쓰지 않아도 효율적으로 결정할 수 있도록 보상 위계를 설정한다. 이는 선택을 하는 경우에 더욱 그렇다. 당신의 안와전두피질은 이전에 실행한 각각의 행동에 가치를 부여한다. 그리고 (두 행동 중에서) 선택권이 주어졌을 때 가치가 높은 것을 선택한다. 이는 당신이 너무 많이 생각하는 일 없이 빠르고 쉽게 결정할 수 있도록 도와준다.

가령 나는 초콜릿을 먹는 행동을 아주 많이 실행했다. 그래서 안와전두피질은 매우 세밀한 초콜릿 보상 위계를 설정해두었다. 위계는 이렇다. 나는 40퍼센트 밀크 초콜릿보다 70퍼센트 다크 초콜릿을 훨씬 좋아한다. 그래서 두 초콜릿이 주어지면 생각할 필요가 없다. 언제나 70퍼센트 다크 초콜릿을 먹는다. 그래도 오해하지 말라. 나는 70퍼센트 다크 초콜릿만 먹는 사람이 아니다. 70퍼센트 기준만 충족하면 언제나 새로운 것을 찾는다(더 높은 함량, 바다 소금, 약간의 붉은 고추, 어쩌면 조금의 아몬드). 하지만 60퍼센트짜리를 찾는 일은 드물다. 오래된 습관을 깨트리고 새로운 습관을 들이려면 필요한 여건을 조성해야 한다.

첫째, 오래된 습관의 보상 가치를 업데이트해야 한다. 우리가 2단 기어를 열심히 연습한 이유가 거기에 있다.

둘째, 더 크고 나은 제안을 찾아야 한다.

가령 담배가 맛있지 않다는 사실을 명확하게 인식하는 일은 흡연의 보상 가치를 낮춘다(2단 기어). 그러나 흡연 시간에 담배를 피우지 않는 사람들이 아무것도 하지 않고 가만히 있는 것은 아니다. 가만히 있는 것은 금세 유쾌하지 않은 지루함과 들썩임으로 바뀐다. 중독 치료의 많은 패러다임은 해결책으로 대체 행동을 요구한다. 사탕을 먹는 것은 흡연 시간을 때워주고 갈망을 (어느 정도는) 충족시킨다. 그러나 여전히 습관적 과정을 자극한다. 즉, 갈망으로 촉발되면 담배를 피우는 대신 사탕을 먹도록 학습하게 된다. 금연 이후에 평균 6.8킬로그램의 체중 증가가 발생하는 주된 원인이다.

셋째, 습관 변화를 지속하려면 식상한 제안이 아니라 특별한 종류의 보상을 찾아야 한다. 더 많은 보상을 안기는 동시에 단순히 다른 행동으로 대체하여 습관 고리를 자극하지 않는 보상을 찾아야 한다.

마음챙김이 이런 요건에 맞다. 이는 실로 중요하다. 그래서 다시 말하겠다. 마음챙김은 당신에게 더 만족스런 보상을 제공할 수 있다. 마음챙김은 갈망을 자극하는 부담 없이(이 내용은 나중에 더 자세히 살필 것이다) 더 크고 나은 보상을 안기는 대안이다.

스트레스를 예로 들어보자. 담배를 피우거나 컵케이크를 먹는 대신 의식적인 호기심을 새로운 행동으로 대체하면 어떨까? 여기서 두 가지 고유한 차이가 나타난다. (1)외적 기반 행동(컵케이크 먹기, 담배 피우기 등)에서 내적 기반 행동(호기심)으로의 전환이 이뤄진다. (2)더 중요하게는 보상 가치가 확연히 다르다. 의식적인 호기심으로 걱정 같은 내적 기반 습관적 행동도 대체할 수 있다. 호기심은 불안보다 기분 좋기 때문이다.

구체적으로 설명하면 우리 연구소는 여러 정신적, 감정적 상태의 보상 가치를 연구했다. 그 결과 실로 흥미로운 사실을 발견했다. 심술, 스트레스, 불안, 갈망 같은 상태는 자비kindness, 경이, 기쁨, 호기심보다 기분을 더 나쁘게 만들 뿐 아니라(즉, 보상이 더 적을 뿐 아니라) 더 움츠러든 기분을 느끼게 만든다. 반면 긍정적인 상태는 더 개방적인, 심지어 확장된 기분을 느끼게 만든다. 앞서 언급한 대로 이는 생존 관점에서 보면 타당한 결과다. 당신이 검치 호랑이를 피해 도망가다가 궁지에 몰리면 본능적으로 어떤 행동을 할까? 주요 장기를 보호하기 위해 최대한 작은 표적이 되도록 공처럼 몸을 웅크린다.

우리 연구소는 심지어 움츠러든 기분(위축된 정신 상태)이 후측 대상피질(1부에서 이야기한 부위) 같은 디폴트 모드 네트워크 부위의 활성화와 연계된다는 사실을 발견했다.[8] 반면 현재 순간의 경험에 대한 호기심 어린 인식은 개방적이고 확장된 기분과 연계될 뿐 아니라 같은 두뇌 부위의 활성화를 줄인다. 중요한 사실은 후자가 전자보다 더 기분 좋게 느껴진다는 것이다. 즉, 보상 가치가 더 높다.

- 당신이 스스로의 경험에 기반한 지혜로 받아들일 수 있도록 이 개념을 예시하는 30초짜리 실험을 해보자.
- 최근에 불안하거나 두려웠던 때를 생각해보라. 그 감정을 체감할 수 있을 만큼 충분한 사건과 요소를 상기하라.
- 몸의 어디에서 그것이 느껴지는지 인식하라.
- 이제 어떤 기분이 드는지 인식하라. 폐쇄적이거나, 위축되거나, 속박된 기분이 드는가? 아니면 개방적이고 확장된 기분이 드는가?
- 이제 근래에 즐거웠던 때를 생각해보라. 그 감정을 체감할 수 있을 만큼 충분한 사건과 요소를 상기하라.
- 몸의 어디에서 그것이 느껴지는지 인식하라.

이제 어떤 기분이 드는지 인식하라. 폐쇄적이거나, 위축되거나, 속박된 기분이 드는가? 아니면 개방적이고 확장된 기분이 드는가?

직접 실험해보면 이 사실이 아주 명확해진다. 그러나 우리 연구소가 그중에서 얼마나 많은 부분을 확증해야 했는지 알면 놀랄 것이다. 우리는 연구원인 에디스 보닌Edith Bonnin 박사의 주도하에 수백 명의 피실험자를 대상으로 여러 감정 상태의 보상 가치를 측정했다. 그 결과 거의 보편적으로 사람들은 폐쇄적인 상태보다 개방적인 상태를 선호했다. 이 간단한 실험을 직접 해보면 같은 사실을 인식할 수 있다. 또한 기쁨은 마음을 열어주지만 스트레스와 불안은 마음을 옥죈다는 사실을 깨달을 수 있다.

다음은 의식적인 인식이 당신에게 제공할 수 있는 장점이다. (1)오래된 행동의 보상 가치를 업데이트하도록 도와준다. (2)이 훈련은 내적 기반으로 이뤄진다(즉, 기분이 저조할 때 매장으로 향하거나 아마존에서 더 많은 물건을 주문할 필요가 없다). (3)습관 고리라는 햄스터 쳇바퀴에 갇히는 것보다 훨씬 낫다.

3단 기어를 기본적으로 설명하자면 대체 행동을 찾는 것이다. 이 행동은 더 크고 더 낫기 때문에 오래된 습관보다 선호된다. 대체 행동은 보상 가치가 더 크기 때문에 처음에는 오래된 습관 고리에서 거듭 벗어나도록 도와주며, 뇌리에 각인된 후에는 뇌가 따라가는 새로운 경로(말하자면 새로운 습관)가 된다.

이 책의 남은 부분에서는 여러 마음챙김 기법을 학습하고 훈련하게 될 것이다. 그러면 어느 것이 당신의 70퍼센트 선호 구간에 속하는지 맛볼 수 있다.

말과 기수 비유로 다시 돌아가자면 의식적인 인식은 욕망의 강도를 바꾸지 않는다. 의지의 강도를 높이지도 않는다. 대신 이 둘 사이의 관계를 조정한다. 당신은 기수로서 말을 길들이려고 싸우는 것이 아니라 좀 더 능숙하게 타는 법을 배울 수 있다. 인식이 해로운 충동의 에너지와 힘을 다스리게 되면 둘은 조화롭게 하나가 된다. 그래서 상반되는 이원성을 초월하고 변화시킨다. 그 결과 싸움은 춤과 비슷한 것으로 바뀐다.

호기심을 가져라

3단 기어에 대해 두 가지 정의, 즉 먼저 폭넓은 정의를, 뒤이어 구체적이고 지속가능한 정의를 제시하도록 하겠다. 그다음 두 정의를 자세히 설명할 것이다.

폭넓은 정의: 오래된 습관 고리로부터 벗어나도록 도와주는 모든 것

구체적이고 지속가능한 정의: 오래된 습관 고리로부터 벗어나도록 도와주는 내적 기반 행동

폭넓은 정의의 핵심적인 문제점은 '모든 것'이라는 단어에 있다. 당신이 나쁜 습관(가령 케이크를 너무 많이 먹는 것)을 깨트리려고 해당 행동을 할 때마다 둔기로 자신을 때린다고 가정하자. 이론적으로는 이런 식으로도 성공할 수 있다. 그러나 여기서 우리가 추구하는 종류의 습관 변화는 아니다.

지속가능한 변화를 이루려면 실용적이고 항상 준비된 방법이

필요하다(망치는 안 된다). 그래야 필요할 때마다 활용할 수 있다. 또한 행동에 수반되는 보상의 종류가 대단히 중요하다. 그 보상은 오래된 행동보다 더 많은 보상을 안겨야 할 뿐 아니라, 그 과정에서 오래된 습관 고리를 자극해서는 안 된다. 우리는 앞서 담배를 사탕으로 대체하다가 체중 증가로 이어진 사례를 통해 실패 양상을 확인했다.

이 점이 얼마나 중요한지 설명하기 위해 '이트 라이트 나우' 프로그램 참가자의 사례를 들도록 하겠다. 그녀는 이렇게 썼다.

오늘 화나는 일이 있었어요. 그 일로 상당히 기분이 상했죠. 대개 저는 불편한 감정을 묻어버리기 위해 가장 크고, 달고, 맛있는 식사나 간식을 찾아요… 저는 카페의 베이커리 코너에 서서 온갖 케이크, 파이, 쿠키를 바라보며 너무 심한 죄책감을 느끼지 않고 먹을 수 있는 게 뭘지 고민했어요. 저는 선택하기 전에 잠시 주변을 둘러보기로 결정했어요. 그러다가 우연히 신선한 블랙베리가 눈에 띄었고, 그게 빵보다 나을 것 같다는 생각이 들었어요. 그래서 빵 말고 블랙베리를 사서 카페에 앉아 한 알씩 즐기며 먹었어요. 그러고 나니까 상당히 만족감이 들었어요. 그래서 자주 찾는 디저트를 하나도 먹지 않고 카페를 나왔어요. 하지만 여기 앉아 있는 지금도 오늘 일어난 일에 약간 기분이 상하고 화가 나요. 맛있고 신선한 블랙베리를 먹었지만 여전히 제 마음에는 채우고 싶은 구멍, 달래고 싶은 불편감이 남아 있어요. 뭔가로 그걸 채우고 싶어요. 대개는 음식이 그 역할을 했어요. 하지만 이젠 음식은 싫어요. 불편한 감정이 들 때면 음식을 찾게 되는데, 어떻게 해야 할까요?

참가자는 자신의 습관 고리를 명확하게 서술한다. 그녀는 화나는 일로 촉발된 불편한 감정을 묻어버리는 방편으로 음식을 먹는다. 음식을 먹는 것은 감정적 불편을 해소하기 위해 그녀가 의지하는 대체 행동이었다. (데이브를 기억하는가? 그도 불안으로부터 주의를 돌리려고 음식을 먹었다.) 주의를 돌리거나 음식을 먹는 것 같은 대체 행동도 보상 행동일 수 있지만 그것은 습관 고리를 여전히 자극한다.

그저 한 행동을 다른 행동으로 대체하는 것이 아니라 정말로 자신의 마음을 다스리는 제다이 마스터가 되는 것은 보통의 보상 행동으로는 통하지 않는다. 데이브는 이 사실을 스스로 깨닫고 폭식 습관을 버린 덕분에 불안을 정복할 수 있었다.

그렇다면 참가자는 어떻게 고통스런 순간들을 채워야 할까? 그녀에게는 안정적인 수단이 필요하다는 사실을 명심하라. 친구나 가족에게 전화하는 방법은 해당되지 않는다. 아무도 전화를 받지 않으면 어떻게 할 것인가? 또한 귀여운 강아지 사진으로 대체하는 것도 여전히 습관 고리를 자극하는 전략이다. 이 전략은 습관화라는 아직 우리가 다루지 않은 또 다른 요소를 드러낸다.

당신이 술을 마셔보지 않은 때를 돌이켜보라. 첫 한두 잔의 술은 상당한 영향을 미쳤을 것이다. 과음을 했다면 숙취가 뒤따랐을 것이다. 당신의 뇌는 이런 행동이 다시 이뤄질 경우에 대비하기 위해 아세틸콜린 수용체 acetycholine receptor 를 조정하는 방식으로 대응했을 것이다. 실제로 당신이 꾸준히 술을 마시면 뇌는 수용체의 수를 하향조정할 것이다(습관화). 그에 따라 당신은 술의 효과에 내성을 갖게 되고 시간이 지나면서 같은 효과를 얻기 위해 더 많은 술이 필요하게 된다.

오래된 습관을 인스타그램의 강아지 동영상으로 대체하면 술의 경우와 마찬가지로 당신의 뇌는 귀여운 강아지의 이미지를 보는 데 익숙해지기 시작한다. 즉, 그 행위가 '습관화'된다. 다시 말해서 뇌가 "이미 봤어"라고 말한다. 그러면 취하기 위해 더 많은 술이 필요한 것처럼 치유 효과를 얻으려면 더 많고 귀여운 강아지 이미지가 필요하게 된다. 이는 그다지 장기적인 해결책이 아니다. 그렇지 않은가?

일부 전통에서 이 과정은 배고픈 유령으로 묘사된다. 아주 길고 좁은 목구멍을 가진 굶주린 유령의 모습을 상상해보라. 이 유령은 아무리 먹어도 결코 만족하지 못한다. 배를 채울 만큼 빠르게 음식을 먹을 수 없기 때문이다. 유령의 식도는 너무 길고 좁아서 위장에 도달한 음식은 포만감이 들기 전에 소화되어 버린다.

크고 텅 빈 위장처럼 공허감은 좋은 느낌이 아니다. 뇌는 공허감에 직면하면 '뭐든 해! 이걸 채워! 이건 끔찍해! 기분 나쁜 절망의 구렁텅이에 빨려들고 있어!'라고 생각한다. 하지만 공허감은 채울 수 없다. 공허감을 채우려 하면 습관 고리를 지속시킬 뿐이다.

하지만 공허감이 그저 생각, 감정, 육체적 감각으로 만들어졌다는 사실을 깨달으면 한 발 물러서서 그 고리를 자극하지 않을 수 있다. 그리고 1단 기어, 2단 기어에 이어 이제 3단 기어로 주행하면서 인식이 당신을 위해 일하도록 만들 수 있다. 인식은 각각의 기어에서 핵심적인 주행 과정이다. 3단 기어에서 감각과 감정에 다정하고 호기심 어린 인식을 적용하기만 해도 상황을 바로잡기 위해 뭔가를 해야 한다고 습관적으로 느끼는 것에서 그냥 경험을 관찰하면서 문제가 저절로 완화되고 사라지는 것을 지켜보는 수준으로 나아가는 데 도움이 된다.

호기심은 '뭐든 해!'라는 생각이 지닌 안절부절못하게 밀어붙이는 속성을 완화한다. 앞서 언급한 대로 가시적인 차이가 있기 때문이다. 호기심은 더 개방적이고 확장적이다. 더 좋은 점은 호기심에 따른 개방적이고 확장적인 감각이 기분을 좋게 만들어준다는 것이다. 호기심 어린 인식은 이런 방식으로 보상을 안긴다. 즉, 기분을 좋게 만들어주고 열린 마음으로 학습하게 해줄 뿐 아니라 습관 고리에서 벗어나도록 해주는 내적 기반 행동이다. 그래서 그 자체로 특별한 제안이 된다. 이 사실이 걱정과 다른 습관 고리에 미치는 영향에 대해서는 나중에 자세히 탐구할 것이다. 그 전에 호기심 자체를 배우고 그것을 가지고 놀 기회를 더 갖도록 하자.

3단 기어 연습을 할 준비가 되었는가?

먼저 당신의 오랜 습관에 대한 대체 전략으로 어떤 유형의 더 크고 나은 제안을 도입할지 풀어내라. 그것이 습관 고리를 자극하는가? 힌트를 주자면 조바심, 위축, 일시적 해결, 더 많은 것에 대한 욕구 등 습관화의 징후를 가지는가? 다른 길로 들어서는 데 도움을 주는가?

16

호기심은 타고난
초능력이다

2007년에 뉴욕시는 획기적인 일을 했다(런던뿐 아니라 워싱턴 D.C., 토론토, 샌프란시스코 같은 곳에서는 이 '혁신'이 수십 년 전에 이뤄졌지만 말이다). 대다수 지하철 역과 철도 역에 도착 시간을 알리는 '카운트다운 시계'를 설치했다.[9] 이 사업은 1,760만 달러가 넘는 돈을 투자할 가치가 있었을까? 당연하다.

뉴욕시 지하철 운영당국은 뇌학습 기제와 호기심을 연결하여 서민들이 겪는 통근 스트레스 문제를 해소했다.

그 이유와 방식을 이해하기 위해 먼저 인터넷에 올라와 있는 호기심의 정의부터 살펴보자. 호기심은 "어떤 것을 알거나 배우고자 하는 강한 욕구"이다.

호기심은 우리 모두가 가진 선천적이고 보편적인 역량으로서 어린 시절에 자연히 만개한다. 호기심을 활용하면 아이 같은 경이로 당신을 끌어들이면서 세상이 어떻게 돌아가는지 발견하는 데 도움이 된다. 페르미연구소Fermilab의 부소장을 역임하고 1988년에 노벨 물리학상을 받은 리언 레더먼Leon Lederman은 이렇게 말했다.

아이들은 타고난 과학자입니다. 과학자들이 하는 모든 일을 하죠. 그들은 어떤 것이 얼마나 이상한지 시험하고, 추락하는 물체를 측정하고, 몸의 균형을 잡고, 그들을 둘러싼 세상의 물리를 배우기 위한 온갖 일을 합니다. 그래서 아이들은 모두 완벽한 과학자입니다. 그들은 질문하고, "왜, 왜, 왜?"라고 물으면서 부모를 미치게 만들죠.[10]

그러나 모든 호기심이 같은 것은 아니다. 또한 호기심이 언제나 좋은 것으로 여겨지지도 않았다.

가령 아담과 이브가 에덴동산에서 쫓겨나게 만든 것이 바로 호기심이라고 주장할 수 있다. 1600년대에 토머스 홉스Thomas Hobbes는 호기심을 '마음의 욕망'이라 일컬었으며, 같은 세기에 블레즈 파스칼Blaise Pascal은 호기심이 "허영에 불과하다"고 말을 보탰다.

그러나 신경생리학적 관점에서 호기심이 작동하는 원리를 아는 것은 우리의 아이 같은 경이를 다시 일깨우고 그 잠재력을 활용하기 위한 첫 번째 단계다.

호기심의 두 가지 맛, 유쾌한 맛과 불쾌한 맛

2006년에 심리학자인 조던 리트먼Jordan Litman과 폴 실비아Paul Silvia는 호기심의 두 주요 '맛'을 I 호기심I-curiosity과 D 호기심 D-curiosity으로 분류했다.[11] I 호기심의 'I'는 지식에 대한 갈증의 유쾌한 측면인 '흥미interest'를 뜻한다. D 호기심의 'D'는 정보의 간극이 있을 때 조바심과 불쾌감에 시달리며 앎을 갈망하는 '결핍 deprivation'을 뜻한다.

다시 말해서 정보에 대한 욕구인 호기심은 유쾌한 상태를 초래할 수도 있고 불쾌한 상태에 이를 수도 있다.

결핍 호기심: 알고 싶어서 안절부절못하게 만드는 폐쇄적인 유형
결핍 호기심은 정보, 또는 정보를 구성하는 특정 요소의 결여로 생긴다. 영화배우나 인기인의 사진을 봤을 때 이름이 기억나지 않으면 머릿속을 뒤지기 시작한다('맞다. 로맨스 코미디 영화에 나왔는데, 거기서 그… 이름이 뭐였지?'). 뭔가를 기억해내려는 시도는 마치 뇌에서 답을 쥐어짜려는 것처럼 약간 집중된 상태로 이끌기도 한다. 그래도 안 되면 당신은 답을 찾으려고 그 사람이 출연한 영화를 구글로 검색한다. 그리고 그 이름을 보면 안도감을 느낀다. 더 이상 정보가 결핍되지 않았기 때문이다. 이는 문자메시지나 소셜미디어에도 적용된다. 당신이 회의에 참석 중이거나 저녁을 먹고 있을 때 진동이나 소리로 문자가 왔음을 알았다고 가정

하자. 이 경우 주의를 기울이기가 갑자기 매우 어려워진다. 문자 내용이 뭔지 모르는 것이 조바심을 불러일으키기 때문이다. 마치 휴대폰이 타올라서 당신의 지갑이나 호주머니에 구멍을 내고 있기라도 한 것처럼 말이다. 이 불확실성의 불은 휴대폰을 보고 누가 보냈으며, 무슨 내용인지 읽어야 꺼진다.

또 다른 사례를 보자. 차량 정체가 얼마나 오래 이어질지 모른 채 막힌 도로에 갇혔을 때 어떤 기분이 들었는지 생각해보라. 이런 경우 구글 맵스나 웨이즈Waze를 보고 차량 정체가 얼마나 길어질지 알면 기분이 한결 나아진다. 당신이 기다려야 하는 시간은 조금도 바뀌지 않았다. 그러나 얼마나 갇혀 있을지 아는 것만으로도 불안이 해소된다. 당신은 지식의 간극을 메우고 불확실성을 줄였다. 이것이 뉴욕시가 지하철에 다음 열차를 정확히 얼마나 오래 기다려야 할지 알려주는 디지털 알림판을 설치한 목적이다. 승객들은 다음 열차가 2분만 있으면 온다는 사실을 모르는 것보다 15분 뒤에나 온다는 사실을 아는 것을 선호한다.

부정적인 상태의 완화, 가려운 곳을 긁는 것은 그 자체로 보상을 안긴다. 드라마가 아슬아슬한 상황에서 끝나는 이유가 바로 결핍 호기심을 자극하기 위해서다. 우리는 무슨 일이 생기는지 알아야 하기 때문에 계속 몰아보게 된다.

흥미 호기심: 발견의 기쁨으로 눈을 번쩍 뜨게 만드는 개방적인 유형
흥미 호기심은 어떤 것에 대해 더 많이 알고 싶은 흥미를 가질

때 생긴다. 대개 그 대상은 (영화배우의 이름 같은) 정보의 구체적인 요소가 아니라 더 폭넓은 범주다. 죽을 때까지 몸집이 계속 커지는 동물들이 있다는 사실을 아는가? 그들을 무한 생장 동물 _{indeterminate grower}이라 부른다. 상어, 바닷가재, 캥거루 등이 있다. 실제로 9킬로그램에 달하는 바닷가재가 발견되기도 했다. 그 크기로 볼 때 140살로 추정된다. 정말 거대하고 나이 많은 바닷가재다! 흥미롭지 않은가?

흥미 호기심은 인터넷 검색에 뛰어들어서 몇 시간 후에 상당히 많은 것을 알게 되었고, 지적 갈증이 충족되었다고 느끼게 해준다. 새로운 것을 배우는 일은 기분이 좋다. 이는 결핍을 메우는 것과 다르다. 애초에 결핍이 없었기 때문이다(즉, 당신은 대형 바닷가재에 대해 모른다는 사실을 몰랐고, 그런 것이 있다는 사실을 알았을 때 흥미와 재미를 느꼈다). 목적지가 핵심인 D 호기심과 달리 I 호기심의 핵심은 여정이다.

그렇다면 애초에 우리는 어떻게 호기심을 가질까? 알고 보면 호기심은 (놀랍게도!) 보상 기반 학습을 토대로 삼는다.

앞서 말한 대로 보상 기반 학습은 정적 강화와 부적 강화에 의존한다. 우리는 기분 좋은 일을 더 많이 하고 싶어 하고, 기분 나쁜 일을 더 적게 하고 싶어 한다. 이는 우리가 음식을 찾고 위험을 피하도록 돕는 데 매우 중요했다.

호기심의 경우도 마찬가지일 수 있다.

호기심이 보상 기반 학습과 호응한다는 사실은 점점 늘어나는 연구 결과로 뒷받침된다.

캘리포니아 대학 데이비스 캠퍼스의 마티아스 그루버Matthias Gruber와 그의 동료들은 학생들을 대상으로 일련의 퀴즈를 보고 그 답을 알고 싶은 호기심의 수준을 점수로 표시하게 했다.[12] 호기심이 절정에 이른 경우 뇌의 도파민 경로가 갈수록 강하게 활성화되었으며, 보상 중추 및 기억과 연계된 부위인 해마 사이의 연결성이 강화되었다. 그 결과 학생들은 퀴즈에 대한 답뿐 아니라 다른 정보도 더 잘 기억할 수 있었다.

로체스터 대학과 콜럼비아 대학의 토미 블랜처드Tommy Blanchard와 그의 동료들은 또 다른 연구를 통해 정보 획득과 관련된 호기심이 안와전두피질에 부호화되는 양상을 살폈다.[13] (안와전두피질이 보상 가치와 연계되며 여러 대상[브로콜리 대 케이크]에 가치를 부여한다는 사실을 기억하라.) 실제로 블랜처드의 연구팀은 영장류를 대상으로 한 여러 연구에서 영장류가 정보를 얻는 대가로 물을 마시는 것 같은 보상을 기꺼이 포기한다는 사실을 확인했다.

전체적으로 이런 연구들은 '지식에 대한 갈증'이라는 표현이 실로 비유 이상의 의미를 지닌다는 사실을 말해준다. 정보 획득은 보상 기반 학습과 같은 근본적인 행동 경로를 따르며, 뇌에서 말 그대로 보상 가치를 지닌다. 우리는 생존과 관련하여 음식과 물이 포함된 목록에 정보를 추가할 수 있다. 오래된 뇌(음식을 찾고 위험을 피하라)는 오늘날 우리가 번성하도록 돕기 위해 새로운 뇌(미래를 계획하고 예측할 수 있도록 정보를 구하라)와 손잡는다. 하지만 호기심과 관련하여 정보가 너무 많은 경우도 있을까?

다른 맛, 다른 보상, 다른 결과

각각의 호기심 '맛'은 다른 '뒷맛'을 지닌다. 그들은 우리 몸에서 느껴지는 양상에 따라 다른 범주에 속한다. 결핍은 폐쇄적인 느낌을 주고, 흥미는 개방적인 느낌을 준다. 그러면 이런 행동을 이끄는 보상 구조는 어떨까? 결핍 호기심은 답을 얻는 것이 보상을 안긴다. 반면 흥미 호기심은 호기심을 갖는 과정이 기분을 좋게 해준다.

이 점은 두 가지 이유로 중요하다. 첫째, 흥미 호기심은 외적 요소가 없어도 보상을 얻는다. 호기심이 그 자체로 보상을 안긴다. 둘째, 흥미 호기심은 타고난 속성 때문에 마르지 않는다.

흥미 호기심은 결코 마르지 않는 원천이라는 잠재력에 더하여 결핍에 따른 긁고 싶고 폐쇄적인 가려움과 비교할 때 기분도 더 좋다(즉, 더 많은 보상을 안긴다).

그러면 어떻게 이 지식을 활용하여 호기심 주도 학습을 최적화할 수 있을까? 첫째, 뒤집힌 U자형 곡선의 형태로 호기심과 지식의 관계를 나타내보자. 이때 호기심이 수직축, 지식이 수평축이다. 어떤 것에 대한 지식이 거의 없으면 호기심이 아주 낮다. 그러다가 지식이 늘어나면서 호기심도 늘어나서 결국 정점에 이

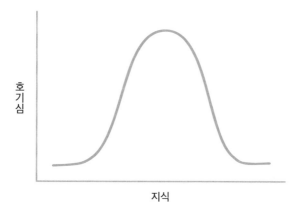

른다. 뒤이어 지식이 더 늘어나면 지식의 간극이 메워졌으므로 호기심이 줄어든다.

다시 말해서 호기심은 정보와 관련하여 골디락스Goldilocks 규칙을 따른다. 어떤 것에 대한 불확실성이 너무 적으면 (결핍 유형의) 호기심이 촉발되지 않는다. 반면 불확실성이 너무 많으면 불안이 촉발된다. 호기심이 최적인 상태를 찾으려면 뒤집힌 U자형 곡선의 꼭대기에 머물면서 호기심을 유지하기에 딱 충분한 정보를 가져야 한다.

습관 변화와 학습을 위한 호기심 활용

우리는 대부분 우리 자신과 세상이 풀어야 할 문제인 것처럼 D

호기심으로 접근한다. 그러나 결핍 호기심과 흥미 호기심으로 장난을 치면서 호기심을 형성하고 지속할 수 있는 능력이 우리 모두에게 있다. 더구나 우리는 두 호기심 간의 상호작용을 활용하여 오래된 습관을 깨뜨리고 새로운 습관을 형성하는 데 도움을 받을 수 있다.

지금까지 우리는 보상을 파악하여 습관 형성에 대해 배운 것처럼 마음과 뇌가 작동하는 양상과 관련된 약간의 지식을 쌓았다. 이 지식은 뒤집힌 U자형 호기심 곡선을 오를 때 도움을 준다. 그 과정에서 우리는 욕망과 습관의 노예가 되기보다 우리에게 도움이 되도록 뇌를 활용하는 방법에 점차 흥미를 갖게 된다. 맞다. 이 점은 캐럴 드웩이 말한 성장형 마음가짐과 연결된다. 즉, 우리는 '실패'의 징후가 보이자마자 마음을 닫아버리는(그리고 흥미를 잃거나 짜증이 나서 뒤집힌 U자형 곡선에서 미끄러지는) 것이 아니라 열린 자세로 흥미를 갖고 경험을 통해 배우게 된다.

이제는 당신이 충분한 개념적 정보를 얻어서 자신의 경험에 대해 더 많은 호기심을 가질 수 있는 최적의 지점에 서기를 바란다. 그러면 생각만으로 불안에서 벗어나고 행동을 바꾸려고 시도하지 않게 될 것이다. 대신 호기심의 힘을 (보상을 안기므로) 스스로 동력을 얻는 내적 원천으로 삼게 될 것이다. 당신은 불안이 어떤 느낌인지, 그것이 어떻게 걱정과 미루기 습관 고리를 촉발하는지에 대해 점차 호기심을 갖는 것이 뒤집힌 U자형 곡선의 꼭대기에 머물 수 있도록 준비시켜준다는 사실을 이미 깨달았을지도 모른다. 그러기 위해서는 불안에 대한 모든 것을 알고, 감정은 결코 변하지 않으며, 마법 알약이나 비법을 찾아야 불안을 고칠 수 있다고 가정하지 말아야 한다. 이는 습관 고리에 갇혔을 때 당신이 배울 수 있는 것에 점차 호기심을 가질 뿐 아니라 다른 습관들을 다스리는 데도 도움을 준다.

아인슈타인이 말한 대로 "호기심은 나름의 존재 이유를 지닌다. 영원, 삶, 현실의 경이로운 구조가 지닌 수수께끼를 생각하면 경외감을 느끼지 않을 수 없다. 그저 매일 이 수수께끼를 조금이라도 이해하려 애쓰는 것으로 충분하다. 그것만으로도 신성한 호기심을 잃을 일은 없다."[14]

호기심은 우리가 타고난 초능력이다

모든 인간적 역량 중에 호기심은 내가 생각하는 핵심적인 능력 목록에서 최상단에 있다. 세상에서 생존하는 법을 배우도록 돕는 것부터 발견과 경이의 기쁨을 안기는 것까지, 호기심은 실로 하나의 초능력이다.

2019년 가을, 나는 올림픽 여자수구 대표팀을 대상으로 7일 동안 묵언 명상 수행을 이끌었다. 그들은 지난 두 번의 올림픽에서 연속으로 금메달을 딴 놀라운 여성들이었다. 그들은 세계선수권대회를 우승한 데 더하여 범미주경기대회Pan American Games에서 금메달을 딴 직후 수행 센터에 들어왔다. 그들은 말 그대로 수구 부문에서 세계 최고의 팀이었다. 그들에게 최고의 운동선수가 되는 일에 대해 더 가르칠 것이 있을까?

나는 가까운 친구이자 종종 주말 워크숍과 수련회의 참가자들을 함께 지도하는 로빈 보데트Robin Boudette 박사와 함께 콜로라도 산속에서 수련회를 이끌었다. 수련회 3일차에 우리는 수구팀을 데리고 산 정상에 올랐다. 그곳 계곡의 경치는 감탄을 자아낼 만큼 멋졌다. 그때 나는 그들에게 호기심 폭탄을 떨어트리기로 결정했다. 로빈과 나는 수련회 내내 명상부터 식사까지 모든 일에 호기심을 갖는 태도의 중요성을 강조했다. 그러나 우리는 적절한 때가 되기 전까지 호기심에 빠져드는 우리의 수행법을 아껴두었다. 바로 지금이었다.

로빈과 나는 셋을 센 후 크게 "흠hmm" 소리를 내며 침묵을 깨트렸다(이 소리는 우리가 뭔가에 호기심을 가질 때 자연스럽게 나오는 '흠'이다. 전통적인 주문인 '옴Om'과 혼동하지 말기 바란다). 우리는 수구팀에게 따라하도록 시켰다. 우리가 내는 집단적인 "흠" 소리는 세상의 지붕을 가로질러 울려퍼졌다. 이 행위는 우리 모두를 머릿속으로부터 데리고 나와 호기심을 갖는 직접적인 경험 속으로 이끌었다.

남은 기간 동안 수구팀은 호기심 훈련을 능숙하게 해냈다. 명상 수행 중에 좌절하거나 정체되었을 때 '흠'은 (부정적인 생각을 고치거나 바꾸려고 애쓰는 것이 아니라) 부정적인 생각이 몸과 마음에 주는 느낌을 탐구하는 데 도움을 주었다. 또한 걱정이나 자책의 습관 고리에 갇혔을 때도 3단 기어로 바꿔서 빠져나오는 데 도움을 주었다. 그들의 마음은 통제를 벗어나 습관적인 자책을 더 자극하지 않았다. '흠'은 한 발 물러서서 습관 고리를 구성하는 요소, 즉 생각과 감정을 있는 그대로 보도록 도움을 주었다.

호기심은 또한 어떤 경험을 하든 간에 무비판적인 방식으로 현존하는 데 도움을 주었다. 호기심은 그들이 (습관적으로) 활용한 어떤 유형의 힘이나 의지력보다 강한 것으로 드러났다. 또한 명랑하고 심지어 즐거운 태도로 명상 수행에 임할 수 있게 해주었다. (종일 '흠'을 하고 있으면 과하게 진지한 태도를 취하기 어렵다.)

나는 이 간단한 도구를 언어, 문화, 배경에 무관하게 사람들이 체화된 경험에 직접 빠져들고 타고난 호기심을 발휘하게 도와주는 수단으로써 가르칠 수 있음을 여러 해에 걸쳐 확인했다. 나아가 '흠' 훈련은 지식의 결핍을 메우려고 하는 '두뇌의 함정'에서 벗어나 개방성과 몰입 그리고 호기심을 느낄 수 있는 최적의 지점으로 이끈다.

호기심(결핍 유형이 아닌 흥미 유형)은 모든 3단 기어의 조건에 완벽하게 들어맞는다. 즉, 우리가 지속가능한 방식으로 오래된 습관 고리에서 빠져나올 수 있도록 해주는 내적 기반(따라서 언제나 가용한) 행위다.

다음은 '언와인딩 앵자이어티' 프로그램에 참여한 한 환자가 호기심을 통해 도움을 받은 사례다.

처음 이 프로그램을 시작했을 때는 호기심의 혜택을 그다지 믿지 않았습니다. 하지만 지금은 공황이 찾아올 때마다 바로 공포나 두려움에 빠지는 것이 아니라 '흠, 흥미롭군'이라고 자동적으로 반응합니다. 그러면 공황의 기세가 약해져요! 저는 그냥 흥미롭다고 말만 하는 게 아니라 실제로 그렇게 느꼈습니다.

때로 나는 "호기심이 들지 않으면 어떻게 하나요?"라는 질문을 받는다. 그러면 나는 이렇게 대답한다. "주문을 활용하여 그 경험 속으로 빠져드세요. '흠, 호기심이 들지 않는 건 어떤 느낌일까?'라고요." 이 방법은 그들의 생각, 고쳐야 한다는 정신 상태에서 몸으로 느껴지는 직접적인 감각과 감정에 대한 호기심 어린 인식으로 옮겨가도록 도와준다. 즉, 생각하는 머리에서 빠져나와 느끼는 몸으로 옮겨가도록 도와준다.

내면의 '흠' 소리를 내기

내가 프로그램 1일차에 모두에게 가르치는 호기심 훈련을 살펴보자. 이 훈련은 불안이 엄습할 때에 대비한 일종의 '비상 버튼'으로 작용한다. 시간은 약 2분이면 된다.

먼저 조용하고 편안한 장소를 찾으라. 앉거나, 눕거나, 서도 된다. 방해받지 않고 집중할 수만 있으면 된다.

최근에 습관 고리에 직면한 일 내지 사건을 상기하라. 그 장면을 떠올리고 소급적 2단 기어로 바꿀 수 있는지 보라. 즉, 행동 그 자체에 초점을 맞추라.

습관적 행동을 하려고 한 바로 그 순간에 무엇을 느꼈는지에 초점을 맞춰서 그 경험을 재현할 수 있는지 보라. 무작정 '해버리고' 싶은 충동은 어떤 느낌이었는가?

이제 당신의 몸을 확인하라.

지금 어떤 감각이 가장 강하게 느껴지는가? 다음은 당신이 고를 수 있는 낱말 또는 구절의 목록이다. 가장 강하게 느껴지는 것으로 하나만 고르라.

몸의 오른쪽인가 왼쪽인가? 몸의 앞쪽인가, 중간인가, 뒤쪽인가? 가장 강하게 느껴지는 곳은 어디인가?

이제 내면의 '흠' 소리를 내보자. 소리는 오른쪽에서 나는가, 왼쪽에서 나는가? 앞쪽인가, 중간인가, 뒤쪽인가?

□ 조이는 느낌	□ 긴장감
□ 압박감	□ 주먹을 꽉 쥠
□ 위축감	□ 열기
□ 조바심	□ 명치가 당김
□ 밭은 호흡	□ 귀가 울림(이명 현상)·떨림
□ 작열감	

어느 부위를 골랐든 개의치 말라. 모두 완벽하다.

몸의 어느 부위에서 감각이 느껴지는지에 호기심을 갖는 일에 대해 인식한 것이 있는가? 약간의 호기심을 갖는 일이 그 감각에 가까이 다가가는 데 도움을 주는가?

감각이 아직 남아 있다면 호기심을 갖고 다른 무엇이 있는지 파악할 수 있는지 보라. 다른 감각이 느껴지는가? 그 감각에 호기심을 가지면 무슨 일이 일어나는가? 감각이 변하는가? 어떤 느낌인지 강한 호기심을 가지면 무슨 일이 일어나는가? 30초 동안 감각을 따라가라. 그 감각에 대해 아무것도 하려 하지 말고 그저 관찰하라. 호기심 어린 태도로 관찰할 때 조금이라도 변화가 생기는가?

다음은 프로그램 참가자의 사례다.

스트레스 테스트Stress Test는 놀라웠어요! 스트레스가 실제로 몸의 어디에 담기는지 느낀 다음, 실제 감각을 '파고드는' 일은 저의 경험을 완전히 바꿔놓았어요. 스트레스와 불편감을 향해 가는 과정에서 저는 그들(육체적 감각)이 강한 흥미의 원천으로 바뀌고 제가 부여한 부정적인 '의미'를 잃는 것을 확인했어요. 호기심이 불안을 이겼어요! 저는 그 말을 여러 번 들었어요. 하지만 실제로 내면으로부터 아는 일은 완전히 새로운 수준에 속하는 것이었어요. 이제 저는 이 방법이 어떻게 통하는지 알아요. 덕분에 할 수 있다는 자신감이 생겼어요.

이 짧은 훈련은 당신이 호기심을 맛보게 해준다. 즉, 습관 고리에 갇히는 게 아니라 타고난 능력을 발휘하여 현재 몸과 마음에서 일어나는 일을 인식하고 호기심을 갖도록 도와준다. 호기심을 가짐으로써 찰나의 순간이라도 과거보다 더 많이 생각, 감정, 육체적 감각과 함께할 수 있다는 사실을 깨달았다면 큰 진전을 이룬 것이다.

이것이 3단 기어다. 오래된 습관 고리에서 벗어나 현재 순간으로 들어서는 과정이다. '흠'을 주문으로 활용하면 아이 같은 감탄을 불러낼 수 있다. 특히 한동안 감탄하지 않았다면 더욱 그렇다. '흠'은 성가신 습관 고리에 대해 뭔가를 하려고 또는 당신 자신을 고치려고 애쓰면서 머릿속에 갇히는 것이 아니라 직접적인 경험으로 빠져들도록 도와준다.

습관적인 행동을 하고 싶은 충동이 생길 때마다(또는 그 행동을 하는 와중에도) 3단 기어로 바꾸는 훈련을 할 수 있는지 보라. 2단 기어에서 '여기서 내가 얻는 게 무엇이지?'라고 물을 때도 호기심 어린 태도를 적용하려고 노력하라. 그러면 열린 마음으로 그 경험을 접하고 성장형 마음가짐(바라보고 배운다)을 갖게 된다.

17

호흡 훈련: 숨결에
호기심을 담아라

다음은 데이브가 호기심으로 두려움과 불안을 정복한 이야기다.

어느 날 데이브는 상담을 하면서 어린 시절에 아버지에게 신체적 학대를 당했다고 털어놓았다. 자리에 앉아서 할 일을 하고 있는데 아버지가 갑자기 때렸다. 별다른 이유도 없었다(아들을 때릴 만한 이유가 있다는 말은 아니다). 데이브는 그냥 아버지가 내킬 때마다 때릴 수 있는 펀칭백punching bag이 된 것 같았다. 그는 어린 시절의 학대로 인해 자신의 뇌가 위험을 끊임없이 경계하는 상태가 되었음을 깨달았다. 그의 뇌는 어떤 환경이 안전하고 어떤 환경이 타당하게 위험한지 전혀 판단할 수 없었다. 아버지가 체계적인 방식이 아니라 무분별하게 손찌검을 했기 때문이다. (3장에서 설명한 간헐적 강화의 개념을 기억하는가? 간헐적 강화는 사람들을 슬롯머신과 소셜미디어에 중독시키기만 하는 게 아니다.) 데이브의 뇌는 보상 기반 학습 절차를 활용하여 어떤 행동이 안전한지 또는 안전하지 않은지 평가할 수 없었다. 그래서 그냥 어떤 것도 안전하지 않다고 가정했다(그편이 더 안전했다). 그는 30년 넘게 고도의 경계 태세로(심한 불안 상태에서) 살았다.

데이브는 하나의 깨달음에 이르렀다. 자신이 고도의 경계 모드를 취하는 습관을 정체성으로 받아들였다는 사실이었다.

나는 이 문제를 해결하기 위해 그에게 간단한 훈련법을 가르쳤다. 나는 고도의 경계 태세를 취하고 있다는 느낌이 들면 잠시 시간을 들여서 호기심을 갖고 어떤 느낌이 드는지 살피고, 실제로 위험이 존재하는지 확인하라고 말했다. 나는 진료실에서 그에게 이 방법을 시도해보고 어떤 경험이었는지 말해달라고 요청했다. 그는 내가 말한 대로 하다가 "와, 어디 있는지 찾으려고 하니까 그 느낌들이 사라졌어요"라고 말했다.

나는 "지금 여기에 위험이 존재해요?"라고 물었다.

데이브는 "아뇨. 평온해요"라고 말했다.

데이브는 이 훈련을 통해 고도의 경계 태세를 취하는 습관을 있는 그대로 바라보았다. 그것은 위험과 연계된 감각이었다. 그래서 위험이 없는 상황에서는 그냥 그 감각이 어떤 느낌인지에 대해 호기심을 갖는 것만으로도 충분했다. 즉, 데이브는 그 감각이 부정확할 뿐 아니라(존재하지 않는 위험을 알릴 뿐 아니라) 저절로 사라진다는 사실을 스스로 깨달을 수 있었다.

나는 집에서도 훈련하라고 당부하며 데이브를 돌려보냈다. 뇌가 지닌 오래된 기억 체계를 '안전하지 않다'에서 '안전하다'로 바꾸려면 약간의 시간과 반복만으로 충분했다. 중요한 사실은 그가 안전하다는 사실을 설득하려 애쓰지 않았고, 그에게 자신을 설득하라고 요구하지도 않았다는 것이다. 대신 우리는 뇌에 더 정확한 정보를 제공하도록 그를 훈련시켰다.

시간이 지나면서 데이브는 항상 불안해할 필요가 없다는 사실을 배웠다. 아이러니하게도, 그가 익숙지 않은 평온을 즐기는 동안 뇌가 끼어들어 (오래된 습관의 안경을 쓴 채로) 뭔가 잘못된 것은 없는지, 불안해해야 하는 것은 아닌지 의심해댔다.

데이브는 전형적인 '대초원 행동'을 드러냈다. 앞서 말한 대로 우리의 뇌는 삶에 대한 '안전 제일' 접근법을 취하도록 진화했다. 대초원의 새로운 지역을 탐험하는 경우 위험을 경계해야 한다. 그 지역을 거듭 살펴서 어떤 위험의 신호도 찾지 못했을 때 우리는 비로소 안심할 수 있다. '안전지대comfort zone'라는 현대적인 용어가 여기서 나왔다. 우리는 안전하고 익숙한 장소에 있으면 편안함을 느낀다. 안전지대는 (집처럼) 안전하게 느껴지는 물리적인 장소일 수도 있고, 우리가 잘하는 활동일 수도 있고(좋아하는 스포츠를 하거나 악기를 연주하는 것), 심지어 우리가 거주하는 정신적 장소일 수도 있다(습관 변화에 대한 세미나에서 가르치는 것은 내게 최적의 지점이지만 수학은 별로 그렇지 않다).

안전지대에서 나올 때 생존용 뇌는 미지의 영역으로 들어서고 있다고, 위험이 도사리고 있을지 모른다고 경고하기 시작한다.

우리가 세상을 안전하거나 안전하지 않게 바라보면 선택지는 편안함 또는 위험뿐이다. 즉, 우리는 안전지대 아니면 위험지대(많은 환자들은 이를 공황지대라 부른다. 너무나 불편해서 공황을 초래하기 때문이다)에 있게 된다. 데이브도 내게 이런 식으로 설명했다. 불안하지 않은 상태도 그를 불안하게 만들었다고. 그에게는 익숙하지 않은 상태이기 때문이다. 다시 말해서 새로운 정신적 공간이 주는 불편함은(설령 그 새로운 공간이 평온한 정원이라 해도) 생존용 뇌가 위험을 찾도록 촉발한다. 평온이 위험할 수 있다는 것을 누가 알까.

하지만 실제로는 또 다른 선택지가 있다. 캐럴 드웩의 고정형 마음가짐과 성장형 마음가짐으로 한 번 더 돌아가 보자. 우리는 편안함과 위험 사이에 하나의 공간, 이름하여 '성장지대growth zone'를 추가할 수 있다. 안전지대를 벗어난 세상이 항상 위험한 것은 아니다. 실제로 위험한지 확인만 하면 된다. 새로운 아이디어나 낯선 장소 또는 방금 만난 사람을 살필 때 우리는 두려워하며 새로운 영역에 접근할 수도 있고, 호기심 어린 태도를 적용할 수도 있다. 더 많은 호기심을 가질수록 더 열린 자세로 탐구를 통한 학습과 성장에 임하게 된다. 이는 불편함이 느껴지자마자 마음을 닫아버리거나 안전한 공간으로 물러나는 것과 대비된다. 우리 모두는 이 사실을 명심해야 한다. 변화는 무서울 수 있지만 반드시 그럴 필요는 없다. 다름의 불편함을 받아들이는 법을 배울수록, 새로운 것을 마주하면 당연히 긴장할 수 있음을 인식할수록, 성장지대가 더 편하게 느껴진다. 결국 우리는 그렇게 배우고 성장한다. 또한 보너스로, 성장지대에서 편안함을 느낄수록 성장지대가 넓어진다.

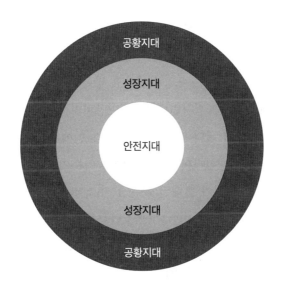

데이브와 나는 친구의 비유를 들어 이 점을 논의했다. 때로 오래된 친구는 익숙하기 때문에 편하게 느껴진다. 그러나 (항상 당신을 놀리는 어린 시절 친구처럼) 지금 같이 어울리기에 반드시 좋은 사람인 것은 아니다. 데이브는 여기에도 인식을 적용할 수 있었다. 그는 불안이 익숙하다는 점 때문에 기이한 편안함을 안겨주었다는 사실을 깨달았다. 하지만 이제 그는 불안을 넘어설 만큼 성장했다. 데이브는 오래된 불안 습관 고리를 버리기 시작하면서 성상지대에서 더 오래 머무는 법을 익혔다. 또한 그와 함께 느긋하고, 평온하고, 심지어 즐거운 상태에 점차 더 익숙해지고 편안해지는 법을 배우기 시작했다. 그는 새로운 친구를 찾았다. 어쩌면 평생의 동반자가 될지도 모르는 친구 말이다.

지금까지 나는 줄곧 호기심을 강조했다. 또한 호기심이 오래된 습관적 행동을 호기심 어린 인식이라는 단순한 '행동'으로 대체할 수 있도록 도와주는 초능력이라고 말했다. 우리는 불쾌한 것 (특히 불안과 공황)을 접하면 뒤돌아 도망치려는 경향이 있다. 이는 학습된 행동이 된다. 그러나 호기심과 함께하면 불쾌한 것을 향해 몸을 돌리고, 심지어 그것을 받아들이는 법을 배울 수 있다. 모든 호기심은 우리가 오래된 습관 고리(걱정하는 것이 너무나 편안하다니, 이 얼마나 기막힌 일인가?)에서 탈출하고 벗어나도록 도와준다. 그 과정에서 우리는 몸과 마음의 감각을 탐구하고, 그것을 있는 그대로 파악하는 법을 배운다. 그저 왔다 가는 생각과 감각을 말이다.

호기심은 의지력이나 투지와 다르다. 투지의 핵심은 결의이며, 상당한 기운을 소모시킨다. 그래서 기운이 고갈되면 최악의 상태만 남는다(탈진과 패배감). 간단히 말해서 노력을 요한다. 산악자전거를 탈 때 의지력은 낮은 기어에서 오르막을 '끈질기게' 올라서 정상까지 가도록 도와준다. 반면 내리막을 기술적으로 내려올 때나 돌멩이와 나무뿌리가 많은 험한 곳을 지날 때 끈기는 아무 도움이 되지 않는다. 앞바퀴를 돌멩이가 많은 쪽으로 향하고 순전히 힘만으로 넘어가려 하다가는 결국 넘어지고 만다.

호기심은 다르다. 어떤 것에 호기심을 가지면 수월하게 이끌려 간다. 호기심이 그 자체로 기분이 좋고 보상을 안겨주기 때문이다. 당신의 경험에 호기심을 갖고 마음을 열수록 탐구에 쓸 수 있는 기운의 보유고가 커진다. 산악자전거를 탈 때 호기심은 큰 도움이 된다. 그래서 기술이 필요한 구간에 무작정 나 자신을 던져 넣는 것이 아니라 창의적인 수완을 발휘하여 빠져나갈 수 있는 온갖 방식을 탐구할 수 있다.

정신적 난관, 장애물, 습관을 극복하려면 먼 길을 가야 한다. 특히 마음의 풍부하고도 끝없이 흥미로운 영역을 익혀야 한다. 그러니 억지로 나아가려다가 자신을 지치게 만들지 말라. 호기심이 자연스럽게 당신을 이끌게 하라. 미래에 맞이할 새로운 난관을 넘어설 능력을 구축하고 필요한 때를 위해 힘을 아끼라.

호기심은 당신을 고정형 마음가짐에서 성장형 마음가짐으로 자연스럽게 옮겨준다. 호기심의 기능은 당신이 학습하도록 돕는 것이다. 배움은 적극적인 참여를 통해서만 가능하다.

데이브는 몇 달 동안 호기심의 힘을 발견했다. 그는 내게 보낸 이메일에서 이렇게 썼다.

제가 침대를 벗어나는 것도 두려워하던 지경에서 어제는 우버 차를 몰고 로드아일랜드주 전역을 돌아다니는 수준까지 나아갔다는 걸 사람들이 이해하는 게 중요하다고 생각해요. 3주 전에는 여자친구를 공항까지 태워다 주는 것도 너무 무서웠어요. 하지만 어제는 전혀 불안을 느끼지 않고 손님을 (공항에) 내려줬어요. 지금은 아무 생각 없이 식료품을 사러 나갈 수 있지만 두 달 전에는 호울푸즈Whole Foods 매장으로 들어가지도 못했어요. 저는 건강한 방식으로 엄청난 진전을 이뤘어요. 삶을 살기 위해 약에 얽매이거나 의존하지 않았어요. 저는 관점을 완전히 바꾸고 더 행복한 사람이 되었어요.

그렇다고 데이브의 불안증이 마법처럼 사라졌다는 말은 아니다. 데이브는 불안이 덮칠 때 거기에 이끌려 다니는 것이 아니라 자신의 호기심을 활용하고 더 크고 나은 제안으로 두려움의 반응을 대체했다. 덕분에 운전석에 앉아서 주도적으로 삶을 탐험할 수 있게 되었다.

호흡하라

어른들은 많은 것에 대해 자신을 의식하는 경향이 있다. 다른 사람들이 있는 곳에서(또는 심지어 자신에게도) 약하게 또는 즉흥적으로 "흠"이라고 말하는 것도 거기에 포함된다. 그렇다고 해서 자신을 덜 의식하는 곳에서 호기심 연습을 시작할 수 없는 것은 아니다. 가령 샤워를 할 때 물을 틀어놓으면 누구도 당신이 "흠"

이라고 말하는 것을 듣지 못한다('흠, 이 비누는 어떤 냄새가 날까?').
아이가 있다면 '야생에서' 호기심을 관찰할 수 있다. 세 살배기가
무엇을 하는지 지켜보다가 그냥 동참하면 된다. 또한 나는 당신
이 어느 때든 오래된 습관 고리에서 빠져나오는 데 도움을 주는
3단 기어 기법도 가르칠 것이다. 이는 겉으로 잘 드러나지 않고
자의식을 불러일으키지 않는 훈련법으로, 다른 사람들과 있을 때
나 직장에서도 할 수 있다.

호흡 훈련

3단 기어의 핵심은 오래된 습관 고리에서 벗어나도록 도와주는
한편 습관 고리 과정을 자극하지 않는, 쉽게 확보 가능한 더 크고
나은 제안을 찾는 것이다.

　우리 의료인들은 병원에서 쓰러진 환자를 처치하는 코드를
부를 때 A-B-C부터 시작한다. A-B-C는 '기도airway', '호흡
breathing', '순환circulation'을 뜻한다. 기도부터 확보하는 이유는 기
도가 막히면 숨을 쉴 수 없기 때문이다. 그다음은 B, 즉 '호흡'으
로 넘어간다. 숨을 쉬면 살 가능성이 높다. 그래서 우리 의료인들
은 추가적인 충격을 가하지 않고 거기서 멈춘다.

　직장에서 회의에 참석한 경우 그 자리에 있는 사람들은 모두
숨을 쉬고 있을 가능성이 높다. 따라서 당신이 다른 사람의 말에
끼어들거나 피드백에 대해 방어적인 태도를 취하는 것 같은 습관
고리에 갇히려 한다는 것을 인지하면 짐짓 태연한 모습으로 잠시

호흡에 주의를 기울일 수 있다. 이는 습관이라는 야수에게 먹이를 주지 않기 위한 방법이다. 보다시피 호흡은 실제로 아주 좋은 3단 기어이다.

- ❶ 호흡은 언제나 가용하다.
- ❷ 호흡에 주의를 기울이면 오래된 습관 고리에서 벗어나는 데 도움이 된다.
- ❸ 호흡은 습관 고리 과정 자체를 자극하지 않는다.

당신을 현재 순간에 안착시키는 방법으로서 호흡에 주의를 기울이는 방법을 가르치는 수많은 지침과 책이 있다. 아무것이나 원하는 대로 읽으라. (내가 좋아하는 책 중 하나는 헤네폴라 구나라타나 스님Bhante Henepola Gunaratana의 《가장 손쉬운 깨달음의 길Mindfulness in Plain English》이다.)

다음은 회의실에서도 활용할 수 있는 짧은 버전이다.

아마도 이미 그러고 있겠지만 편안한 자세로 앉거나 (서서 하는 회의라면) 서라. 다른 사람들이 잔다고 오해할 수 있으니 눈은 감지 말라. 당신 자신에게 '내가 숨을 쉬고 있다는 걸 어떻게 알지?'라고 자문하라. 호기심을 갖고 그 신체적 감각을 어디서 느끼는지 살펴라(여기서는 조용한 '흠'이 적절하다). 이 경우 복부가 들락날락하는 신체적 감각을 인식할 수 있다. 또한 약간 긴장해서 밭은 숨을 쉰다면 가슴이 움직이는 것을 인식할 수 있다. (코로 호흡하

고 있다는 사실을 인식했다면 당신은 이미 많이 앞선 것이다. 매우 은근하
게 이뤄지는 일이기 때문이다.)

호흡에 따른 육체적 감각을 인식하는 부위를 찾았다면 그냥
계속 호흡에 주의를 기울일 수 있다. 또는 그것이 지겹거나 힘들
어진다면 호기심의 단계를 높여서 호흡 주기를 좌우하는 몸의 자
연스런 과정을 지켜볼 수 있다. 가령 들숨과 날숨이 멈추고 과정
이 반전되는 때가 언제인지 또는 들숨과 날숨 사이에 몸이 얼마
나 오래 멈추는지 살필 수 있다(내 말을 믿으라. 자신의 호흡을 지켜
보는 일은 실로 흥미롭다!)

불안이나 충동 또는 습관 고리와 관련된 다른 것에 호흡 훈련
을 적용하려면 다음과 같은 변형을 시도해보라.

호기심을 활용하여 그 불안한 감정 또는 동료가 앞서 한 말을
수정하고 싶은 충동이 몸의 어디에서 가장 강하게 느껴지는지 확
인하고 파악하라. 이제 코를 통해 바로 그 부위로 천천히 숨을 불
어넣으라(해부학적으로 정확한지 여부는 신경 쓰지 말고 그냥 하라). 들
숨이 그 불안감 또는 충동으로 바로 들어가도록 한 다음 몇 초 동
안 유지하다가 뱉어내라. 지나치게 미신처럼 들릴지 모르겠지만
숨을 내쉴 때 그 감정 중 일부도 같이 빠져나간다. 미신을 믿지
않는다면 그냥 불쾌한 감각이 호흡 주기와 함께 바뀌었는지만 확
인하라. 그리고 다시 반복하라. 다정하고 호기심 많은 들숨이 불
안으로 바로 향한다고 상상하면서 천천히, 깊게 숨을 쉬라. 들숨
이 불안감을 1초 동안 따스한 호기심과 자비의 이불로 감싸도록

한 다음 숨을 내쉬라. 밖으로 내보내라. 날숨과 함께 그 감정이
배출되는지 보라.

숨을 들이쉬고 내쉬는 훈련을 1분에서 2분 정도, 또는 당신이
지나치게 차분하고 만족스러워 보여서 상사가 수상하게 여길 때
까지 몇 차례 반복하라.

다음은 '언와인딩 앵자이어티' 시범 프로그램에 참여한 사람이
호흡 인식을 생산적으로 활용한 사례다. 이 참가자는 마침 직장
에 있었다.

저는 까다로운 문제를 거론해야 해서 불안을 느끼며 회의에 참
석했습니다. 호흡이 조금 얕은 것을 느끼고 거기에 호기심을 가졌
습니다. 그리고 약간의 알아차림('왜 이럴까?', '아, 여기서 불안이 느껴
져')을 한 덕분에 불안을 이겨낼 수 있었습니다. 결국 불안이 사라
졌어요! 3단 기어를 쓴 거죠!

이 사례는 사실 호흡과 호기심 그리고 뒤에서 배울 알아차림
noting 훈련을 섞은 것이지만 그래도 핵심은 파악할 수 있을 것이다.
다음은 또 다른 사례다.

오늘 회의에 참석했다가 갑작스럽게 부정적인 피드백을 받았습
니다. 제 얼굴로 올라오는 열기와 몸에서 시작되는 스트레스 반응
을 느끼고 한 발 물러서는 일은 매우 흥미로웠습니다. 저는 더 오

래 차분함을 유지하면서 다른 사람의 말을 더 잘 들을 수 있었습니다. 또한 그 사람에게서 나타나는 스트레스 반응을 분명하게 파악할 수 있었습니다. 다음 단계는 그 순간에 실제로 명확하게 생각하고 일관된 답변을 제시할 수 있는 수준의 차분함에 도달하는 것이었습니다!

호기심이 신통력이나 즉석에서 동료의 지적에 대한 명확하고 일관된 답변을 마법처럼 제공하는 초능력이 아니라는 점에 주목하라. 호기심은 그저 한 발 물러서서 습관 고리에 갇히지 않도록 도와줄 뿐이다.

호흡은 불안 습관 고리의 절벽에서 미끄러지기 시작한다는 사실을 파악했을 때 붙잡을 나무뿌리로 활용할 수 있는 편리한 대상이다. 그 이유는 단순하다. 줄곧 바꾸려고 시도한(그리고 아마도 그것 때문에 자책했을) 습관 고리에 갇히는 것과 거기서 벗어나는 것 중에서 무엇이 더 기분 좋을까?

호흡에 집중하는 것이 그냥 주의를 흩트리는 또 다른 행위에 불과하진 않은지 의심할 수 있지만, 그렇지 않다. 호흡에 주의를 기울이면 체화된 방식으로 현재 순간에 머물 수 있다. 다시 말해서 주의를 외부로 돌려서 현재 순간으로부터 탈출하려는 것이 아니라 직접적인 경험과 함께, 바로 그 순간에 머문다.

그러니 아직 시도하지 않았다면 오늘 자의식을 느끼는 일 없이 정신적인 호기심 근육을 키우는 놀이를 할 수 있는지 보라. 또한 약간의 호흡 인식 훈련을 거기에 추가할 수 있는지 보라. 이 두 훈련은 오래된 습관 고리에서 벗어나 더 많은 보상을 안기는 새로운 습관 고리로 들어서게 해주는 훌륭한 3단 기어 훈련이다.

18

레인 훈련: 갑작스러운 불안에
당황하지 않는 방법

인터넷과 대량산만무기가 아직 발명되지 않는 시절에 비 오는 날을 집에서 보낸다는 것은 상상력을 발휘하여 놀거리를 찾아다녀야 한다는 것을 의미했다. 나의 경우는 주로 과학의 이름으로 부술 장난감을 찾았다. '작동 원리를 알아낸다'는 기치 아래 망치나 드라이버 또는 다른 연장으로 장난감을 분해했다.

어느 날 방에 들어갔다가 매우 까다로운 분해 대상을 우연히 발견했다. 그리고 바보 같게도 그것을 처리하려면 칼이 필요하다고 생각했다. 보이스카우트였던 나는 칼을 적절하게 다루는 법을 배웠고, 한두 자루 정도의 소유(때로는 소지하도록)를 허락받았다. 그러나 안타까운 일이 벌어지고 말았다. 분해 과정에서 너무 힘을 주다가 칼날이 미끄러지는 바람에 엄지 가운데 부분을 크게 베이고 만 것이다. 장차 의사가 될 재목의 육감에 따라 '119에 먼저 연락한다'는 기본 구급 수칙을 따랐다. 휴대폰이 보급되기 전이라면 달려가 엄마를 찾는 것을 뜻했다. 나는 달려가면서 당장 손에 있는 수단, 즉 다른 손의 검지와 엄지로 급히 '지혈'을 했다. 기절할 정도로 피를 많이 흘리지 않은 채 엄마에게 간 것이 분명했다. 해부학이나 의학에 대해 아무것도 모르는 아이의 진정성을 담아 "동맥이 잘린 것 같아요!"라고 소리쳤기 때문이다. (상처는 지금도 왼손 엄지의 지문을 거의 완벽하게 이분하는 흉터가 남아 있을 정도로 깊었다.) 연륜과 현명함을 겸비한 엄마는 차분한 목소리로 동맥은 잘리지 않았다고 안심시키면서 내가 붕대를 감는 일을 도와주었다.

왜 이런 일이 일어났을까? 나는 장난감을 해체하는 데 골몰한 나머지 칼을 다루는 데 주의를 기울이지 않았다.

- 촉발인자: 장난감을 해체하지 못하는 데 따른 짜증
- 행동: 칼을 적절하게 다루는 규칙을 무시하고 무리한 힘을 가함
- 결과: 엄지를 베임

위에서 풀어낸 습관 고리를 명확하게 설명하자면 내가 엄지를 베이는 습관을 가진 것은 아니었다. 다만 어떤 일을 해내고 싶다는 욕구에 사로잡히는 습관이 깊이 자리 잡고 있었다. 그 정도가 너무 심해서 속도를 늦추거나, 잠시 멈추거나, 집안 어딘가의 느슨한 나사를 조이는 일이든 새 전자기기를 조립하는 일이든 필요

한 도구를 준비하지 않았다.

나는 어른이 되고 나서 한참 후에야 그 습관 패턴을 인식했다. 내가 그 패턴을 깨트리는 데 도움을 준 것은 손에 들어오는 주방 기구가 무엇이든 그것으로 조립하고 분해하려다가 수많은 나사와 볼트의 대가리를 뭉갰다는 깨달음(2단 기어)과, 30초만 차고를 뒤져서 적절한 도구를 찾아 사용했더라면 작업을 훨씬 빠르고 깔끔하게 끝낼 수 있었다는 깨달음(3단 기어)이었다.

- 촉발인자: 작업에 필요한 적절한 도구를 준비하기 위해 지금 하는 행동을 중단하고 싶지 않은 데 따른 짜증
- 행동: 계속 포크 끝으로 주방 찬장의 느슨한 나사를 조이려고 함
- 결과: 대가리가 뭉개져서 나사를 교체해야 함

우리는 습관 고리에 갇히면 규칙을 내팽개친다. 이전에 '설탕은 안 됨'이나 '항상 친절할 것' 또는 '클리블랜드 브라운스 Cleveland Browns가 슈퍼볼에서 우승할 때만 술을 마실 수 있음' 같은 규칙을 통해 습관을 바꾸려고 시도한 적이 있는가? 이 방법이 얼마나 잘 통했는가?

3일 동안 당분을 전혀 섭취하지 않으면 당신은 심한 당분 금단 증상에 시달린다. 또한 술을 넣어둔 찬장을 향해 가면서 마주치는 모든 사람에게 비키라고 짜증스레 쏘아붙인다. 클리블랜드 브라운스가 우승할 때만 술을 마시겠다는 자신과의 약속은 술에 취

했을 때 한 것이니, 무효라고 생각하면서 말이다.

　문제는 규칙을 깨기 위해 만든다는 것이다. 특히 규칙을 '멍청한 것'으로 여기는 아이들은 더욱 그렇다. 왜 그럴까? 아이들은 경험을 통해 배우지 못했기 때문이다. 전전두피질은 변연계limbic system에게 칼은 위험하다고 말한다. 그러나 변연계는 이성에 호응하지 않는다. 상처가 주는 고통을 느껴야만 교훈을 얻는다. 물론 내게 일어난 일이 바로 그런 경우였다. 엄마는 내게 앞으로 칼을 쓸 때 더 조심하라고 말할 필요가 없었다. 나는 그 운명적인 절개 사고를 통해 교훈을 얻었고, 이후로는 칼을 쓸 때 조심해야 한다는 상식을 따랐다.

　습관 고리에 갇혀서 주의를 기울이지 않는 것은 당황하고('칼에 베여서 피가 나왔으니 큰일 난 게 분명해') 성급한 결론을 내리는('동맥을 잘랐어') 그다지 좋지 않은 조합으로 이어진다. 다음은 주의를 기울이는 일의 중요성과 피가 관련된 경우에 침착함을 유지하는 방법을 말해주는 또 다른 이야기다.

　내가 의대 3학년생으로 병원에서 실제로 환자를 돌본다는 생각에 잔뜩 들떠 있던 어느 날 저녁이었다. 병실은 매우 조용했다. 그래서 당직의(팀 리더)는 팀을 단합시키는 '학습 시간'을 갖기 위해 의대생과 레지던트 들을 불러모았다. 이 시간에는 대개 장갑과 배설물과 통과의례를 수반하는 시술 체험이 이뤄졌다. 그래서 나는 앞으로 일어날 일에 대비하여 마음의 준비를 했다.

하지만 놀랍게도 우리 중 한 명이 정신력 강화를 위한 시술을 하는 일은 일어나지 않았다. 대신 당직의는 자신이 젊고 전도유 망한 레지던트 내과의이던 시절의 이야기를 들려주었다. 그는 이 야기를 이어가기 전에 "누군가가 죽으면 먼저 자신의 맥박부터 재라"는 말을 기억하라고 말했다.

당직의는 집중치료실에서 자기 일을 하다가 한 환자의 심박계 가 '환자가 살아 있고 모든 것이 양호함'을 나타내는 "삐, 삐, 삐" 소리에서 '환자가 죽었을지도 모름'을 나타내는 "삐—" 소리로 바 뀌는 것을 들었다. 그는 집중치료실을 날듯이 가로질렀다. 그리고 실로 1,000분의 1초 만에 주먹을 환자의 가슴에 대고 생명을 구 할지도 모르는 흉벽고타법을 실행했다. (흉벽고타법은 반직관적이기 는 하지만 흉부에 강한 충격을 가하여 멈춘 심장을 다시 뛰게 만드는 뛰어 난 처치술을 가리키는 전문 용어다.)

놀랍게도 환자는 "왜 이래요?"라고 말했다. (환자가 명백히 살아 있기 때문에) 어떻게 된 일인지 확인한 결과 당황스럽게도 환자가 자는 동안 심박계가 그냥 빠진 것일 뿐이었다. 집중치료실의 건 너편에 있다가 달려와 활력 징후를 확인하지 않으면 환자가 죽었 다고 착각하기 쉬웠다.

당직의는 그가 (1)(환자가 아닌) 다른 일에 주의를 기울였고, (2) 당황했으며, 그 결과 (3)활력 징후를 확인해야 한다는 사실을 깜 박하고 성급한 결론을 내렸다고 설명했다. 그래서 그는 (4)잘못 된 조치를 취했고, 불쌍한 환자를 다치게 만들 수도 있었다.

그가 먼저 자신의 맥박부터 쟀다면 주위를 살펴서 환자에게 맥박이 있으며, 심박계가 그냥 빠졌을 뿐임을 알아차렸을 것이다. 그러면 스트레스를 받거나 전전두피질이 오프라인으로 전환되어 환자에게 무작정 달려드는 일 없이, 곤히 잠든 환자의 심박계를 다시 연결해야겠다고 조용하고 점잖게 판단할 수 있었을 것이다.

다행히 다친 것은 당직의의 자존심뿐이었다.

나쁜 습관을 깨트리려는 시도는 종종 정신을 완전히 빼앗는다. 실제로 우리는 그 일을 해내기 위해 필요한 것은 무엇이든 기꺼이 하려고 한다. 이렇게 무슨 대가를 치르더라도 해낸다는 접근법은 상당한 대가를 초래할 수 있다. 완력이 통하지 않을 때 짜증과 스트레스가 심해지는 것도 거기 포함된다. 당신이 그런 경우라면 짜증 습관 고리에 갇히지 않고 주의를 기울여서 스트레스를 초래하는 욕구의 파도를 넘어설 방법을 찾아야 한다. 그러면 전전두피질이 계속 연결되어 상황이 악화되지 않는다. 이때 호기심을 갖는 것은 대단히 바람직한 태도다. 또한 호기심을 키우기 위한 3단기어 훈련은 당직의가 직면한 것과 비슷한 상황에서 도움을 준다. 몇 번의 주기에 걸쳐 호흡에 주의를 기울이는 것은 전전두피질을 연결 상태로 유지하는 또 다른 방법이다. 이 경우 1,000분의 1, 2초 동안 예의 맥박 재기를 함으로써 해로운 결과를 피할 수 있다.

다음은 전면적인 공황발작은 말할 것도 없고 욕구와 갈망 같은 성가신 감정을 다스리는 데 특히 도움이 되는 또 다른 3단 기어 훈련이다.

불안을 알아차리는 레인 수행법

충동과 불안은 몰래 접근한다. 당신은 미처 알아차리기도 전에 이런저런 습관 고리에 완전히 빨려들어간다. 그러나 이런 습관 고리의 노예가 될 필요는 없다. 충동과 갈망이 단지 당신을 휩쓸어가는 육체적 감각에 불과하다는 사실을 인식할수록 그것을 견뎌내는 방법을 더 잘 익힐 수 있다.

다음은 불안 습관 고리가 덮칠 때 당황하지 않도록 현존하는 데 도움이 되는 줄임말이다. (미국의 명상 지도자인 미셸 맥도널드 Michele McDonald가 수십 년 전에 이 줄임말을 고안했다. 나는 버마의 명상 지도자인 고 마하시 사야도 Mahasi Sayadaw가 대중화시킨 알아차림 수행법을 토대로 이를 약간 응용했다.)

생겨나는 것(예컨대 갈망)을 인지하고, 편안하게 대한다 RECOGNIZE, RELAX.

그것이 거기 있도록 받아들이고, 허용한다 ACCEPT, ALLOW.

육체적 감각, 감정, 사고를 탐구한다 INVESTIGATE.

이 순간에서 저 순간으로 일어나는 것을 알아차린다 NOTE.

알아차림 부분은 물리학에서 관찰자 효과와 비슷하다. 즉, 관찰 행위가 관찰하는 현상에 변화를 일으킨다. 다시 말해서 우리는 갈망을 구성하는 신체적 감각이 우리 몸에서 생겨나는 것을 인식할 때(또는 알아차릴 때) 단지 그 관찰을 통해 이미 거기에 덜 사로잡힌다. 알아차림에 대해서는 뒤에 독자적인 수행법으로서 구체적인 지침을 제시하겠다.

다음은 기본적인 레인 수행법이다.

첫째, 스트레스가 생기는 것을 인지하고 편안하게 대하라.

이를 악물고 충격에 대비하지 말라! 그냥 가만히 스트레스가 생기는 것을 느끼라. 어차피 당신은 스트레스를 통제할 수 없다. 심지어 조금 웃어도 좋다. 정말로.

그 파도를 있는 그대로 허용하고 받아들이라. 밀어내거나 무시하려고 애쓰지 말라.

주의를 다른 것으로 돌리거나 그것에 대해 뭔가를 하려 들지 말라. 이는 당신의 경험이다. 여기 그 경험이 온다.

불안의 파도를 타려면 세밀하게 연구해야 한다. 생성되는 동안 그 파도를 탐구하라. 호기심을 가지라. '지금 내 몸에서 무슨 일이 일어나고 있을까?'라고 자문하라. 그것을 찾아 나서지 말라. 인식 속에서 무엇이 가장 두드러지는지 보라. 그것이 당신에게 다가오도록 놔두라.

호기심을 가지라. 그 감정은 몸의 어디에서 생겼는가?

실로 어떤 느낌을 주는가?

가슴이 조이는가? 위가 화끈거리는가? 도망치는 것을 비롯하여 뭔가를 하라고 촉구하는 조바심이 생기는가?

끝으로 경험을 알아차리라. 알아차림은 당신을 지금 여기에 있게 하고, 호기심과 집중력을 통해 파도를 넘도록 해준다. 그것을 짧은 구절이나 한 단어로 간단하게 표현하라. 이는 생각 또는 해결 모드에서 벗어나 지금 당신에게 일어나고 있는 직접적인 경험에 머물게 해준다. 가령 감정이 생겨서 절정에 이름에 따라 이를 악묾, 뜨거움, 열기, 조바심을 알아차리고, 뒤이어 감정이 잦아듦에 따라 떨림, 조임, 간지러움, 가벼워짐, 느긋해짐, 안심, 확장됨을 알아차릴 수 있다. 생각이 생기면 그냥 '생각함'을 알아차리고 분석이나 교정 모드에 사로잡히지 말라! 실제적인 경험을 알아차리라.

파도가 완전히 잦아들 때까지 따라가라. 주의가 산만해지거나 생각이 다른 것으로 옮겨가면 그냥 탐구로 돌아가라. 호기심을 갖고 '지금 내 몸에서 무슨 일이 일어나고 있을까?'라고 자문하라. 감정이 완전히 사라질 때까지 타고 가라.

당신은 레인 수행법이 앞서 익힌 호기심 수행법을 토대로 삼는다는 것을 알아차렸을 것이다. 감정을 탐구하는 일은 순간적인 경험에 집중하고 호기심을 갖도록 도와준다. 호기심을 활용하면서 이 수행법을 더 잘하게 되면 심지어 약간 재미있을 수도 있다 (정말이다!).

다음은 '언와인딩 앵자이어티' 프로그램 참가자의 사례다. 먼저, 그녀는 습관 고리를 더 잘 인식할 수 있도록 마음을 풀어내고 (1단 기어), 심지어 그 결과를 탐구한다(2단 기어).

저는 제가 가진 습관 고리를 더 깊이 성찰하면서 종일 관찰하려 애썼어요. 무엇보다 직장에서 접하는 촉발인자에 가장 중점을 뒀어요. 제가 알아차린 한 가지는 회의에서 뭔가를 말하고 나서 상사 중 한 명이 뒤이어 이야기를 하면 제가 설명을 충분히 잘하지 못한 것 같다는 느낌이 드는 것이었어요. 그러면 제가 프로젝트에 더 이상 가치를 더하지 못한다는 두려움이 들고, 제가 하는 말에 대한 자의식이 생기기 시작해요. 말을 더 하는 것에 대해 긴장하게 돼요. 어떤 때는 입을 닫고 아무 말도 하지 않아요. 다른 때는 다른 말로 '만회'를 하려고 시도해요. 그러다가 후회하고 더 심한 자의식을 갖게 되죠.

뒤이어 그녀는 레인을 활용하여 3단 기어로 바꾼다.

오늘 레인 수행법을 통해 흥미로운 경험을 했어요. 어떤 회의에 참석해서 논의에 참여해야 할 일이 있었어요. 제가 만나기를 두려워하는 사람도 참석하는 회의였어요. 우리는 과거에 친구였지만 그가 저를 내쳤어요. 그래서 저는 많은 고통을 느꼈고, 그를 생각하거나 만나면 부정적인 느낌이 들어요. 회의에 참석하기가 두려웠어요. 그래서 그 두려움이 어떤 느낌인지 호기심을 가졌어요. 또한 회의 도중에 불안감이 생길 것을 알기에 그 감각을 내적으로 알아차리기 위해 최선을 다해야겠다고 마음먹었어요. 이 방법은 아주 잘 통했어요! 저는 '조이는 듯한 느낌' 또는 '심장이 더 빨리 뛰는 것'을 알아차렸어요. 처음에는 알아차림이 어려울 것 같아서 걱정했어요. 토론에도 참여해야 했거든요. 하지만 알아차림은 순식간에 이뤄지기 때문에 전혀 어렵지 않았어요. 오히려 알아차림이 토론을 잘하는 데도 도움이 되었다고 생각해요. 알아차리려면 자책과 고통의 사고 고리에 휩쓸리는 것이 아니라 토론하는 현재 순간에 머물러야 했거든요. 그래서 회의가 쉽지는 않았지만 잘 대처한 제 자신이 자랑스러워요. 저는 또한 그 성공을 음미할 수 있었어요. 덕분에 그날 하루에 대한 전망이 밝아졌어요.

두어 번의 순간적인 레인 수행 이후 그녀의 전전두피질이 계속 연결된 상태로 작동했다는 점에 주목하라. 그녀는 자책 습관 고리에 휩쓸리지 않고 현재 순간에 머물면서 토론에 참여할 수 있었다.

다음에 습관 고리의 파도가 일기 시작하는 것을 인식하면 레인 수행을 할 수 있을지 보라.

아래는 레인 수행의 내용을 명함 크기로 줄인 것이다. 갖고 다니면서 쉽게 참고할 수 있도록 복사하거나 휴대폰으로 사진을 찍으라.

◎ 레인

· 바로 지금 일어나는 일을 **인지하라.**

· 그것을 밀어내거나 바꾸려 하지 말고 **허용·수용하라.**

· 육체적 감각, 감정, 사고를 **탐구하라.**

  "흠, 지금 내 몸에서 무슨 일이 일어나고 있을까?"라고 물으라.

· 당신의 경험에서 일어나는 일을 **알아차리라.**

19

자애 수행: 당신의 내면을
확장하는 힘

얼마 전에 폭식장애로 도움이 필요한 30세 여성이 나를 찾아왔다. 그녀는 체질량지수가 40 이상으로(정상 범위는 18.5~25) 극도의 비만 상태였다. 또한 정상 수준보다 훨씬 빨리 먹고, 불편한 포만감을 느낄 때까지 먹고, 허기를 느끼지 않아도 많은 양의 음식을 섭취하고, 과식 후에 혐오감이나 우울감 또는 죄책감을 느끼는 등 폭식장애의 모든 요건을 충족했다.

진료기록을 살펴보니 그녀는 여덟 살 때 엄마에게 정서적 학대를 당한 적이 있었다. 고질적 트라우마에 시달리던 그녀는 음식 섭취가 불쾌한 감정을 '마비시킬' 수 있다는 사실을 알게 되었다. 나를 찾아왔을 무렵 그녀는 한 달에 20일 정도, 때로는 하루에도 몇 번씩 대형 피자 한 판을 폭식했다.

그녀에게 일어나는 일을 풀어내보자.

- 촉발인자: 불쾌한 감정
- 행동: 폭식
- 결과: 마비의 형태로 찾아오는 잠깐의 위안

그러나 그녀를 비롯한 많은 사람의 경우 나쁜 감정이 사라지고 전전두피질이 연결 상태로 돌아오는 순간 바람직하지 않은 행동에 대한 죄책감과 자책감이 찾아온다. 이는 그 자체로 부정적인 감정을 불러일으키는 촉발인자가 된다. 그래서 전전두피질은 다시 단절되고 헐거운 뇌가 다시 연결되어 폭식 행동을 반복하게 만든다. 이렇게 애초의 폭식 습관 고리가 촉발되는 것을 '반향 습관 고리'로 부르자.

그녀가 반향 습관 고리에 갇힌 이유는 오래된 뇌가 한 가지 재주만 부릴 줄 알기 때문이다. 즉, 이 뇌는 생존하는 법만 안다. 생각하는 뇌인 전전두피질은 그녀의 행동이 매우 비합리적이라는 사실을 안다고 해도 소용없다. 의지력이 따라잡지 못한다. 그래서 그녀와 함께 습관 고리 과정을 풀어낼 수 있는 것만 해도 큰 진전이었다. 그녀에게 '설교'하거나 의지가 부족하다며 마음을 아프게 만드는 일은 없었다(이런 일은 잠재적으로 그녀의 습관 고리를 재촉발한다). 대신 그녀는 깊이 자리 잡은 불안에 대한 통찰을 얻었다. 또한 그녀는 내가 자신의 처지를 이해한다는 사실을 알았다. 이 공감은 신뢰와 뒤이은 단계로 나아가는 문을 여는 데 도움이 되었다.

나는 여러 달 동안 우리 클리닉에서 그녀와 후속 과정을 밟아나갔다. 그녀가 습관 고리를 풀어내고, 그녀가 거기서 무엇을 얻는지 인식하며, 그것을 극복하는 방법으로 마음챙김 수행법을 배우도록 도왔다. 다만 내가 여기서 그녀의 사례를 든 것은 반향 습관 고리 때문이다.

- 촉발인자: 폭식에 대한 죄책감을 느낀다(불쾌한 감정)
- 행동: (재차) 폭식한다
- 결과: 재마비를 통한 잠깐의 위안

이 습관 고리가 해롭다는 사실을 깨닫기 시작하면서 그녀의 폭식은 강도, 빈도, 지속시간 측면에서 완화되기 시작했다. 이 치유 과정을 통해 그녀가 자책 습관 고리라는 또 다른 습관 고리를 인지했다는 사실이 더 중요하다. 그녀는 거울을 보면 거의 매번 자신이 너무 뚱뚱하거나 매력적이지 않다고 자책한다는 사실을 깨달았다. 이는 외출이나 데이트를 비롯한 삶의 다른 측면에도 영향을 미쳤다. 결국 고립과 우울이 심해지면서 자책 습관 고리는 걷잡을 수 없는 수준에 이르렀다. 비록 폭식은 줄었지만 그녀의 전체 삶이 치유된 것은 아니었다.

다음 단계는 그녀에게 자애loving kindness라는 마음챙김 수행법을 소개하는 것이었다.

마음을 다정하게 열어주는 자애 수행법

자애 수행법(또한 고대 팔리어로는 메타metta)은 마음을 부드럽게 다독이고 타인과 우리 자신을 있는 그대로 받아들이도록 도와준다. 과거에 일어난 일을 떠나보내고 거기서 교훈을 얻어서 지금 진전을 이루게 해준다.

자애는 마음이 무거울 때 하는 긍정적인 혼잣말이나 격려가 아니다. 자애는 우리 모두가 지니고 있으며, 언제든 활용할 수 있는 능력이다. 자애는 우리 자신과 타인이 잘되기를 바라는 진심을 토대로 삼는다. 앞서 언급한 대로 우리 연구소는 자애 수행이 자책 습관 고리와 연관된 후측대상피질 같은 두뇌 부위의 활동을 감소시킨다는 사실을 밝혔다.[15] 우리는 자애 수행을 통해 상반되는 행위, 즉 자책할 때를 좀 더 명확하게 인식하는 법을 배운다. 또한 자책이 해롭다는 사실을 더 명확하게 인식하면 멈추게 된다. 자애를 베푸는 쪽이 더 기분이 좋기 때문이다.

자애 수행은 세 가지 요소로 구성된다.

❶ 자애의 구절을 활용하여 마음의 중심을 유지한다
❷ 당신이 자애를 베푸는 대상의 이미지를 본다
❸ 수행하는 동안 당신의 몸에서 일어나는 자애의 느낌을 인지한다

먼저 조용한 곳에서 편한 자세로 앉으라. 그다음 몸이 호흡하

는 느낌에 그냥 마음이 안착하게 하라. (주의를 주자면 운전 중에는 안 된다!)

이제 자애와 대비가 되도록 근래에 스트레스나 불안을 초래한 상황을 떠올리라. 그것이 당신의 몸에서 어떤 느낌을 주는지 인지하라. 위축되는 느낌인가 확장되는 느낌인가? 몸에서 생기는 감각을 잠시 인지하라.

이제 오랫동안 보지 못했던 친구가 문으로 들어온다고 상상하라. 어떤 느낌이 드는가?

이 감정과 당신을 불안하게 만든 상황을 상기했을 때 생긴 감정의 차이를 인지하라. 어떤 감정이 이를 악물고 위축되게 만드는가? 어떤 감정이 따스하거나, 개방적이거나, 심지어 확장적인 느낌을 주는가?

이제 그 친구나 당신의 삶에서 모범이었던 사람 또는 무조건적인 사랑, 관용, 지혜를 베풀어준 사람을 떠올리라. 반려동물도 가능하다. 반려동물은 무조건적인 사랑을 주는 데 실로 뛰어나다.

이제 당신을 향한 그들의 애정 어린 태도와 다정스러움을 생각하라. 당신의 몸에서 생겨나는 감정이 있는지 살피라. 가슴 혹은 심장에서 따스함이나 확장감이 느껴지는가? (바로 어떤 것이 느껴지지 않아도 괜찮다. 수행하는 동안 계속 몸에서 일어나는 변화를 확인하라.)

이제 그 사람이 잘되기를 바라는 말을 고르라. 다음은 몇 가지 사례다(정말로 마음이 가는 말을 고르라. 또는 말은 놔두고 마음속의 감정에 집중하라).

"행복하기를"이라고 하면서 숨을 들이마시라. "행복하기를"이라고 하면서 몸 전체로 숨을 들이마시라.

"건강하기를"이라고 하면서 숨을 들이마시라. "건강하기를"이라고 하면서 몸 전체로 숨을 들이마시라.

"무탈하기를"이라고 하면서 숨을 들이마시라. "무탈하기를"이라고 하면서 몸 전체로 숨을 들이마시라.

"자신을 다정하게 돌보기를"이라고 하면서 숨을 들이마시라. "자신을 다정하게 돌보기를"이라고 하면서 몸 전체로 숨을 들이마시라.

1분 정도 당신에게 맞는 속도에 따라 이 구절을 조용히 반복하라. 이 구절과 몸에서 느껴지는 무조건적인 사랑의 감정을 현재 순간에 머물게 해주는 닻으로 삼으라. 지금 감정이 약하거나 억지스럽게 느껴지면 그냥 긴장을 풀고 구절에 집중하라. 이 타고난 능력을 다시 일깨우면 시간이 지나는 동안 강화될 것이다. 그러니 억지로 하려 들지 말라.

또한 마음이 방황한다면 그냥 어디로 가는지 인식하라. 그리고 자애의 구절을 반복하고 가슴에 생겨난 무조건적인 사랑의 감정에 집중하라.

이제 당신 자신을 떠올리라. 당신이 지닌 선한 측면을 떠올리라. 이 일을 할 때 마음이 닫히거나 저항하는지 살피라. 그렇다. 우리는 자신을 가치 없다고 질책하는 데 뛰어나다. 그냥 이 감정이 어떤 느낌인지 인식하고 잠시 옆으로 제쳐둘 수 있는지 보라.

군이 원한다면 자책은 나중에 해도 된다!

아까 다른 사람에게 말했던 구절들을 당신 자신에게 말하라.

"내가 행복하기를"이라고 하면서 숨을 들이마시라. "내가 행복하기를"이라고 하면서 몸 전체로 숨을 들이마시라.

"내가 건강하기를"이라고 하면서 숨을 들이마시라. "내가 건강하기를"이라고 하면서 몸 전체로 숨을 들이마시라.

"내가 무탈하기를"이라고 하면서 숨을 들이마시라. "내가 무탈하기를"이라고 하면서 몸 전체로 숨을 들이마시라.

"내가 나 자신을 다정하게 돌보기를"이라고 하면서 숨을 들이마시라. "내가 나 자신을 다정하게 돌보기를"이라고 하면서 숨을 들이마시라.

앞서와 같이 당신에게 맞는 속도에 따라 이 구절을 조용히 반복하라. 이 구절과 몸에서 느껴지는 따스함, 확장감, 무조건적인 사랑의 감정을 현재 순간에 머물게 해주는 닻으로 삼으라. 마음이 방황하면 그냥 어디로 가는지 인식하라. 그리고 자애의 구절을 반복하고 가슴에 생겨난 따스하거나 확장되는 느낌을 인식하라. 저항이나 긴장감 또는 다른 육체적 감각이 느껴지면 호기심을 가지라. '흠, 긴장감이 드네. 흥미로워'라고 생각하라. 그냥 이런 느낌들을 알아차리고 구절을 반복하라.

이제 이 지침에 따른 수행을 끝내라.

이 수행은 당신 자신이나 사랑하는 사람뿐 아니라 당신이 만난 사람, 심지어 당신의 삶을 힘들게 하는 사람에게로 확장될 수 있다. 결국에는 위축감을 떨쳐내고 따스하고 개방적인 측면으로 옮겨가는 수행은 당신의 마음을 다정하게 열어줄 것이다.

내가 행복하기를 그리고 당신이 행복하기를

자애 수행은 처음에는 어려울 수 있다.

나도 처음 익힐 때 자애 수행에 강하게 저항했다. 너무 낯간지 럽게 느껴졌기 때문이다. 나로서는 민망함의 정도가 한계를 훌쩍 넘어서는 수행이었다. 그러다가 오래 수행한 후에야 이 수행이 얼마나 유익하고 가치 있는지 깨달았다.

나는 레지던트 수련을 시작할 당시에 약 10년 동안 명상을 하 고 있었다. 그러나 자애 수행을 한 지는 두어 해밖에 되지 않았 다. 나는 자애 수행을 할 때 가슴에 따스한 기운이 돌면서 내 몸 에서 느껴지던 위축감을 완화하는 것을 인식하기 시작했다. 항상 은 아니고 가끔 그랬다. 당시 나는 병원에서 가까운 곳에 살아 자 전거를 타고 다녔다. 자전거로 통근할 때 누가 경적을 울리거나 고함을 지르면 항상 위축감이 느껴졌다. 나는 이상한 습관 고리 에 갇히고 있다는 것을 인식했다.

- 촉발인자: 누가 경적을 울린다
- 행동: 고함치거나, 불쾌함을 나타내는 보편적인 수신호를 하거나, 일부러 그 차 앞으로 간다.
- 결과: 혼자 옳다고 생각한다

문제는 그 위축된 독선을 병원까지 안고 간다는 것이었다.

나는 환자들을 밝은 모습으로 대하지 못한다는 사실을 깨달았다. 그래서 누가 경적을 울리면 고함을 지르는 대신 자애를 연습할 촉발인자로 삼으면 위축감(그리고 태도)에 어떤 일이 일어나는지 시험하기 시작했다. 먼저 나 자신에게 "내가 행복하기를"이라는 구절을 말한 다음 경적을 울린 운전자에게도 "당신이 행복하기를"이라고 말했다. 이 수행은 독선 습관 고리에 빠져서 위축감을 느끼는 악순환을 끊는 데 도움을 주었다.

- 촉발인자: 누가 경적을 울린다
- 행동: 자애 2종 세트 중 하나는 나 자신에게, 다른 하나는 운전자에게 선사한다
- 결과: 더 가볍고 열린 느낌을 받는다

곧 나는 마음이 훨씬 가벼운 상태로 병원에 도착한다는 사실을 깨달았다. 위축감은 사라졌다. 문득 이런 생각이 들었다. 누가 경적을 울릴 때까지 기다리지 않아도 사람들이 잘되기를 빌어줄

수 있었다. 내가 만난 모든 사람을 대상으로 할 수 있었다. 나는 새로운 수행을 시도했고, 대부분의 경우에 즐거운 마음으로 출근 하기 시작했다. 폐쇄된 위축감을 안기는 이전의 습관 고리와 개 방적이고 즐거운 확장감을 안기는 이후의 습관 고리 사이의 차이 를 깨닫는 일은 자애가 가장 많은 보상을 안기는 존재 방식임을 알게 해주었다. 존재는 더 이상 고난으로 느껴지지 않았다.

나처럼 당신도 자애 수행을 시작하기가 어려울 수 있다. 자애 수행을 재단하거나, 당신 자신을 재단할 수 있다. 할 수 없거나, 제대로 하지 못하거나, 아예 하기에는 너무 무너져 있다고 걱정 할 수 있다. 만약 그렇다면 레너드 코헨Leonard Cohen의 노래, 〈성가 Anthem〉의 한 구절을 들려주고 싶다. "완벽하지 않을까 걱정하지 마라." 우리 모두에게 있으며, 결함이나 약점이라고 생각하는 그 흠결은 사실 우리의 힘이다.

해결

앞서 말한 폭식증 환자에게 나는 고립과 우울의 악순환에서 벗어 나는 대체 행동으로 자애 수행을 소개했다. 약간의 연습이 필요 했지만 얼마 후부터 그녀는 자책에 대한 자극과 유혹을 받을 때 마다 자애 수행을 상용 수단으로 활용하기 시작했다. 대체로 그 녀는 우울한 반추에서 벗어날 수 있었다. 결국에 폭식은 완전히 멈췄다. 나중에는 더 이상 도움이 필요 없어서 내가 안 와도 된다고 말할 정도였다.

그녀는 4개월 후 모든 것이 여전히 괜찮다는 것을 확인하기 위해 다시 우리 클리닉을 방문했다. 그동안 그녀의 체중은 18킬로그램이나 줄었다. 더 중요한 것은 그녀가 내게 "제 삶을 되찾은 것 같아서 선생님의 접근법을 감사하게 생각해요. 이제는 피자 한 조각도 실제로 즐기면서 먹을 수 있어요"라고 말했다는 사실이다.

그녀가 습관 고리(들)에서 벗어나기 위해 회피나 다른 전략에 의존할 필요가 없었다는 점에 주목하라. 그녀가 말한 내용들은 기적이 아니었다. 그녀는 단지 모든 기어를 한데 모아서 현실의 삶에 적용했을 뿐이었다. 그녀는 습관 고리를 풀어냈고(1단 기어), 자신에 대한 질책이 고통스러움을 인식했으며(2단 기어), 자애를 활용했다(3단 기어). 덕분에 습관 고리에서 벗어나 아름다운 내면으로 들어설 수 있었다.

그러니 당신의 삶에서 자애를 베풀어 보라. 먼저 호기심과 자비가 어떻게 당신이 자신과 타인에게 모두 혜택을 안기는 방식으로 행동하는 데 도움을 주는지 탐구하라. 이는 당신이 문제를 해결하고 세상과 소통하는 더 나은 공간으로 옮겨가도록 해준다. 의자나 방석에 앉아서 또는 잠들기 위해 누웠을 때 정식으로 이를 수행할 수 있다. 심지어 거리를 걸어갈 때도 가능하다. 당신 자신과 주위를 걸어가는 모든 이에게 자애의 구절을 선사하라. 자신을 재단하거나 질책하지 않고 이 수행을 많이 할수록 마음을 열고, 현존하고, 그저 인간다운 모습이 될 수 있다. 또한 바로 당신 안에 존재하는 타고난 보상, 즉 따스함이나 확장감, 평화 또는 무엇이든 당신의 경험을 묘사하는 긍정적인 감정을 활용할 수 있다.

4부

어떻게 원하는 삶으로
나아가는가?

인생의 불안을 이겨내고 싶다면,
지금 이 순간을 살고, 순간의 숨결 속에서 살아라.

― 아밋 레이Amit Ray

20

'왜'가 아닌 '무엇'에
집중하라

에이미(가명)는 나의 환자 중 한 명이다. 40대 후반인 그녀는 행복한 가정을 꾸리고 있으며, 3명의 10대 자녀가 있다. 많은 여성들처럼 불가능해 보이는 저글링을 해내면서 바쁘게 산다. 그녀는 아이들(그리고 남편)을 돌보는 한편 직장에 다닌다. 그녀보다 힘들게 사는 여성도 많다. 나의 엄마(이자 나의 영웅!)는 혼자 4명의 아이를 키우면서 야간 로스쿨을 다녔다. 하지만 에이미는 벅찬 생활을 감당하려다가 심각한 불안증에 시달리는 상태로 나를 찾아왔다.

나는 에이미를 돕기 위해 첫 상담이 끝날 무렵 다음 진료 때까지 습관 고리를 풀어내라는 숙제를 내주었다. 환자들이 나를 다시 찾아오기 전에 숙제를 하면 치료에 도움이 된다. 그들이 치료 환경이 아니라 현실 생활의 맥락 안에서 습관 고리를 명확하게 풀어내면 무슨 일이 일어나고 있는지 더 잘 이해할 수 있다. 또한 치료하는 동안 더 효율적인 진전을 이룰 수 있다. 그들이 나를 다시 찾아오면 우리는 바로 습관 고리를 해결하는 일에 뛰어들 수 있다. 그래서 지난 주 또는 지난 달에 생긴 일에 대한 회고를 토대로 문제를 되짚고 파악하느라 귀중한 시간을 낭비할 필요가 없다.

근래에 우리 클리닉을 방문했을 때 에이미는 허둥대며 진료실로 들어섰다. 그녀는 쓸데없이 시간을 낭비하지 않았다. 그녀는 자리에 앉자마자 바로 하소연을 시작했다. 그녀는 사소한 일들이 자신을 불안 상태로 몰아넣는다고 설명했다. 그녀에게는 할 일이 많았다(이 자체는 큰 문제가 아니었다). 하지만 최근에는 모든 것이 너무나 벅차게 보였다. 그래서 아무 이유 없이 아이들이나 남편을 쏘아붙이는 지경에 이르렀다(이유가 있으면 사랑하는 사람을 쏘아붙일 수 있다는 말은 아니다). 또한 그녀는 자신의 일을 사랑하고 크게 스트레스를 받지도 않지만 출근하는 생각만 해도 불안해진다고 말했다. 불안이 심해지면서 그녀가 할 일은 산처럼 쌓여 갔다. 할 일을 처리하지 않는 대신 그 목록을 보는 것을 걱정하고, 스트레스로 피로를 느끼고, 낮잠을 많이 잤기 때문이다. 잠에서 깨어난 후에도 같은 과정이 반복되었다. 그녀는 기운을 생산적인 방식으로 쓰지 않았다. 불안이 기운을 빨아들였다. 그녀는 아주 사소한 촉발인자에도 불꽃을 튀기며 불타올랐다.

나와 상담하는 동안 에이미는 어디서 발목이 잡혔는지에 대해 중대한 단서를 제공하는 말을 했다. 그녀는 "불안이 다가오는 게 느껴지면 도대체 왜 불안한지 의아해요"라고 말했다.

에이미는 불안이 딱히 무엇에 촉발되는 것이 아니라 그냥 무작위로 생긴다고 말했다. 또한 남편과 친구들은 돕고 싶은 마음에 문제가 무엇인지 물었고, 뒤이어 "정신과에 가보지 그래?"라고 말했다.

나는 그녀에게 "그들이 '왜 빨리 고치지 않는 거야?'라고 말하지 않아요?"라고 물었다.

"맞아요!"

에이미는 말을 이었다. "그 이유만 알 수 있다면…."

에이미는 다른 많은 사람들처럼 정신적 함정에 빠졌다. 그들은 왜 불안한지 알아내기만 하면 그 발견을 통해 마법처럼 불안증을 고칠 수 있다고 생각한다. 이런 생각은 자동차나 식기세척기를 고칠 때는 잘 통한다. 그러나 마음은 가전제품처럼 고칠 수 없다.

거기에 함정이 있다. 우리는 정신의를 수리공처럼 여기는 인식에 갇혀 있다. 그래서 그들을 찾아가서 불안증을 고치면 된다고 생각한다. 종종 이 '수리'는 문제를 일으킬 원인을 파악하는 형태로 이뤄지며, 그 원인을 알면 치유할 수 있다고 생각한다.

촉발인자는 우리가 어떤 자극과 연계하여 행동을 학습한 결과다. 무엇이든 촉발인자가 될 수 있다. 어떤 것을 보는 것이나 느끼는 것 또는 심지어 단순한 생각을 하는 것도 습관 고리가 돌아가게 만드는 습관적 반응을 촉발한다. 자연히 우리는 촉발인자를 파악하면 미래에는 그것을 피하거나 더 좋은 쪽으로 고칠 수 있다고 생각한다. 그래서 우리는 과거를 고치려는 시도에 고착된다. 그러나 우리는 과거를 바꿀 수 없다. 과거로부터 배움으로써 새로운 습관 고리를 만드는 현재의 습관적 행동을 바꿀 수 있을 뿐이다.

에이미는 '왜'라는 토끼굴에 빠졌다. 그녀는 왜 불안한지 알아내려고 절박하게 노력했다. 그 답을 찾아내면 문제를 해결할 수 있고 불안이 사라질 것이라고 생각하면서 말이다. 아이러니하게도 그 과정에서 그녀는 점점 더 '왜 습관 고리why habit loop'에 사로잡혔다.

- 촉발인자: 불안
- 행동: 왜 불안한지 알아내려 애쓴다(그리고 실패한다)
- 결과: 더 불안해진다

상담 첫 10분 동안 그녀는 단지 내게 자신이 무엇 때문에 고생하는지 설명하려고 왜 습관 고리에 3번이나 갇혔다. (이는 무슨 일이 일어나고 있는지 의사가 분명하게 파악할 수 있도록 문제를 바로 앞에 보여주는 것과 전혀 다르다!)

나는 그런 일이 세 번째 생긴 후 "이유를 파악하지 못하면 어떤 느낌이 들어요?"라고 물었다.

에이미는 "기분이 더 나빠져요"라고 말했다.

설령 그녀가 촉발인자를 분명하게 파악한다고 해도 문제는 그것이 아니었다. 문제는 실제로 원인을 따지는 행위 자체였다. 내가 가장 먼저 한 일은 그녀가 차분해지도록 심호흡을 시키는 것이었다. 뒤이어 우리는 같이 왜 습관 고리를 풀어냈다. 그것만으로도 그녀는 눈에 띄게 평온해졌다. 바로 그 순간에 자신이 불안을 자극하고 있다는 사실을 깨달았기 때문이다. 뒤이어 나는 몸을 앞으로 기울이며 획기적인 제안을 했다.

나는 "원인이 중요치 않다면 어떨까요?"라고 물었다.

그녀는 혼란스런 표정으로 "뭐라고요?"라고 말했다.

걱정이나 불안을 촉발한 것이 무엇인지는 중요치 않다. 중요한 것은 그것에 반응하는 양상이다. 왜 습관 고리에 갇히면 불길에 기름을 끼얹을 뿐으로 상황이 더 악화된다. 반면 고리에서 빠져나오는 법을 익히면 불안의 불길을 끌 수 있다. 또한 앞으로 또 다른 불길을 일으키지 않는 법을 익힐 수 있다. 마음챙김 수행에서 왜와 무엇의 구분은 매우 중요하다. 불안에 시달리는 사람들은 수행을 통해 '왜'에 고착되는 것이 아니라 바로 그 순간 '무엇'이 일어나고 있는지에 초점을 맞추는 법을 익힌다. 어떤 생각을 하고 있는가? 어떤 감정을 느끼는가? 몸에 어떤 감각이 생기는가?

나는 에이미에게 숙제를 내주었다.

"왜 습관 고리가 생기는가를 인식할 때마다 3번 심호흡을 하세요. 깊이 숨을 들이마시고 내쉬면서 자신에게 '왜인지는 중요치 않아'라고 말하세요."

이 훈련의 목적은 불안이 다가올 때 왜 습관 고리에 갇히지 않고 그 순간에 일어나는 일에 초점을 맞추도록 돕는 것이다. 우리는 그녀가 호흡 훈련을 제대로 할 수 있도록 같이 연습했다. 에이미는 왜 습관 고리에서 벗어나도록 도와주는 간단하면서도 확실한 도구를 얻은 채 훈련을 위해 집으로 돌아갔다.

우리 모두는 때로 뇌가 차와 같다고 생각하면서 기계적인 관점에 사로잡힌다. 물론 생리적 문제가 있다면(예컨대 뇌 종양) 서구 의학은 그것을 고치는 데 탁월하다. 그러나 습관 고리를 만든 과거의 문제를 고치려는 시도는 결코 성공할 수 없다. 과거는 과거이기 때문이다. 이 대목에서 14장에서 내가 언급한 용서에 대한 격언이 필요하다. "용서는 더 나은 과거에 대한 희망을 버리는 것"이다. 촉발인자를 피하려는 접근법은 거의 성공하기 불가능할 뿐 아니라(그래도 나의 환자들은 계속 시도하지만 말이다!) 문제의 근본 원인에 이르지 못한다. 과거를 떠나보내고 현재에 초점을 맞추는 법을 익혀야 한다. 우리가 대응할 수 있는 것은 바로 지금 여기 있는 것, 즉 현재 순간에 우리가 실행하는 습관 고리뿐이기 때문이다. 우리는 왜 습관 고리에 사로잡힐 때마다 우리 자신을 태우고, 동시에 불길에 더 많은 기름을 붓는다.

당신이 왜 습관 고리(들)를 가졌는지 확인하라. 그 불길에 타는 느낌이 어떤지 인식하라. 그리고 ('왜'가 아니라) '무엇'에 초점을 맞추라. 왜 습관 고리를 풀어내고 (왜인지는 중요치 않다는 사실을 상기하면서) 내가 에이미에게 가르친 호흡 훈련 같은 간단한 수단을 활용하여 거기서 벗어날 수 있는지 보라. 뒤이어 어떤 일이 생기는지 보라.

당신의 눈은 영혼(또는 적어도 감정)의 창이다

많은 프로 포커 플레이어들이 토너먼트에서 선글라스를 끼는 이유가 궁금했던 적이 있는가? 그 이유는 눈을 통해 자신의 계획이 드러나지 않도록 하기 위해서다. 포커 플레이어에게 최악의 일은 '비언어', 즉 행동이나 태도의 변화로 자기가 가진 카드에 대한 단서를 제공하는 것이다.

비자발적인 눈의 움직임이나 표현을 멈추거나 가리기는 정말 어렵다. 그래서 선글라스를 쓴다.

눈은 현재의 감정 상태를 적나라하게 보여주는 창이다. 눈이 감정과 연결되는 양상을 먼저 이해하면 거기에 기반한 간단한 훈련을 통해 불안, 두려움, 짜증 그리고 다른 감정 상태를 다스릴 수 있다. 동시에 이 훈련은 호기심 습관 자체를 갖추는 데도 도움이 된다. 그 내용을 조금 탐구할 준비가 되었는가? 그러면 바로 뛰어들도록 하자.

과학적 사실부터 살펴보자. 두려움을 느낄 때 우리의 눈은 본능적으로 아주 크게 열린다. 1800년대에 다윈은 우리가 불확실성을 접하면 '주변이' 위험한지에 대해 최대한의 시각적 정보를 모으기 위해 눈을 크게 뜬다는 이론을 제시했다.[1] 눈을 크게 뜨는 것은 두려움을 드러내는 다른 얼굴 표정과 더불어 타인에게 우리가 두려워한다는 것을 알리는 사회적 신호로 기능하기도 한다. 눈의 공막 sclera(안구 바깥쪽을 둘러싼 흰색의 막)과 나머지 부분의 대비는 특히 두드러진다. 사람들은 우리의 표정에서 '주변이 위험할지도 몰라'라는 의미를 재빨리 읽어낼 수 있다. 말 한마디 나누지 않고도 말이다.

실제로 이렇게 비자발적으로 눈을 크게 뜨는 것은 당사자와 그것을 본 사람 모두가 주변 환경에서 일어나는 사건에 대한 인지적 처리를 강화하게 만든다. 이 사실은 심리학자인 대니얼 리Daniel Lee, 조슈아 서스킨드Joshua Susskind, 애덤 앤더슨Adam Anderson 이 2013년에 실시한 실험을 통해 증명되었다.[2] 그들은 피실험자들에게 두려운 표정, 중립적인 표정, 혐오스런 표정을 차례로 지어달라고 요청했다. 실험 결과 특히 두려운 표정을 지을 때 피실험자들이 지각, 인지 과제를 정확하게 수행하는 능력이 개선되었다. 반면 (눈을 가늘게 만드는) 혐오스런 표정을 지을 때는 과제 수행 능력이 저하되었다.

연구자들은 두 번째 실험에서는 두려움에 대한 눈의 반응이 그것을 보는 사람에게도 인지적 혜택을 제공하는지 여부에 초점을 맞췄다. 그 결과 당연하게도 크게 뜬(즉, 공막이 더 많이 보이는) 눈의 사진을 보는 것만으로 인지적 과제를 수행하는 능력이 개선되었다.

두려움을 느낄 때만 눈이 크게 떠지는 것은 아니다. 다른 유형의 정보를 수집할 때도 같은 일이 일어난다. 관심 있는 것을 배울 때는 우리의 눈은 크게 뜬다. 앞선 연구자들은 실험에 흥미로운 변주를 주기 위해 크게 떠진 눈의 사진을 뒤집어서 제시했다.

피실험자들은 거기서 두려움을 읽지 못하고 단지 눈이 얼마나 크게 떠졌는지만 봤다. 이를 통해 연구자들은 두려움이 지각적 처리를 개선하지 않는다는 사실을 확인했다. 과제 수행 능력의 개선과 관련이 있는 것은 눈을 통해 지각되는 감정(즉, 두려움)이 아니라 홍채 대 공막의 비율(즉, 크게 떠진 눈＝눈의 흰자위가 더 많이 보임)이었다.

현대적 연구를 통해 뒷받침된 다윈의 육감은 전반적인 학습에 중요한 의미를 지닌다. 또한 습관을 바꾸는 데 도움이 되는 구체적인 팁과 두뇌 조작 기법을 제공한다.

연합학습associative learning부터 살펴보자. 이는 육체적 감각과 자세를 감정과 짝지어서 학습하는 것이다. 생존적 관점에서 보면 우리는 위험에 처하면 본능적으로 몸을 웅크린다. 그래서 자신을 최대한 작게 만드는 동시에 팔과 다리로 머리와 주요 장기를 보호한다.

자세나 표정을 감정과 계속 짝짓다 보면 결국 이 둘을 떼어놓을 수 없게 된다. 어깨를 좁히고 귀쪽으로 올리는 동작은 약간의 스트레스를 유발한다. 그 이유는 지금까지 살면서 스트레스를 받았을 때 많은 경우 어깨를 좁히고 귀쪽으로 올렸기 때문이다. (반면 행복할 때는 느긋한 자세를 취하는 경향이 있다.) 이 과정은 '신체적 기억 형성somatic memory formation'이라 부른다. 신체적 감각(soma＝신체)을 생각이나 감정과 연계하여 기억을 형성하기 때문이다.

이런 양상을 활용한 놀이도 할 수 있다. 오늘이나 지난 주(또는 작년!)부터 어깨에 긴장을 담고 있었는지 확인하라. 이제 깊게 숨을 들이마시고 3초 동안 참은 다음, 내쉴 때 어깨를 편하게 떨구라. 스트레스가 심해졌는가 아니면 긴장이 완화되는가?

눈도 같은 일을 한다. 우리는 말 그대로 눈이 열린 정도와 새로운 정보의 학습을 연계시키도록 배웠다. 두려움이나 경이 때문에 눈을 크게 뜨는 것은 뇌에게 새로운 정보를 받아들이기 좋은 때임을 알린다. 반대로 혐오나 분노 때문에 눈을 가늘게 뜨는 것은 뇌에게 지금은 학습할 때가 아니라 행동할 때임을 알린다.

이 점을 활용한 놀이를 해보자.

눈을 아주 크게 뜨고 혐오감이나 짜증 또는 분노를 안기는 대상을 생각하라. 계속 눈을 크게 뜬 상태로 혐오감(짜증 또는 분노)을 얼마나 강하게 느낄 수 있는지 보라. '정말 혐오스러워!'나 '정말 화가 나!'라고 생각해보라. 얼마나 잘되는가? 아마 잘 안 될 것이다. 혐오의 경우와 마찬가지로 우리는 화가 날 때 '흠, 무슨 일이지? 정말 화를 내야 하는 거야? 정보를 더 모아야겠어'라고 생각하지 않는다. 뇌는 정보 수집 모드에 있지 않다. 대신 무엇이든 분노를 불러일으킨 대상에게 행동하려 한다. 이때 눈은 레이저처럼 그 대상에 초점을 맞춘다. 이렇게 분노했을 때 눈을 가늘게 뜨는 것은 너무나 강하게 고착된 반응이다. 그래서 눈을 크게 뜨고 화를 내려 하면 뇌는 자신에게 '계산이 맞지 않음'이라고 말한다. 얼굴 표정과 감정이 어긋나기 때문이다. 그래서 눈을 크게 뜨고 화내기는 매우 어렵다.

이제 또 다른 연습을 해보자. 최대한 눈을 가늘게 뜨고 정말로 호기심을 가지려고 해보라. 이번에도 잘 안 될 것이다. 뇌는 눈을 정말 크게 뜨는 것과 호기심 및 경이를 짝짓는 데 익숙하다. 호기심이 생기면 정보 수집 모드가 된다는 점을 기억하라. 그래서 또 다른 불일치가 발생한다. 뇌는 '잠깐. 정말 호기심이 생긴다면 눈을 크게 떠야 해. 정말 호기심이 생긴 거 맞아?'라고 말한다.

눈은 전반적인 감정 표현을 위한 뛰어난 '비언어'이다. 우리는 너무나 오랫동안 눈을 통한 표현과 감정을 연계시켰다. 그래서 둘은 실로 긴밀하게 이어져 있다. 이 사실을 알면 이 단순한 시스템을 조작하여 짜증과 불안에서 호기심으로 옮겨가는 데 도움을 받을 수 있다.

그 방법은 다음과 같다.

앞으로 짜증이나 불안이 생기면 이렇게 해보라.

❶ 생각을 멈추고 그냥 그 감정을 명명한다(예컨대 'X 감정이군').

❷ 눈이 가늘게 떠졌는지, 크게 떠졌는지 확인한다.

❸ 호기심에 시동을 거는 수단으로 눈을 크게 뜬다(그리고 '흠'도 추가한다). 10초 동안 눈을 크게 뜨고 불안(또는 무엇이든 방금 파악한 힘든 감정)에 어떤 일이 생기는지 인지한다. 더 강해졌는가, 약해졌는가? 성격이 바뀌거나 다른 방식으로 변화가 생겼는가?

이 훈련에 능숙해지면 종일 얼마나 많이 반복할 수 있는지 보

라. 힘든 감정이 생길 때마다 이 훈련을 통해 마음을 열라. 그래서 힘든 감정을 받아들이고 거기서 (그리고 당신 자신에 대해) 배우는 동시에 호기심을 갖는 습관을 들이기 위해 노력하라.

21

온전히 지금, 이곳에
머물러라

지금까지 마음챙김 도구함은 뇌를 조작하여 1단 기어, 2단 기어, 3단 기어로 나아가는 데 활용할 수 있는 여러 도구를 갖췄다. 호기심은 토대를 깔아주고, 자애는 자책 습관 고리에서 벗어나는 데 도움을 주며, 레인 수행은 한밤의 간식에 대한 충동을 견디도록 도와준다.

그러면 종일 어느 때든 짧게 활용할 수 있는 도구는 없을까?

우리는 종종 마음챙김 수행을 삶에 반응하기보다 대응하는 방법을 배우는 수단이라고 말한다. 뭔가를 빨리 하려는 충동은 대개 불쾌한 대상에 대한 반응이다. 주의를 기울이지 않으면 불쾌한 감정을 없애려고 습관적으로 반응하게 된다. 마치 자율주행으로 운전하는 것과 같다. 또는 우리 프로그램의 참가자가 말한 대로 '눈을 감은 채 운전하는 것'과 같다. 즉, 어디로 가는지 모른다.

그러나 올바른 방향이 아닌 것은 확실하다.

불쾌한 감정에 주의를 기울이고 수용적이며 호기심 어린 인식을 적용하면 눈이 뜨일 것이다. 또한 반응하기보다 대응할 여지를 찾을 것이다. 레인은 당신이 습관적 반응에 사로잡히지 않도록 도와주기 때문에 그 여지를 열어준다.

커뮤니티 회원들 중 한 명은 과거에는 자신이 "존재하는 인간human being이라기보다 행동하는 인간human doing"이었던 것 같다고 말했다. 그녀는 기분을 나아지게 만들기 위해 어떤 행동을 계속했다고 설명했다. 그러나 행동하는 도중에 길을 잃고 존재하기를 멈췄다.

작은 여지만 있으면 당신도 행동하기보다 존재할 수 있다. 두려움과 불안 같은 불쾌한 감정에 대한 고질적인 반응을 풀어내고(1단 기어), 습관적으로 반응한 결과를 탐구하면(예컨대 걱정, 회피, 미루기 등, 2단 기어) 3단 기어로 바꿀 속도를 얻을 수 있다. 그리고 호기심을 갖거나 레인 수행을 하는 것 같은 다른 행동을 위한 여지를 만들기 시작할 수 있다. 실제로 호기심은 당신이 서핑보드에 올라가 파도를 타는 데 필요한 모든 것일지 모른다.

호기심을 갖는 것은 보상 기반 학습 체계를 조작하는 데 도움을 준다. 그래서 습관적 반응을 인식으로 대체하고 '위축되고, 약간 더 기분이 좋아지는 것'에서 '확장된 호기심을 통해 기분이 아주 좋아지는 것'으로 보상을 바꿀 수 있다. 호기심은 (결국 더 크고 나은 제안이므로) 불안보다 기분을 좋게 해준다. (불안과 비교하여)

호기심을 갖는 기분이 어떤지 살피면 자연스럽게 호기심이 새로운 행동으로 강화된다. 무엇보다 호기심을 가지면 따분하지 않다. 미국 작가인 엘런 파 Ellen Parr가 말한 대로 "호기심은 권태의 치료제다. 호기심에는 치료제가 없다."

잠시 레인 수행을 하면서 놀았던 기분이 어떤지 살펴보자. 정신적 태도에 초점을 맞추라. 충동을 견뎌내기 위해 지나치게 애를 썼는가(맞다. 자신을 강제한다는 의미다)? 레인 수행을 하는데 왜 충동이 없어지지 않는지 의아했는가?

이는 1단 기어에서 3단 기어로 너무 빨리 넘어가려고 자신을 강제한 사례다. 생각만으로는 습관을 바꿀 수 없다는 것을 명심하라. 그럴 수 있다면 벌써 그렇게 했을 것이다. 억지로 긴장을 풀려고 자신을 강제하는 경우와 마찬가지로 레인을 통해 충동이나 다른 부정적 감정이 그냥 사라지게 하려고 자신을 강제하는 것은 불길에 기름을 끼얹었을 뿐이다. 그러면 다른 고리에 사로잡힐 위험이 있다. 즉, 레인 수행을 하고 있으니 반드시 기분이 좋아져야 한다고 생각한다. 이는 억지로 레인 수행을 하게 만드는 촉발인자가 된다.

- 촉발인자: 불쾌한 감정이나 충동
- 행동: 레인 수행을 한다
- 결과: 레인 수행이 통하지 않는 데 따른 좌절

호기심을 강제할 수 없듯이 수용을 강제할 수 없다. 우리가 3단 기어로 넘어가기 전에 호기심을 뒷받침하는 데 오랜 시간을 들인 이유가 거기에 있다. 언제든 억지로 한다는 느낌이 들거나, 레인 수행이 또 하나의 의무처럼 느껴지면 바로 그 순간에 호기심을 갖고 위축감 또는 강제적 느낌이 어떤지 인지하라. 또한 반응 패턴에 빨려들어가거나 생각이 통제를 벗어나면 2단 기어로 돌아가 '내가 여기서 얻는 것은 무엇일까?'라고 자문하라.

3단 기어가 더 나은 것은 아니다

3단 기어가 2단 기어나 1단 기어보다 나은 것은 아님을 잊지 말라. 주행하려면 모든 기어가 필요하다. 높은 오르막을 올라야 하는 어떤 날은 1단 기어밖에 없어도 괜찮다. 길이 평탄하고 커브가 적은 다른 날은 2단 기어와 3단 기어로 달릴 수 있다. 모든 기어가 당신을 앞으로 나아가게 해준다. 이는 정말 중요하다. 어떤 기어에 있든 당신은 앞으로 나아간다.

항상 2단 기어나 3단 기어로 나아가지 않는다고 자책하지 않는지 때때로 확인하라.

어쩌면 당신은 자신에게 "지금쯤이면 3단 기어까지 올라왔어야지"라거나 "이제는 그 나쁜 습관을 버렸어야지"라고 말하고 있을지도 모른다. 하지만 그러는 것 자체가 하나의 습관 고리가 아닐까? 이제는 자책을 멈추고 그것을 풀어내야 하지 않을까?

알아차림 수행

또 다른 수행을 해보자.

레인 수행 중에서 N에 초점을 맞춰보자. 레인 수행과 관련하여 이미 설명했지만 알아차림은 자율 주행 모드에서 벗어나도록 도와주는 중요한 수행이다. 습관 고리라는 고래에게 통째로 삼켜지려 하지 않을 때도 알아차림을 연습할 수 있다는 사실을 아는가? 그러면 모든 순간 삶의 경험에 보다 온전히 현존하는 능력을 강화하는 데 도움이 된다.

오감, 즉 시각, 청각, 촉각, 후각, 미각에서부터 시작하라. 거기에 몸에서 느껴지는 신체적 감각(즉, 내수용감각 interoception)과 생각, 이 두 가지를 더하라. 모든 순간에 어느 것이 가장 두드러지는지 인지하라.

당신이 거리를 걸어가는데 어떤 움직임이 눈길을 사로잡는다면 '봄'을 자신에게 인식시킬 수 있다. 잠시 후 새소리가 들린다면 '들음'을 알아차릴 수 있다. 어떤 생각이 떠오른다면('새가 노래하네') 이제 '생각함'을 알아차릴 수 있다. 그것이 그 순간 당신의 경험에서 가장 두드러지기 때문이다. 아주 간단하다.

어쩌면 당신은 노래를 불러서 행복한 기분을 느낄지도 모른다.

그래서 이제 당신은 '느낌'을 알아차린다. 행복한 감정이 가장 두드러지기 때문이다. 매번 경험을 알아차릴 때마다 당신은 생각 속에서 길을 잃거나 자율 주행 상태에 빠지는 것이 아니라 현재 순간에 머물게 된다.

자율 주행 상태에 빠지면 삶 속에서 부유하기 쉽다. 가령 당신이 들은 새의 지저귐은 '새가 노래하네… 너무 아름다워… 어떤 새인지 궁금해. 휘파람새일까? 디스커버리 채널에서 휘파람새의 서식지가 파괴되고 있다는 내용을 보지 않았나?… 사람들이 왜 환경을 더 잘 보살피지 않는지 모르겠어… 우리 이웃은 재활용도 안 해… 정말 형편없는 인간이야' 같은 생각으로 이어진다.

당신은 새의 지저귐을 행복하게 듣다가 바로 다음 순간 이웃에게 분노한다. 왜 이런 일이 생길까? 자율 주행 때문이다. 훈련되지 않은 마음은 어느 방향이든 원하는 대로 달려간다. 대개는 그 과정에서 문제에 봉착한다.

알아차림 수행은 마음챙김 근육을 훈련시키는 데 도움이 된다. 분노든 두려움이든 또는 다른 해로운 감정이든 간에, 불길에 기름을 끼얹지 않도록 해준다. 마음이 엇나가기 시작하면 '생각함이나 느낌 또는 심지어 두려움'을 알아차리라. 알아차림(및 다른 3단 기어 수행)을 성공적으로 활용하면 뇌를 재구성하여 오래된 습관을 새로운 습관으로 바꿀 수 있다.

그러니 바로 지금 30초를 투자하라. 주의를 기울여서 봄, 들음, 생각함, 느낌, 냄새 맡음, 맛봄 등 무엇이든 당신의 경험에서 가장 두드러진 것을 알아차리라.

　그다음 주의를 기울여 인식하는 것과 생각의 갈피를 잃거나 감정에 휩쓸리는 것 사이의 차이를 알아차리라. 전자는 불이 서서히 타는 것을 지켜보는 것이고, 후자는 불길이 크게 타올라서 사방으로 번지도록 놔두는 것과 같다.

　우리 프로그램의 한 참가자는 자신의 스트레스성 폭식 습관 고리에 대해 이렇게 말했다.

　　이전에는 너무 불안해서 가슴과 목구멍이 조여드는 고통을 잠재우려고 무리하게 음식을 찾았어요. 설령 다른 일에 늦는다고 해도 말이죠. 그만큼 불편했습니다… 그런 느낌이 올라오는 것을 알아차리는 수행은 제게 큰 힘이 되었습니다. 저는 그것을 인지하고 '넌 배고픔이 아냐, 스트레스지'라고 생각합니다. 그리고 거기서부터 무엇을 할지 결정합니다.

　단지 알아차리는 것이 마음챙김의 찰나를, 즉 실제로 무슨 일이 일어나고 있는지 인식할 수 있는 여유를 준다는 것을 알겠는가? 알아차림은 어떤 행동을 하고 싶게 만드는 감정이나 충동으로 빨려들어가지 않도록 해준다.

　알아차림 수행은 비교적 간단하다. 알아차림 수행은 바다에서 떠 있을 수 있도록 해주는 서핑보드처럼 감정의 강한 파도에 휩쓸려 익사하지 않고 현재 순간에 머물 수 있도록 도와준다. 당신이 이미 온전히 현존한다면 알아차림을 더할 필요는 없다. 이미 그 상태에 있기 때문이다.

알아차림 수행은 처음 시작할 때는 일처럼 느껴질 수 있다. 그래도 걱정하지 말라. 익숙해질수록 더 쉬워질 것이다. 종일 자주, 짧게 실행하라. 이 내용을 강조하는 이유는 당신이 기억하게 만들기 위해서다. 새로운 습관을 형성하는 것이 중요하다. 그러면 뇌에 알아차림을 새로운 습관으로 만들어주는 새로운 경로가 새겨진다. '완벽하게 해야 해'라거나 '이건 너무 어려워. 내가 뭔가 잘못하고 있는 게 분명해. 실패했어. 차라리 포기하고 소셜미디어를 확인하거나 아이스크림을 먹겠어'라고 생각하는 습관 고리에 주의하라. 그저 이를 '생각함'으로 알아차려라.

레인 수행과 알아차림 수행 그리고 다른 수행을 통해 마음챙김 근육을 단련하면 습관 고리를 더 명확하게 파악하게 된다. 시간이 지나면 결국에는 당신이 밀어내지 않아도 습관 고리가 저절로 멈출 것이다.

오늘부터 알아차림 수행을 해보라. 레인 수행을 할 때뿐 아니라 거리를 걷거나, 소파에 앉아 있을 때나, 심지어 차를 타고 갈 때도 하라. 확고한 새로운 습관을 들이는 길은 종일 자주, 짧게 하는 것임을 명심하라.

의사도 공황발작을 일으킨다

내가 의대에 다니던 시절에는 의대생은 강인하고, 거의 초인간적이어야 한다는 암묵적인 규약이 있었다. 즉, 지치거나 배가 고파서는 안 되었다. 심지어 화장실에 가야 한다는 사실도 인정하지 않았다. 이 접근법은 '정신 무장armoring up'이라 불렸다. 결국 우리는 스트레스나 불안을 적절하게 관리하는 법을 배우지 못했다.

나는 스트레스를 억누르는 데 특히 뛰어났다. 그래서 레지던트 수련 후반기에 한밤중에 전면적인 공황발작을 일으키며 잠에서 깨어나는 것도 놀랄 일이 아니었다. 심장은 마구 뛰었고, 시야는 좁아졌다. 호흡이 가빠졌으며, 곧 세상이 멸망할 것 같은 느낌이 들었다.

나는 의대 시절부터 명상을 시작했다. 그래서 공황발작이 시작되었을 때 이미 10년 정도 명상을 한 상태였다. 당시 나는 알아차림 수행을 자주 했다. 다행히 처음 발작으로 잠이 깼을 때, 그 무렵에 습관적으로 하던 알아차림이 저절로 이뤄졌다. '조임', '숨을 쉴 수 없음', '좁아진 시야', '심장이 빨리 뜀' 등을 알아차렸다. 공황발작이 끝났을 때 나는 진단 항목을 확인했고, 전면적인 공황발작을 일으켰다는 사실을 깨달았다.

하지만 그 뒤에 일어난 일은 뜻밖이었다. 나는 '이런, 공황발작을 일으켰네'라고 생각하지 않았다. 대신 나의 마음은 의견이나 논평을 더하지 않고 그냥 방금 일어난 일을 알아차렸다. 의견과 논평이 공황증상·발작을 공황장애로 만든다. 즉, 우리는 다음에 걱정할 때를 걱정하기 시작한다. 다시 불안해질까 불안해하기 시작한다.

공황발작은 공황의 모든 두드러진 증상을 드러낼 수 있다. 거기에는 심장이 심하게 또는 빠르게 뛰는 것, 식은 땀을 흘리는 것, 몸이 떨리는 것, 숨이 가쁘거나 기절할 것 같은 느낌, 죽음에 대한 강한 두려움이 포함된다. 그러나 공황장애로 진단하려면 공황발작이 "뒤이어 한 달 이상 (1)또 다른 발작 또는 발작의 결과나 (2)발작과 관련된 중대한 부적응적 행동 변화를 줄곧 걱정하는 것과 연계되어야" 한다.[3] 이는 내가 레지던트로서 공황발작을 겪던 때에는 깨닫지 못했던 중요한 구분이다. 공황발작은 단지 공황발작일 뿐이다(그렇다고 해서 그 순간의 끔찍한 느낌이 줄어드는 것은 아니다). 또 다른 발작을 일으킬까 걱정하기 시작할 때 공황발작은 문제가 되며, 일상생활에 영향을 미친다. 데이브는 운전하다가 공황발작을 일으킬까 너무 걱정돼서 나를 찾아왔다. 그는 고속도로에서 운전하지 않았으며, 차를 몰고 식료품점에 가기 위해 집밖으로 나서는 일도 드물었다. 데이브는 공황의 촉발인자를 피하려고 부적응적 습관 고리를 형성했다.

- 촉발인자(들): 운전(특히 고속도로 운전)
- 행동: 운전을 피한다
- 결과: 공황발작을 일으키지 않는다!

뇌는 생존하기 위해 구성되었다는 사실을 잊지 말라. 뇌는 우리가 위험을 피하도록 돕기 위해 최선을 다한다. 공황발작은 당연히 위험처럼 느껴진다. 나 자신의 공황발작에서 기억나는 가장 극단적인 증상은 질식해서 죽을 것 같다는 느낌이었다. 데이브의 뇌는 X가 공황발작을 일으킨다면 X를 피한다는 한 가지 재주밖에 부릴 줄 몰랐다.

다행스럽게도 그는 자신의 뇌가 훨씬 적응력이 뛰어나다는 사실을 파악했다. 그는 뇌가 학습할 수 있다는 사실을 이해함으로써 새로운 재주를 가르칠 수 있었다. 데이브가 얻은 핵심적인 통찰 중 하나는 미래의 공황발작에 대한 걱정이 단지 그가 자신에게 들려주는 이야기story일 뿐이라는 것이었다. 그것은 현실이 아니었다. 단지 이야기에 불과했다.

우리가 지어낸 두려움이나 걱정의 이야기는 스스로 생명력을 얻는다. 우리가 '운전하면 또 공황발작이 일어날 수 있어'라고 되뇔 때마다 이 이야기는 뇌가 진실이라 믿을 정도로 구체화되고 확고해진다. 우리는 그 생각을 믿을 뿐 아니라 그것을 특정한 감정과 연계시키게 된다. 그래서 어떤 생각('공황발작이 생길까?')을 하면 특정 감정(두려움, 걱정 등)이 촉발되는 지경에 이른다. 앞서 소개한 신체적 기억 형성에 대한 내용을 기억하는가? 그 내용이 여기서도 적용된다.

앞서 불안해지는 습관 고리와 너무나 동일시되는 바람에 그것이 "뼛속 깊이 새겨졌다"고 말한 사람의 이야기를 다뤘다. 우리는 단지 습관 고리하고만 동일시되는 게 아니다. 우리는 우리 자신의 생각과 감정 그리고 더 이상 무엇이 사실인지 알지 못하는 이야기에 사로잡힐 수 있다. 이 경우 극도로 긴장한 상태에서 동료나 가족이 어깨를 두드리거나 전혀 악의 없는 행동을 해도 분노를 터트리거나 하염없이 눈물을 흘리게 된다.

의대를 다니고 레지던트 수련을 하는 동안 마음챙김은 '나는 나의 생각'이 아님을 가르쳤다. 나는 나의 감정이 아니고, 육체적 감각도 아니었다. 이런 것과 나를 동일시할 필요가 없었다. 우리의 습관적 경향은 무엇이든 불쾌한 것을 밀어내려는 것이다. 나는 공황발작을 일으켰을 때 그 감각, 감정, 생각을 알아차렸다. 그래서 그것을 밀어내는 것이 아니라 그저 왔다가 가는 것을 관찰하고 지켜보았다. 이는 걱정과 고뇌의 악순환에 빠지지 않도록 도와주었다. 덕분에 나는 이 사건을 윤색하거나 편집하지 않고 끝낼 수 있었다. 그에 따라 그것을 질질 끌거나 실체 이상의 것으로 만들지 않을 수 있었다. 또한 이는 심장이 빨리 뛰는 것 같은 생리적 경험과 공황발작을 일으킬 것 같다는 생각을 연계시키는 신체적 기억을 형성하지 않는 데 도움이 되었다. 계단을 급히 오른 후 심장이 빨리 뛰어도 공황이 촉발되지 않았다. 그것은 단지 심장이 근육으로 더 많은 피를 보내는 올바른 일을 하고 있다는 신호에 불과했다.

나는 마음챙김 수행 덕분에 사건의 지평선을 넘어 공황장애라는 블랙홀로 빨려 들어가지 않았다. 마음이 작동하는 방식을 아는 것은 그런 위험에 대처하도록 도와주었다. 나는 공황과 나를 동일시하거나 또 다른 공황발작을 일으킬지 모른다고 걱정하는 습관 고리를 만들지 않았다. 그해에 나는 결국 몇 번 더 공황발작을 견뎌야 했지만 모두 같은 방식으로 끝났다. 매번 공황발작이 일어날 때마다 나의 호기심과 자신감은 더욱 강해졌다. 나는 나의 마음을 다스릴 수 있다는 사실을 알았다.

이 대목에서 당신은 '이 사람은 10년 동안 본격적으로 마음챙김 명상을 했잖아. 나는 못해!'라고 생각할지 모른다. 이 자리에서 나는 당신의 습관이 무엇이든, 얼마나 오래 되었든, 얼마나 깊이 자리 잡았든 간에 실제로 당신도 할 수 있다는 것을 보장한다. 당신도 종일 자주, 짧게 마음챙김을 착실하게 하는 습관을 들일 수 있다. 데이브가 두어 달 동안 그랬던 것처럼 우리 모두는 우리의 마음을 다스리는 법을 배울 수 있다. 핵심은 항상 호기심을 품는 것처럼 좋은 습관을 갖는 것이다.

좋은 습관 갖기

내가 이 책에서 제안한 수행을 시도했다면 당신은 호기심과 자비 같은 더 크고 나은 제안을 직접적인 경험을 통해 발견하고 있는 것이다. 또한 이 3단 기어 수행 목록에 레인 수행과 알아차림 수행을 추가할 수 있다. 나의 경험에서 알 수 있듯이 알아차림의 습관을 들이는 것은 공황발작을 일으키고 공황장애에 이를 만큼 걱정하는 것보다 분명 더 많은 보상을 안기기 때문이다. 이 모든 수행, 그리고 같은 맥락에서 모든 3단 기어 수행을 할 때 그것이 얼마나 많은 보상을 안기는지 분명하게 보고 느껴야 한다. 3단 기어 수행을 한 후(또는 3단 기어 순간을 가진 후) 2단 기어로 낮추면 이를 강화할 수 있다. 그냥 자신에게 '내가 이것에서(3단 기어 수행) 얻은 것은 무엇인가?'라고 자문하고 좋은 느낌을 음미하라. 나는 이를 2단 기어의 출력을 강화하는 것이라고 표현한다. 회전수를 높여서 이다음에 3단 기어 수행을 더 많이 할 수 있도록 해주기 때문이다. 중요한 사실은 이 방식이 또한 뇌에서 해당 수행의 보상 가치를 확고하게 높여준다는 것이다. 이는 보상을 누리는 순간에서 금세 떠나려고 하는 습관적인 자기회의자(그리고 우리)에게 특히 중요하다. 우리는 바쁘고 정신없는 생활 탓에 위험이 코앞에 닥친 상황이 아니라면 좋은 것을 서둘러 떠나보낸다. 그래서 좋은 것은 우리의 뇌에 등록되지 않는다. 심리학에서는 뇌가 긍정적인 자극과 사건보다 부정적인 자극과 사건을 더 많이 기록하고 반추하는 경향을 '부정성 편향negativity bias'(또는 '긍정-부정 비대칭성positive-negative asymmetry')이라 부른다. 칭찬의 기쁨보다 질책의 아픔이 더 강하게 느껴지는 이유가 거기에 있다. 2단 기어의 출력을 강화하는 일은 둘 사이의 균형을 잡는 데 도움을 준다. 마음챙김은 어느 한쪽에 사로잡히는 일 없이 부정적인 것과 긍정적인 것을 완전히 느끼도록 도와준다.

다정하고 호기심 어린 태도를 갖는 습관이 그 자체로 좋은 습관임을 당신이 이미 파악했기를 바란다. 분명히 말하자면, 호기심과 자비는 귓전에서 고함치는 교관이 아니다. 마법사도 아니다. 당신을 정신적 헬스장으로 대뜸 옮겨 놓고 운동을 강제하지는 않는다. 그들은 다른 방식으로 마법을 부린다. 즉, 느낌이 좋기 때문에 자연스럽게 당신을 끌어들인다. 당신이 나이 든 교관처럼 자신에게 동기를 부여하는 습관에 갇혀 있다면 자신의 경험을 통해 내면의 고함이 실제로 얼마나 잘 통하는지(통하지 않는다) 깨달았기를 바란다. 그래야 그 습관도 떠나보낼 수 있다.

더 넓은 시야로 보면 헬스장이 운동에 좋기는 하지만 평생을 헬스장에서 보낼 수 없다는 사실을 알게 된다. 매일 어느 정도 시간을 들여서 자리에 앉아 '정식' 명상 수행을 하는 것은 헬스장에 가서 기구 운동을 하는 것과 비슷한 도움을 준다. '정식'이라 함은 그저 방해받지 않고 명상(호흡 인식 수행이나 알아차림 수행)을 할 수 있는 시간과 공간을 확보한 상태를 말한다. 더 중요한 것은 정신적 근육이 성장하면 레인이나 알아차림 같은 도구를 일상적 삶에 적용할 수 있게 된다는 점이다. 결국에는 온 세상이 정신을 위한 헬스장임을 깨닫고 정식 수행과 비정식 수행을 통합하게 된다. 엘리베이터를 타는 대신 계단을 오르면 종일 활발하게 몸을 움직일 수 있듯이, 인식과 호기심을 통해 매순간 정신을 '운동'시킬 수 있다. 계속 기어를 움직여 뇌의 보상 가치 위계를 개선하면 보상을 안기지 않는 습관(오래 앉아 있는 것, 정크

푸드를 먹는 것, 걱정하는 것)은 그 목록에서 계속 낮은 자리로 떨어진다. 반면 보상을 안기는 습관(활발하게 몸을 움직이는 것, 몸에 좋은 음식을 먹는 것, 호기심을 갖는 것)은 계속 위로 올라간다. 마음챙김의 좋은 습관을 기르는 방법은 종일 자주, 짧게 수행하는 것임을 명심하라.

그러니 헬스장에 가겠다는 새해 결심 후 일주일 동안 동기 부여만 했다면, 그만 강제하고 이 책에 나온 도구들을 활용해 보라. 당신이 실제로 즐기고, 그 보상을 인식하여 더 크고 좋은 제안으로 뇌에 고착시킬 수 있는 정신적, 육체적 훈련을 찾을 수 있는가? 가령 나의 아내는 조깅을 하고 싶은 의욕이 생기지 않으면 지난 번에 달리고 나서 얼마나 기분이 좋았는지를 자신에게 상기시킨다. 이 기억은 종종 미소로 이어져서 아내가 밖으로 달려나가게 만든다. 정신적 훈련의 경우 자비를 훈련하고 싶은 동기를 부여하는 최고의 방법은 자비를 베풀었던 때를 기억하고 그 기분이 얼마나 좋았는지 기억하는 것이다(이 방법은 내게 확실하게 통한다).

건강한 식생활이나 운동, 봉사활동 또는 무엇이든 당신이 들이고 싶은 습관이 안기는 달콤함을 느낄 수 있겠는가?

22

믿음의 습관을 들여라

이제 이 책의 끝이 가까워졌다. 지금까지 어땠는가? 노래를 부르며 자신의 능력을 확인한 꼬마 기관차처럼 마음챙김의 상태로 들어서서 기어를 움직이는 수단으로 자신에게 들려줄 좋은 주문이나 구절을 찾아냈는가? 당신의 주된 촉발인자가 마음챙김의 종(땡!)이 되어서 3단 기어로 바꾸도록 촉발하는가? 오래된 습관보다 더 크고 나은 보상을 안기는 새로운 행동을 하도록 촉발하는가?

당신이 내가 도운 많은 환자나 학생 들과 비슷하다면 '지속적인 변화를 이룰 수 있을까?'라고 의아해할 것이다. 솔직히 적응과 노력에 달린 문제다. 어떤 면에서는 시험을 치는 것과 비슷하다. 당신이 할 수 있는 만큼, 또는 해야 하는 만큼 열심히 공부하지 않았다 해도 걱정하지 말라.

계속 공부하면 목표에 도달할 수 있다.

이 정신적 기술들은 습득하기 어렵지 않다. 새로운 습관이 될 만큼 많이 연습하기만 하면 된다. 마음을 훈련시키려면 연습이 필요하다. 습관 고리를 풀어내는 법, 행동의 결과를 더욱 자세히 살피는 법, 무엇이든 마음에 생겨나는 생각이나 감정과 공존할 수 있도록 충동을 견뎌내는 법을 연습해야 한다. 이 모든 연습을 통해 간지러움, 충동, 걱정이 수반하는 위축감이나 속박감뿐 아니라 그 반대, 즉 자비와 호기심이 수반하는 확장감을 분명하게 인식할 수 있도록 정신적 체계를 조정할 수 있다. 또한 외적 보상(기분이 좋아지기 위해 뭔가를 가져야 하는 것)과 내적 보상(호기심과 자비가 수반하는 좋은 기분을 느끼는 것)을 구분할 수 있다.

믿음

새로운 기술을 익히는 데 있어서 가장 중요한 요소 중 하나는 자신을 신뢰하는 것, 할 수 있다는 믿음을 갖는 것이다.

믿음에는 두 가지 기본적인 유형이 있다. 첫 번째는 해본 적은 없지만 다른 사람들이 하는 것을 봤기 때문에 또는 직감이 맞다고 말하기 때문에 성공하리라고 믿는 도약이다. 이 믿음의 도약은 미지의 영역을 향하기 때문에 매우 두렵다. 당신이 처음 레인 수행을 활용하여 충동이나 갈망을 끝까지 견뎌냈을 때 이 도약을 이룬 것일지도 모른다.

믿음의 두 번째 유형은 첫 번째 유형을 토대로 삼는다. 나는 이를 증거 기반 믿음이라 부른다.

의학계에서는 증거를 확인한 후 어떤 요법이 통한다고 말한다. 당신이 혈압을 낮추기 위해 약을 먹는다면 실제로 그런 효과를 내는지 보여주는 증거를 원할 것이다. (나 같은) 의학 연구자들은 그 증거를 제공하는 연구를 실시한다. 여기서 증거 기반 의학evidence-based medicine이라는 용어가 나왔다.

가령 우리 연구소는 마음챙김을 흡연이나 과식 또는 불안에서 벗어나려는 사람들에게 가르치면 효과가 있을지 확인하기 위한 임상 연구를 진행했다. 처음에는 대면 상태에서 요법을 적용하고 뒤이어 디지털 요법(앱)을 활용한 임상 시험을 했다. 우리의 방법론은 이 책에서 제시한 것과 같은 훈련을 활용했다. 그리고 실제로 효과가 있었다.

한 연구에서는 금연을 돕는 데 있어서 마음챙김 훈련이 지금의 주요 요법보다 5배나 낫다는 사실을 확인했다. 흡연은 끊기가 가장 힘든 화학적 중독이다. 니코틴은 코카인이나 알코올 또는 헤로인보다 끊기 힘들다.[4]

또한 나는 과식을 대상으로 한 연구 결과(예컨대 갈망 관련 폭식의 40퍼센트 감소와 보상 가치 감소)와 불안을 대상으로 한 연구 결과(예컨대 불안 수준을 내과의들 사이에서 57퍼센트, 범불안장애 환자들 사이에서 63퍼센트 감소)를 언급했다. 우리 연구소만 마음챙김 훈련을 뒷받침하는 증거를 확인한 것이 아니다. 현재 마음챙김의 임상적 효능뿐 아니라 그 이면의 신경과학까지 밝히는 수백 편의 논문이 나와 있다.

앞서 언급한 대로 우리 연구소는 명상 중인 피실험자들의 뇌를 스캔하여 명상이 기본적인 뇌의 활동 패턴을 바꾼다는 사실을 확인했다. 다른 연구자들은 명상이 뇌의 크기까지 바꾼다는 사실을 확인했다. 마음챙김 훈련을 뒷받침하는 증거 기반은 매일 커지고 있다.

하지만 나는 마음챙김 훈련이 다른 사람들에게 통했다는 이유만으로 내 말을 믿거나 마음챙김 훈련을 맹신하라고 당신에게 강요하는 것은 아니다. 나는 당신이 그 과정에서 스스로의 경험을 통해 증거를 수집하기를 바란다. 불안이 몸에서 어떤 느낌을 주는지에 대해 정말로 호기심을 가진 적이 얼마나 되는가? 당신의 촉발인자와 습관적 행동을 풀어낼 수 있었던 적이 얼마나 되는가? 모든 기어들로 주행한 적이 얼마나 되는가?

충동에 숨결을 불어넣거나, 레인을 활용하여 갈망을 견디거나, 자비의 온기를 느끼거나, 알아차림 수행을 통해 파괴적인 사고 패턴을 떠나보낼 때마다 당신은 데이터를 수집하고, 자신만의 증거 기반을 구축하는 것이다. (혼미해지는 것이 아니라) 인식할 때마다 실시간으로 그 결과를 볼 수 있다. 당신은 이 방식이 실제로 당신에게 통한다는 것을 보여주는 증거를 계속 수집해왔다. 당신이 지금까지 이 책을 읽는 동안 수집한 모든 증거를 잠시 떠올려

보라. 그 내용을 세심하게 살피라. 수행을 했다면 지금쯤 상당한 데이터를 갖고 있을 것이다. 이제 그 모든 증거를 모아서 이 프로그램에 대한 증거 기반 믿음을 구축하라. 의심이나 회의가 들면 먼저 그것을 '의심'이나 '회의'로 알아차리라. 당신에게는 믿음의 기반으로 삼을 상당한 증거가 있음을 자신에게 상기시키라. 맹신이 아니라 증거 기반 믿음이다. 당신은 할 수 있다. 긴장을 풀고 계속해보라.

'이트 라이트 나우' 프로그램에 참가자 중 한 명은 다음과 같이 지난 과정을 회고했다.

> 우리는 이 수행들을 계속할 수 있다고 믿어야 합니다. 이 믿음은 우리가 수집한 증거를 통해 강화할 수 있습니다… 저는 이 프로그램이 통하는 것을 확인했으며, 수행을 잘했을 때 그 혜택을 누렸습니다. 또한 수행을 게을리했을 때 오래된 습관으로 돌아가는 일이 얼마나 쉬운지도 확인했습니다. 이 수행들을 진정한 새로운 습관으로 굳히려면 근면이 필요합니다. 부분적으로는 이 수행들을 새로운 습관으로 만들 수 있다고 믿어야 합니다. 그래야 포기하고 과거 방식으로 돌아가지 않을 수 있습니다.

정말 현명한 말이다. 악기를 배울 때처럼 계속 연습해야 기술이 는다.

그러니 계속 훈련하여 증거 기반 믿음을 쌓고, 의심이 생길 때면 알아차리고 의심에 사로잡히기보다 그것을 떠나보내는 즐거움을 인식하라.

종일 마음챙김과 호기심을 시도해보면 어떨까? 커피를 끓일 때, 집에서 나와 차나 버스를 향해 걸어갈 때, 심지어 화장실을 쓰고 있을 때도 마음챙김이 가능한지 보라. 자주, 짧게 하는 훈련이 자신감과 추진력을 쌓아서 1단 기어, 2단 기어에 이어 3단 기어로 나아가는 데 얼마나 많은 도움이 되는가?

나의 미루기 습관 고리

어린 시절에 나는 사명감을 가진 아이로 상당한 집중력을 발휘할 수 있었다. 그래서 뭔가를 하고 싶으면 악착같이 해냈다. 그러나 그 집중력은 대가를 수반했다. 칼에 베인 사건이 말해주듯이 나는 하고 있는 일에 골몰한 나머지 무엇을 하는지(또는 하려 하는지) 파악하지 않았다. 이런 집중력은 흥미에 이끌렸다. 나는 어떤 것에 흥미를 느끼면 별로 애를 쓸 필요가 없었다. 반면 흥미가 없는 일을 할 때는 억지로, 마지못해 했다. 또한 '했다'는 시늉을 내는 데 필요한 최소한의 일만 했다.

내가 어렸을 때 엄마는 해야 하는 일을 내게 억지로 시키는 것보다 거기에 흥미를 느끼도록 만드는 것이 훨씬 쉽다는 사실을 빠르게 깨달았다. 나는 어떤 일에 흥미를 느끼면 그냥 하는 것이

319

아니라 잘했다. 그러나 엄마가 나를 지켜보지 않는 20대가 되었을 때 나는 해야 하지만 흥미가 없는 일이 생기면 다른 것으로 주의를 돌릴 방법을 찾아냈다.

- 촉발인자: 논문 작성 기한
- 행동: 〈뉴욕타임스〉 웹사이트 (재)확인
- 결과: 뉴스는 따라잡았지만 일은 뒤처졌다는 느낌

　오랫동안 나는 명상 수행을 하고, 신경과학을 연구하고, 환자들을 도우면서 나 자신의 마음이 작동하는 양상에 대해 많은 것을 알게 되었다. 나는 미루기가 얼마나 보상을 안기지 않는지 깨닫기 시작했다. 또한 내가 일을 미루는 이유를 파악하기 시작했다. 가령 나는 '경력에 도움이 되기 때문에' 리뷰 논문을 써야 하는 경우 자리에 앉으면 위장에서 백열 상태로 비틀리는, 위축적인 공포의 큰 덩어리가 생기는 것을 인지했다. 나는 〈뉴욕타임스〉 웹사이트에 들어가서 마지막으로 들어간 때(5분 전) 이후로 세상이 무너지지 않았음을 확인하는 것이 고통을 적절하게 완화하는 방법임을 재빨리 배웠다. 이는 의사부터 환자 그리고 마케팅 회사까지 모두가 아는 다음과 같은 단순한 공식을 따른다.

- 촉발인자: 고통
- 행동: 진통제를 먹는다

● 결과: 고통이 완화된다

조금 시간이 걸리기는 했지만 나는 복통 중 많은 부분이 무엇을 써야 할지 알 만큼 해당 주제를 잘 알지 못하는 데서 기인한다는 사실을 파악했다. 지식 부족은 내게 단 두 가지 만족스럽지 못한 선택지만 남겼다. 하나는 자리에 앉아 심한 복통에 시달리며 컴퓨터 화면으로 완성하지 못한 논문을 바라보는 것이었다. 다른 하나는 〈뉴욕타임스〉 웹사이트를 (재)확인하는 것이었다. 그러나 나는 그 습관 고리가 도움이 되지 않는다는 사실을 이해한 후 자리에 앉기 전에 세심하게 자료 조사를 하면 〈뉴욕타임스〉 웹사이트를 확인하는 행동이 줄어들고 논문을 작성하는 행동이 늘어난다는 사실을 알게 되었다.

뒤이어 나는 전체 과정을 강화하는 요소를 찾아냈다. 바로 실제 경험이었다.

다음은 미루기에 대한 나의 고통 완화 공식이다. 흥미+지식+경험=논문 작성의 즐거움+양호한 결과물=몰입[5].

다시 말해서 흥미를 느끼는 주제를 찾고, 그 주제에 대해 복통을 막을 수 있을 만큼 충분히 알면 논문을 쓸 수 있을 뿐 아니라 재미를 느낄 수 있었다. 가령 나는 마음챙김과 사람들이 습관을 바꾸도록 돕는 일에 관심이 많았다. 나는 오랫동안 보상 기반 학습과 신경과학에 대해 점차 더 많은 지식을 습득하고 수집했다. 또한 나 자신의 명상 수행과 진료 및 요법 개발을 통해 경험을 획

득했다. 이런 요소들을 더하자 자리에 앉아 논문을 쓸 수 있었을 뿐 아니라 그 과정을 즐길 수 있었다.

나는 2013년, 어느 운명의 토요일 아침에 이 공식과 말 그대로 우연히 마주쳤다. 화창하고 추운 겨울 아침이었다. 나는 뭔가를 써야 한다는 이상한 느낌과 함께 비교적 일찍 아래층으로 내려갔다. 나는 자료를 집어들고 식탁에 앉아서 노트북을 열었다. 그리고 방해받는 일 없이 시간의 흐름을 잊은 3시간 후에 〈주의를 기울이기가 왜 그토록 어려울까? 또는 정말로 그럴까? 마음챙김, 각성과 보상 기반 학습의 요소들Why Is It So Hard to Pay Attention, or Is It? Mindfulness, the Factors of Awakening and Reward-Based Learning〉이라는 논문이 마무리되었다. '마무리되었다'는 것은 정말로 완성되었다는 뜻이다.

대개 피어 리뷰peer-review 논문은 리뷰어들과 세부 내용 등을 놓고 의견을 주고 받으면서 많은 편집을 거친다. 이 논문은 그렇지 않았다. 나는 내용이 타당한지 확인하기 위해 두 명의 잠재적 공저자에게 초고를 보냈고, 거의 편집 없이 학술지에 게재하기 위해 제출했다(그리고 아주 적은 수정 제안과 함께 받아들여졌다. 이는 과학 논문 출판 과정에서는 특이한 일이다). 이 경험을 돌이켜보면서 모든 일이 이뤄진 이유를 깨달았다. 나는 오랫동안 해당 주제에 대해 훈련하고, 공부하고, 가르쳤다. 그래서 논문은 이미 과포화용액 상태였으며 모결정seed crystal만 넣으면 결정화의 연쇄반응을 일으킬 수 있었다. 내게 그 모결정은 마음챙김이 보상 기반 학습과 들어맞는 양상에 대해 근래에 누군가와 나눈 대화였다.

나는 몰입의 개념과 경험을 건드리고 있었지만 글을 쓸 때 몰입할 수 있다는 사실을 깨닫지 못했다. 나는 모든 좋은 과학자가 그러하듯이 이 실험을 반복할 수 있는지 시험했다. 나는 몇 가지 예비연구(논문, 블로그 등)를 한 다음 거대하고 결정적인 실험에 돌입했다. 몰입 상태에서 책 한 권을 다 쓸 수 있을까?

나는 적절한 배경을 갖췄는지 확인했다.

❶ 관심: 나는 마음챙김과 중독의 과학에 대한 책을 쓰는 데
　　관심이 있었다.
❷ 지식: 나는 마음챙김을 약 20년 동안, 중독을 약 10년 동안 연구했다.
❸ 경험: 나는 약 20년 동안 마음챙김 수행을 했고, 약 9년 동안
　　중독 환자를 치료했다.

이 모든 요소가 갖춰졌으므로 나는 적절한 환경을 조성했다.

❶ 음식
❷ 방해요소 제거
❸ 정신적 마사지

나는 몰입 상태에서 책을 완성할 확률을 높이려면 배가 고파서는 안 되며, 〈뉴욕타임스〉 웹사이트 같은 것을 쉽게 접할 수 있

어서는 안 된다는 것을 파악했다. 내게 필요한 것은 '이 다음에 무슨 내용을 써야 하지?'라는 경련을 유발하는 생각이 들면서 위장이 수축하기 시작할 때 배 속의 뜨거운 덩어리를 마사지할 수 있는 것이었다.

그래서 2015년 12월 말에 나는 집에서 2주 동안 홀로 명상 수련을 하면서 환경을 조성했다. 모든 전자기기는 꺼진 상태였으며, 고양이 말고는 누구도 주의를 흩트리지 않았다. 아내는 휴가 동안 서부에 있는 친척들을 만나러 가서 이 '실험'을 도와주는 데 동의했다. 나는 시작하기 전에 충분한 음식을 요리한 다음 냉동시켰다. 그래서 배가 고프면 전자레인지에 넣고 데우기만 하면 되었다.

모든 준비가 완료된 후 나 자신에게 간단한 지시사항을 내렸다. 그것은 앉고, 걷고, 쓰는 것을 반복하되 몰입 상태에서만 쓴다는 것이었다. 나는 좌선 명상과 보행 명상을 많이 하면서 꾸준한 명상 '작업'을 했으며, 의욕이 생길 때만 앉아서 글을 썼다. 가장 중요한 것은 조금이라도 위가 조이는 느낌이 들면 즉시 글쓰기를 그만두고 명상으로 돌아간다는 것이었다. 그 느낌은 내가 몰입 상태에서 벗어나 억지 노력 상태로 들어선다는 신호였다. (나의 목적은 명상 마사지로 집필에 따른 경련을 풀어내는 것이었다.)

2주 후 나의 첫 책인 《크레이빙 마인드The Craving Mind》의 탄탄한 초고가 완성되었다. 실험은 성공했다! 나의 가설은 증명되었다. 게다가 그 과정은 참으로 즐거웠다. 하지만 과학의 징표는 재현이다. 실험이 올바른지 확인하려면 재현할 수 있어야 한다.

그래서 2019년 12월 말에 아내는 휴가 동안 친척들을 만나러 서부로 날아갔다. 집에는 나와 고양이들만 남았다. 이번에도 나는 홀로 수련할 수 있었다. (보다시피 나는 혼란을 방지하기 위해 시기와 고양이들 그리고 나머지 모든 요소를 동일하게 유지했다.) 나는 9일 동안만 수련을 계속했으며, 일부러 책을 쓰고 싶다는 마음을 먹지 않았다.

나는 3개의 기어를 기반으로 하여 습관을 변화시키는 몇 가지 훈련법과 소비자 중심의 방법론을 섞은 일종의 카드 패를 구성하겠다는 생각뿐이었다. 이전 실험을 완벽하게 재현한 것은 아니었지만 충분히 양호했다.

나는 수련을 시작했으며, 3일 반 동안 걸었다. 그동안 책을 쓰고 싶다는 마음은 전혀 들지 않았다. '뭔가를 써야 하나?' 하는 생각이 들 때마다 복통이 뒤따랐다. 나는 좌선 명상과 보행 명상을 계속했다. 다음 날 아침이 왔다. 그날은 마침 12월 24일, 화요일이었다. 그날따라 복통이 느껴지지 않았다. 나는 자리에 앉아 어떤 일이 생기는지 지켜보았다. 글을 쓸 준비가 된 것인지 확실치 않았다. 그래서 그냥 수도꼭지를 조금만 틀었다. 어차피 내가 만들려는 것은 카드일 뿐이었다. 책이나 다른 거창한 것이 아니었다. 그러나 나의 몸에는 압력이 쌓여 있었던 것이 분명했다. 경험과 지난 글쓰기에서 나온 온갖 조각들이 컴퓨터 화면으로 쏟아져 나오기 시작했기 때문이다. 지금은 그로부터 7일 후인 2019년

12월 30일, 월요일이다. 현재 나는 이 마지막 장을 마무리하는 중이다.[6]

이것을 재현이라고 볼 수 있을까?

적어도 공식에서 '흥미+지식+경험=글을 쓰는 즐거움=몰입'이라는 부분이 맞다는 것은 확실하다.

이 경험은 또다시 내게 즐거움을 주었다. 공식의 마지막 부분인 좋은 결과물까지 들어맞을지는 오직 시간이 말해줄 것이다. 이 부분에 대한 판단은 여정을 계속하는 동안 당신의 몫으로 남을 것이다. 당신도 할 수 있다는 증거 기반 믿음을 갖기 위해 3개의 기어보다 더 많은 것이 필요하다고 느끼는가? 어쩌면 당신은 불안을 영원히 사라지게 해주거나 다른 습관을 기적적으로 고쳐주는 마법약을 찾기를 바랄지도 모른다. 그렇다면 '비디즈니적인 non-Disney 소원이 얼마나 이뤄졌는지' 솔직하게 자문해보라.

과학을 받아들이고 자신의 경험을 믿고 싶다면, 마음이 작동하는 양상과 마음을 다스리는 방식을 그저 익히는 것만으로 이미 얼마나 많은 진전을 이뤘는지 보라. 한 번에 한 순간씩 계속 스스로의 믿음을 쌓아 나가라.

23

불안을 끊고 소통하는
삶으로 나아가라

매주 나는 불안이나 다른 습관을 바꾸려고 애쓰는 사람들을 대상으로 라이브 온라인 토론을 공동으로 진행한다. 지금까지 오랫동안 전 세계 각지의 사람들이 줌Zoom 영상회의 플랫폼을 통해 로빈 보데트 박사(공동 진행자)와 함께 1시간짜리 심층 토론에 참여했다. 리얼리티 TV(이건 정말로 대본 없이 진행된다. 우리의 토론은 시청률을 올리기 위한 것이 아니라 사람들을 돕기 위한 것이다)의 정신에 따라 로빈과 나는 우리가 전하고 싶은 지혜를 특정한 의제로 정해두지 않는다. 대신 참가자들이 주제를 제시하도록 한다. 그다음 우리는 무엇이 그들에게 고통을 안기는지, 그들이 어디에서 발목이 잡혔는지, 거기서 빠져나오기 위해 무엇을 해야 하는지 탐구하는 일에 뛰어든다. 이런 방식은 토론을 실질적으로 만들고, 로빈과 나를 긴장시킨다. 우리는 누가 질문을 던질지 또는 참가자들이 무엇을 토론하고 싶어 할지 모른다.

이는 집단 요법과는 거리가 멀다. 150여 명의 사람들을 대상으로 2차원 공간에서 실시하는 집단 요법이 어떤 모습일지는 상상하기 어렵다. 우리는 그들의 문제를 이해하기 위해 간단한 질문법을 활용한다. 그리고 약간의 대화를 주고받은 후 "수락하면 당신의 임무가 되는 거야"라는 〈미션 임파서블Mission Impossible〉식 격려와 함께 다음 주 동안 시도할 몇 가지 팁을 제시한다. 다만 우리는 각각의 대화를 10분 안에 끝내려고 노력한다. 그래야 최대한 많은 주제를 다룰 수 있기 때문이다. 또한 우리는 현대의 짧은 집중력이라는 한계에 대응해야 한다. 참가자들은 화면에 잡히지 않는 곳에 대량산만무기를 들고 있다. 우리는 3개의 기어를 발판 삼아 사람들이 토론에 참여하고 다른 참가자들의 이야기를 따라오면서 스스로 배울 수 있도록 도와준다.

어느 주에는 30대로 보이는 한 남성이 고충을 토로했다. 그는 불안이 심해질 때 레인이나 다른 마음챙김 도구를 통한 '3단 기어' 수행을 활용하여 그 순간에는 불안을 다스리는 데 도움을 받았다. 그러나 남은 하루 동안 평정심을 유지할 수 있을 것이라고 믿지 못했다. 그는 여러 수행을 활용하고 거기서 도움도 받았지만 바로 미래에 대한 걱정에 빠져들었다. 그는 "그 다음 24시간은 어떻게 해요?"라고 하소연했다.

그가 처한 궁지는 우리 클리닉의 환자들을 상기시켰다. 그들은 불안 그 자체를 다스리는 것이 아니라 평온한 상태를 유지하는 데 애를 먹었다. 환자들 중 상당수는 알코올 의존자 모임Alcoholics Anonymous 또는 다른 12단계 프로그램의 도움을 받아 화학적, 행동적 의존성을 다스리려 한다. 의존성을 통제하는 절차는 우리가 자신의 행동을 제어하지 못한다는 사실을 인정하는 것을 포함한다. (이는 의지력이 왕이라고 주장하는 수세기에 걸친 철학자들의 주장에 맞서는 것으로서 1930년대에 시작된 프로그램으로써는 혁신적인 것이다.) 또한 지난 잘못을 성찰하고, 그 잘못을 바로잡고, 같은 고통에 시달리는 다른 사람을 돕는 일도 포함한다. 아마도 이 모임의 가장 유명한 구호는 "한 번에 하루씩"일 것이다.

오랫동안 통제할 수 없는 음주 이후 나를 찾아온 환자들은 한 달 후에 맨정신이 되면 어떤 모습일지 상상하지 못한다. 대개 그들은 한 주 후에 술을 끊은 모습도 상상하지 못한다. 그들이 가진 다른 습관 중 하나는 내일부터는 술을 끊겠다고 말하는 것이기 때문이다. 그들은 이젠 끝이고, 이것이 마지막 술이며, 내일은 (이전의) 술 취한 삶을 백미러로 흘긋대는 일 없이 맨정신으로 길을 달릴 것이라고 맹세한다. 그들은 이 담배나 아이스크림이 마지막이라고 다짐하는 나의 환자들과 다르지 않다. 오늘은 이미 스트레스를 많이 받았고, 너무 힘들었기 때문에 약간의 방종을 누릴 자격이 있다고 생각한다. 그들의 마음은 지금 멈추는 것이 최선이자 자신을 위해 할 수 있는 가장 다정한 일이지만, 오늘을 즐기는 것 역시 바로 지금 할 수 있는 가장 다정한 일이라고 그들을 설득시킨다. (여담으로 메리 카Mary Karr는 알코올 의존증으로 고생한 자신의 이야기를 아름답고 감동적으로 들려주는 회고록, 《만취Lit》에서 '내일' 주문을 완벽하게 묘사한다.)

물론 다음 날이면 술을 마시고 싶은 충동이 간을 술에 절이는 짓을 그만두겠다던 전날 밤의 맹세를 압도한다. 그들은 자신에게 '내가 그랬던가?'라는 식의 질문을 한다. 어차피 어제와 오늘 사이에 너무나 많은 일이 일어났다. 사실 오늘 아침과 오후 사이에도 너무 많은 일이 일어날 수 있다. 혈중 알코올 농도가 내려가면 뇌에 간지럼증이 생긴 듯 안달하는 사람에게 술기운 없이 보내는 두어 시간은 영원처럼 느껴질 수 있다. 그래서 "한 번에 하루씩"이라는 구호가 나온 것이다.

며칠 동안 금주에 성공하면 "한 번에 하루씩"이라는 구호는 구명줄이 된다. 지금은 맨정신이지만 내일이 영원히 멀고, 너무 벅차게 느껴진다면 작은 단위로 쪼갤 수 있다. 그래서 한 번에 하루씩이 아니라 한 번에 한 시간, 10분, 심지어 한 순간씩 참아낼 수 있다. 나는 환자들이 내일도 술을 안 마실 수는 없다고 말하면 이렇게 묻는다. "그럼 바로 지금은 어때요? 지금은 맨정신이잖아요. 앞으로 5분 동안 술을 마시지 않을 수 있겠어요?" 물론 이는 교묘한 질문이다. 그들은 진료실에 있고, 진료를 끝내면서 이 질문을 한 것도 아니다.

그들은 질문의 저의를 따져보다가 대개 "네. 할 수 있어요"라고 대답한다.

"좋아요. 여기서 나간 다음에는 어때요? 1시간 동안 술을 안 마실 수 있어요?"

대다수 환자들은 극복 기술, 미팅 일정, 전화 상담의 도움을 받으면 대체로 견뎌낼 수 있다. "한 번에 하루씩" 구호의 핵심적인 측면(어쩌면 그 구호의 저력)은 너무 멀리 내다보지 않는 데 있다. 앞서 말한 대로 뇌는 불확실성을 싫어한다. 어떤 것이 미래에 즉, 멀리 있을수록 지금과 그때 사이에 더 많은 일이 일어날 수 있다. 성서에 대고 금주를 선언한 나의 환자들 중 다수의 경우 지금과 내일 사이에 금주를 깰 온갖 일이 일어난다. 그들의 뇌에게 내일은 많은 불확실성과 같다. 지금과 잠자는 시간 사이에 시간이 흐르기 시작하면서 그들의 뇌는 '수천 가지 일 중에서 무엇이 잘못될 수 있고, 잘못될까?'라고 생각한다. 그러나 지금과 지금으로부터 1시간 후 사이에 재난이나 잘못이 일어날 가능성은 훨씬 적다. 그래서 금주로 향하는 길이 훨씬 분명하다(그리고 시간도 훨씬 짧다). 지금과 5분 후 사이는 더욱 그렇다. 확실성과 더불어 불안이 감소한다. 불안의 정의에 내재된 '불확실한 결과'를 걱정할 필요가 없기 때문이다. 환자들은 심호흡을 하고 오늘을 계획할 수 있다. 그래서 한 번에 하루씩 참아낼 수 있다. 그것이 너무 두렵게 느껴진다면 한 번에 한 시간 또는 한 순간씩 참아낼 수 있다. 여러 순간들을 한데 엮으면 몇 시간의 금주에 이르게 된다. 몇 시간을 한데 엮으면 며칠의 금주에 이르게 된다. 이 모두는 한 번에 한 시간씩 참아내는 것을 토대로 삼는다.

이 점은 줌 토론에서 고충을 털어놓은 사람에게도 적용된다.

절대로 불안을 다스릴 수 없다는 그의 말은 우리 클리닉의 환자들을 떠올리게 만들었다. 그는 지금은 차분하지만 내일도 불안해하지 않는 자신의 모습을 상상하지 못했다. 그래서 나는 우리 클리닉의 환자들이 금주에 성공한 방식을 설명했다. 나는 그들이 내일에 대해서는 생각지 않았다고 말했다. 그 '짜증스런 생각'이 그들을 곤경에 처하게 만들기 때문이다. 그는 내 말을 이해한 것처럼 고개를 끄덕였다. 나는 그에게 같은 원칙을 불안에도 적용할 수 있겠느냐고 물었다. 그가 '불안 절제'를 해낼 수 있을까? 내일이나 오늘 오후가 아니라 바로 지금 말이다. 그는 할 수 있다고 고개를 끄덕였다. 그는 마음챙김 기술을 활용하여 5분 동안 불안을 잠재울 수 있음을 알았다. 가장 중요한 점은 내일이 되면 다시 불안해질지 모른다는 생각이 지금 자신을 불안하게 만든다는 사실을 깨달았다. 그는 그 순간에 그 고리에서 벗어날 수 있음을 깨달았다. 그래서 나는 (그가 수락한) 과제를 주고 작별인사를 했다. 그것은 내일이 아니라 바로 지금 불안 절제를 해내는 것이었다. 내일을 걱정하는 자신을 발견한다면 마음챙김 기술을 활용하여 미래에 대한 생각을 인지하고 거기서부터 시작하라.

이는 불안(또는 같은 맥락에서 모든 습관)에 시달리는 모든 사람에게 매우 중요한 개념이다. 과거의 행동이 미래의 행동을 가장잘 예측하는 것은 맞다(그래서 습관이 형성되는 것이다). 그러나 과거에 우리가 한 일이 아니라 현재 우리가 하는 일이 그 궤도를 유지하거나 바꿀 가능성을 좌우한다. 뻔한 말처럼 들리지만 우리는 오직 이 순간에 산다. 구슬 목걸이를 만들 때와 마찬가지로, 시간은 1초 전에 있었던 '순간'과 지금의 '순간'을 한데 엮는 개념이다. 순간의 구슬이 과거로 흘러갈수록 목걸이는 우리 삶의 이야기를 연결하면서 더욱 길어진다. 같은 방식으로 우리는 목걸이에 더할 구슬을 찾으면서 미래를 바라본다. 뇌는 과거의 경험을 토대로 다음에 일어날 일을 그려낸다. 그러나 우리는 현재 순간에서 앞을 내다볼 수 있을 뿐이다. 미래는 전적으로 우리의 머릿속에 있기 때문이다. 다시 말해서 우리는 이 순간, 현재에서 미래를 생각한다(그리고 종종 걱정한다). 음악가인 랜디 암스트롱_{Randy Armstrong}은 이렇게 말했다. "걱정은 내일의 문제를 없애주지 못한다. 오늘의 평화를 없앨 뿐이다."

그렇다. 우리가 가진 것은 지금뿐이다. 우리가 이 순간에 생각하는 것이 우리의 목걸이에 더해질 구슬을 만든다. 과거는 현재에 미래를 예측한다. 중요한 말이므로 다시 반복하겠다. **우리가 현재 하는 일이 삶의 경로를 설정한다.** 지금 불안하면 우리는 불안의 구슬을 만든다. 이 일을 많이 하면 불안의 목걸이가 만들어진다. 우리는 이 목걸이를 (때로는 자랑스레) 걸고 어디를 가든 지니고 다닌다. 불안 습관 고리에서 벗어나는 순간에 그 구슬을 목걸이에 더하지 않게 된다. 대신 다른 구슬을 더할 기회가 생긴다. 우리는 호기심의 목걸이를 만들 수 있다. 자애의 목걸이를 만들 수 있다. 그리고 호기심과 자애의 목걸이를 얻으면 오래된 목걸이를 벗을 수 있다.

나는 극단주의자다.

아내는 내가 고속과 정지라는 2개의 기어만 갖고 있다고 농담한다. 어린 시절 칼에 다친 사건에서 알 수 있듯이 나는 다소 '모 아니면 도'의 태도로 만사를 받아들이는 경향이 있다. 여섯 살 무렵 카우보이가 되고 싶었던 나는 카우보이 부츠를 신고, 장난감 총이 든 권총집을 차고, 두건을 두르고, 카우보이 모자를 쓴 채 바이올린 교습을 받으러 갔다. 초등학생 시절에는 버스에서 모든 숙제를 마치려고 애썼다. 버스에서 내리면 숲속에서 노는 것 같은 더 중요한 일에 모든 기운을 쏟을 수 있기 때문이었다. 몇 년 후 신문 배달을 할 때는 (나의 고객들은 화를 냈지만) 신문을 고무줄로 묶기 전에 얼마나 작게 말 수 있는지 또 얼마나 빨리 배달을 마칠 수 있는지를 두고 나 자신과 경쟁했다. 고등학교에 다닐 때는 (운동 능력을 향상시키기 위해) 설탕을 입에 대지 않았다. 그래서 친구들이 아이스크림이나 다른 간식을 즐길 때 나는 설탕을 끊은 날이 며칠째인지 계산했다. 이 모든 일화의 화룡점정은 대학원에 다닐 때 "크게 가든지 집에 가라go big or go home"라는 말을 좋아했다는 것이었다. 의무박사와 의학박사 학위를 둘 다 딸 수 있다면 왜 하나에 만족해야 할까?

돌이켜보면 열정과 집중력이 강해서 그랬다고 말할 수도 있다. 하지만 사실 이는 우리 모두의 뇌가 어느 정도는 하는 일이다. 뇌는 보상을 안기는 일을 찾고, 계속 추구한다. 이것은 괜찮다. 심하지만 않다면 말이다. 우리의 생존 욕구는 특권이자 한계로 볼 수 있다. 뇌의 보상 기반 학습은 인간을 다소 생존하기 어려운 환경으로 끌어들였다.

신경과학자들은 이제까지 밝혀낸 뇌의 작동 양상은 극히 일부인 데다가, 인간의 모든 생존 기제가 다원적 방식으로 그때그때 선택되는 것은 아니다. 내가 나 자신을 연구 사례로 삼거나 더 폭넓게 바라보면 극단주의에 대한 연구는 확고한 과학과 거리가 멀다. 그러나 사람들은 신발을 신어볼 때 활용하는 것과 같은 학습 기제를 통해 극단주의자가 된다. 걸을 때 넘어지지 않는 것과 마찬가지로, 어떤 행동은 고통을 완화하고 다른 행동을 상상할 수 없는 수준으로 강화시킨다. 사실 지금도 (우리가 참여하겠다고 동의서에 서명하지도 않았는데) 방대한 사회적 실험이 진행되고 있다. 알고리즘으로 우리의 클릭 성향을 파악하여 선택적으로 피드에 오를 항목들을 보여주는 소셜미디어나 뉴스 사이트에 들어갈 때마다 우리는 자신도 모르게 컴퓨터가 맞춤식으로 준비한 콘텐츠에 대한 투표를 하게 된다. 우리는 그 콘텐츠에 익숙해지고, 따라서 미래의 클릭에 대한 선호를 강화시킨다.

클릭을 많이 할수록 극단적 시각을 가질 가능성이 높아진다. 진상을 파악하거나, 수많은 팩트 내지 의견을 고려하는 데 따른 모호성이 공통적 시각이나 단일한 관점이 주는 소속감보다 단순히 불쾌하게 느껴지기 때문이다(흑과 백은 회색보다 훨씬 덜 불확실하다). 소셜미디어에서 이뤄지는 양자택일식, 정량적('좋아요'와 리트윗 수) 피드백이 그 단순한 사례다. 이는 대면 대화에서 신체언어를 읽고 어조를 해석하는 일의 복잡한 모호성과 대비된다. 그러니 10대들이 나란히 앉아 있는데도 휴대폰으로 소통하는 것도 놀랄 일이 아니다. 불확실성은 두렵다.

그러나 소속감이 주는 확실성과 안정감은 상당한 대가를 수반한다. 즉, 극단적인 시각이 강화될 뿐 아니라 동시에 타인을 향한 우리의 감정과 행동에 대한 견해를 모호하게 만든다. 인종차별, 성차별, 계급차별은 상당한 대가를 부른다. '타자화된' 사람들에게 스트레스, 불안, 트라우마를 초래한다.

그렇지만 생존에 필수적인 학습과 관련하여 다윈은 진화론에 대한 각주에 가까운 글에서 흥미로운 관점을 제시했다. 진화는 '적자생존'이라는 한 줄의 트윗으로 간결하게 요약할 수 있다. 그러나 다윈은 지배권을 쟁취하려는 투쟁 이상의 무언가가 생존을 이끈다는 사실을 파악했다. 그는 《인간의 유래와 성선택The Descent of Man and Selection in Relation to Sex》에서 "공감 능력이 가장 강한 구성원들을 가장 많이 포함하는 공동체가 가장 번성하며, 가장 많은 자손을 기른다"라고 썼다.[7] 이 말은 생존에 있어서도 자애가 비열함을 이긴다는 뜻으로 해석할 수 있다. 이 관점을 극단으로 밀고 갈 수 있을까?

2004년에 캘리포니아 대학 버클리 캠퍼스의 연구자이자 공공선연구소Greater Good Science Center의 설립자인 대처 켈트너Dacher

Keltner는 〈연민 본능The Compassionate Instinct〉이라는 제목의 논문을 썼다.[8] 이 논문에서 그는 연민에 대한 생리적 근거를 뒷받침하는 상당한 양의 연구를 정리했다. 거기에는 아이의 사진을 보는 엄마들의 뇌에서 긍정적인 감정과 연계된 부위가 활성화되고, 피실험자들이 타인에게 해로운 일이 생기는 것을 생각할 때 같은 부위가 활성화되는 것이 포함된다. 켈트너는 "이 일관성은 연민이 변덕스럽거나 비합리적인 감정이 아니라 뇌의 주름에 새겨진 타고난 인간적 반응임을 강하게 시사한다"고 결론짓는다. 그럼에도 불구하고 생존과 연민 사이에는 다리가 놓이지 않은 것처럼 보인다. 보상 가치가 행동을 이끈다면 무엇이 친사회적 행동과 보상 가치를 연결할까? 또한 극단주의는 어떻게 설명할 수 있을까?

나는 감정 상태가 보상 가치와 얼마나 밀접하게 연관되어 있는지 알고 싶었다. 그래서 우리 연구소는 전 세계 사람들에게 열네 가지 정신적 상태를 선호하는 순서대로 평가하게 하는 실험을 실시했다. 이때 선호도는 보상 가치의 지표가 된다. 우리는 더 많은 보상을 안기는 행동과 상태를 자연스럽게 선호하기 때문이다. 우리는 짧은 온라인 설문에 응한 수백 명의 데이터를 수집한 후 그들이 다정하고, 호기심을 갖고, 소통하는 느낌 같은 정신적 상태를 불안하고, 두렵고, 화난 느낌 같은 정신적 상태보다 훨씬 선호한다는 사실을 확인했다. 이 결과는 다정한 마음과 못된 마음의 차이에 주의를 기울이는 것이 칸트나 흄의 이성 기반 이론보다 더 강력한 윤리적 행동의 토대를 깔아준다는 가설과 부합한다.

(나는 《크레이빙 마인드》에서 '못됨과 착함의 학습'에 대해 한 챕터를 할애했다. 이제 데이터로 그 내용을 뒷받침할 수 있게 되어 기쁘다.)

다시 말해서 독선적인 분노가 당장은 힘 있게 느껴질지 모르지만, 장기적으로 다정한 것이 못된 것보다 더 기분 좋고 힘 있게 느껴진다. 특히 이 상반되는 감정들이 어떤 행동으로 이어지고, 그 결과가 어떤지 살피면 더욱 그렇다('평화 시위' 때는 어떤 건물도 불타지 않고 누구도 다치지 않는다). 링컨은 신앙에 대한 질문을 받았을 때 "좋은 일을 하면 기분이 좋고, 나쁜 일을 하면 기분이 나쁩니다. 그게 저의 종교입니다"라고 간결하게 답변했다. 정직한 에이브Honest Abe(링컨의 애칭-옮긴이)가 아직도 살아 있다면 이 말을 트위터에 올려서 세상의 독설에 대꾸했을 것이다. 그의 말은 우리 연구소의 연구 결과를 트위터에 올릴 수 있는 글자수보다 짧게 정리해준다. 어쩌면 그는 #AwarenessMakesItHardToBeAHater(인식은 남을 미워하기 어렵게 만든다) 같은 해시태그를 추가했을지도 모른다.

"연구research는 자기성찰me-search이다"라는 오랜 격언으로 다시 돌아가보자. 우리 연구소의 연구 결과는 나 자신의 경험에도 아주 잘 부합한다. 나는 비판과 분노가 자신뿐 아니라 그 감정의 대상이 되는 사람에게도 고통스럽게 느껴진다는 사실을 힘겹게 깨달았다. (말콤 글래드웰이 말한 1만 시간의 법칙에 근거가 있다면, 나는 대학을 졸업하기 전에 남을 비판하는 전문가가 되었을 것이다.) 또한 나는 명상 수행을 통한 자발적인 '분노 치료'를 통해 자애가 언제나 비열함을 이긴다는 사실을 확실히 깨달았다.

이 말은 극단론처럼 들릴 수 있다. 우리 클리닉의 환자와 프로그램 참여자 들은 담배맛이 형편없고, 과식이 배가 찼을 때 그만 먹는 것보다 훨씬 느낌이 안 좋고, 호기심이 불안을 (물론 친절하게) 물리친다는 사실을 분명하게 안다. 그와 비슷하게 나는 자애 극단론자다. 다시 말해서 나는 온전하게 인식할 때 다른 사람에게 의도적으로 못되게 굴지 못한다. 왜 그럴까? 행동(즉, 어떤 사람에게 못되게 구는 것)의 결과를 상상하면 심한 복통이 생기기 때문이다. 그런 짓을 상상하기만 해도 끔찍한 기분이 든다. 나의 뇌는 못됨에 전적인 환멸을 느끼며, 자애에 열광하게 되었다. 물론 극단적인 말처럼 들릴 것이다. 하지만 장담컨대 나는 코카인에 중독되느니 차라리 자애에 중독되겠다. 다윈이 옳았다.

정치적이든 사상적이든 극단주의의 세계에서 생존과 관련된 문제라면 나는 인종차별, 성차별, 부족주의보다 자애주의를 택할 것이다. 나는 우리 모두가 남은 평생 동안 볼 미움과 폭력을 이미 봤다고 생각한다. 나는 인디애나주에서 싱글맘인 엄마의 손에 가난하게 자랐다. 그래도 성별과 피부색이 나를 보호해주었다. 반면 다른 아이들은 사소한 공격이나 적대 또는 노골적인 학대로 매일 고통받았다. 마틴 루터 킹 주니어 목사는 〈버밍엄 감옥에서의 편지Letter from Birmingham jail〉(1963)에서 이렇게 썼다. "그렇다면 문제는 우리가 극단주의자가 될지 여부가 아니라 어떤 극단주의자가 되느냐입니다. 우리는 미움의 극단주의자가 될까요, 아니면 사랑의 극단주의자가 될까요? 우리는 불의의 보존을 위한 극단주의자가 될까요, 아니면 정의의 확장을 위한 극단주의자가 될까요?"[9]

극단을 추구하고 점점 더 극단으로 치닫는 세상에서 "나와 같이 할 사람?"이라는 나의 부름은 마틴 루터 킹 주니어 목사와 다른 많은 사람들이 우리 머릿속에 심어주려 했던 생각으로 돌아간다. 그것은 뇌를 활용하라는 것이다. 당신은 어떤 극단주의자가 될 것인가? 호기심과 자비라는 타고난 역량을 활용하여 더 나은 삶과 세상을 만들 수 있겠는가? 아니면 두려움과 이기심의 파도에 휩쓸릴 것인가? (알든 모르든) 눈물 자국을 남기며 바다로 쓸려가고 싶지 않다면 인식의 닻을 기억하고 행동의 결과에 주의를 기울이라. 당신은 속도와 추진력을 얻는 데 필요한 모든 이해와 도구를 확보했다. 이제 불안을 해소하여 더 행복하고, 다정하고, 소통하는 삶을 향해 앞으로 나아가라.

6년과 5분

2013년에 나는 몰입에 대한 테드엑스TEDx 강연을 해달라는 요청을 받았다. 버지니아주 알렉산드리아Alexandria에 있는 1920년대 스타일의 예스러운 극장에서 강연을 했다. 강연은 잘 진행되었다 (강연하는 동안 몰입하는 느낌이 들어서 정말 기분 좋았다!). 마침 우리 팀이 '크레이빙 투 퀴트' 앱의 초기 버전을 막 완성한 참이었다. 우리는 오랫동안 앱 제작에 매달렸다. 당시 앱 기반 마음챙김 훈련은 너무나 새로운 개념이었다. 그래서 나는 효과가 있는지 해보라고 사람들에게 몹시 권하고 싶었다. 내가 처음 마음챙김을 접한 지 거의 20년이 지났다. 이제 우리는 잠재적으로 수많은 사람을 도울 수 있는 도구를 얻었다. 기본적으로 스마트폰을 가진 사람이라면 모두가 도움을 받을 수 있었다. 완곡하게 말해서 휴대폰을 꺼내고 싶어서 죽을 지경이었다.

나는 수도 근처에 있었기 때문에 오하이오주 13번 선거구를 대표하는 팀 라이언Tim Ryan을 방문했다. 그는 나의 친구이자 열렬한 마음챙김 지지자다(그는 《마음챙김 국가A Mindful Nation》라는 책까지 썼다). 그러니 저비용 해결책으로 우리나라의 의료를 개선하는 문제를 의논할 대상으로 그보다 나은 사람이 있을까?

팀과 나는 나이 차이가 4달밖에 나지 않는다. 우리는 1년 전에 명상과학 연구 컨퍼런스에서 열린 한 파티에서 처음 만났다. 그는 의원실에 도착한 나를 맞자마자 최신 연구 결과에 대해 물었다. 뭔가를 지원하기 전에 그 이면의 팩트와 과학을 이해하려는 그의 열의는 매우 인상적이었다.

나는 그와 대화를 나누면서 마음챙김과 금연에 대한 우리의 최신 연구 결과를 언급했다. 또한 휴대폰을 통해 사람들을 훈련시키는 앱을 막 개발했다고 알렸다. 나는 휴대폰을 꺼내서 프로그램의 기능을 보여주기 시작했다. 그는 흥분한 눈빛으로 변하더니 갑자기 내 말을 끊었다. 그러고는 자리에서 일어나 다른 방에 있는 젊은 보좌관을 불렀다. "마이클, 이리 와 봐!" 나로서는 의원 보좌관으로 항상 '대기 상태'에 있는 것이 어떤지 상상만 할수 있을 뿐이다. 마이클은 무슨 일로 불렀는지 모르는 표정으로 들어왔다. 팀은 "자네, 담배 피우지?"라고 물었다. 사실 질문보다는 명령에 가까웠다. 마이클은 주저하더니 다소 조용하게 "네"라고 대답했다. 팀은 "담배를 끊을 필요는 없지만 이 앱을 써보고 좋은지 말해줘"라고 명령한 후 바로 나가보라고 말했다. 마이클은 고개를 끄덕였다. 그는 다소 혼란스러운 표정으로 다른 지시를 기다리기 위해 방을 나갔다.

그날 오후, 기차를 타고 집으로 돌아오며 마이클에게 이메일을 보냈다. "우리의 '크레이빙 투 퀴트' 프로그램 테스트에 지원해주셔서(또는 라이언 의원에 의해 지원당해주셔서) 고맙습니다"로 시작된 이 이메일은 뒤이어 프로그램을 시작하는 방법에 대한 세부사항을 알려주었다. 이틀 후 그는 프로그램을 시작했다. 그 다음 주에 그는 진전 상황을 알리는 이메일을 보내왔다. 이메일의 마지막 내용은 이랬다. "이런 기회를 주셔서 다시 한번 감사드립니다. 금연할 생각은 없었지만 이 프로그램을 훈련하다 보니 지금이 금연하기에 가장 좋은 때임을 알게 되었습니다." 그는 그 다음 달에도 후속 이메일을 보냈다. "처음에는 회의적인 태도로 이 프로그램을 시작했습니다. 하지만 거의 바로 그 효과를 실감할 수 있었습니다. 전에는 하루에 10개비씩 담배를 피웠습니다. 말 그대로 담배와 라이터 없이는 집 밖으로 나가기도 두려웠습니다. 하지만 프로그램을 훈련한 지 21일이 지난 지금은 아예 담배를 끊을 수 있게 되었습니다. '크레이빙 투 퀴트'가 없었다면 불가능했을 겁니다." 그의 이메일을 읽는 동안 눈물이 얼굴을 타고 흘러내렸다 아내가 왜 그러느냐고 물었다. 나는 더듬거리며 "정말 효과가 있는 것 같아"라고 대답했다.

1년여 후 앤더슨 쿠퍼Anderson Cooper가 CBS의 〈식스티 미니츠 60 Minutes〉에 소개할 이야기를 찍기 위해 마음챙김연구소Center for

Mindfulness를 방문했다. 그는 막 라이언 의원을 인터뷰하고 온 참이었다. 나는 프로듀서인 데니스 세타Denise Cetta에게 마이클에 대해 물었다. 그녀는 마이클을 기억하고 있었으며, 여전히 금연 중이라는 말을 들었다고 알려주었다.

잘된 일이었다.

2019년 가을에 나와 팀은 컨퍼런스에서 연이어 강연했다. 내가 강연을 하기 위해 자리에서 일어서기 직전에 팀은 내 쪽으로 몸을 기울여서 이렇게 속삭였다.

"내 밑에서 일하면서 담배를 끊은 친구 기억해?"

"그럼. 당연히 기억하지."

팀은 얼굴 가득 함박웃음을 지으며 "아직도 금연 중이야"라고 말했다.

5분의 대화로 마음챙김 수행을 해보라고 '자원당한' 사람이 6년이 지난 후에 영원히 흡연 습관을 버리다니!

실로 잘된 일이었다. 나는 내 일을 사랑한다.

피드백

뇌를 가진 다른 모든 사람과 마찬가지로 나도 피드백을 통해 배운다. 나는 우리 연구소의 연구 성과와 (대면 또는 앱 기반 디지털 요법을 통한) 임상 활동을 결합시키는 간단한 방식을 정직하게 서술

하려고 노력했다. 이메일로 자유롭게 의견을 제시해주기 바란다. www.drjud.com을 통해 내게 연락할 수 있다. 내가 놓친 부분이나 틀린 부분 또는 더 잘할 수 있었던 부분에 대해 어떤 의견이라도 듣고 싶다. 또한 여러분이 좋아하거나 도움이 되었던 내용이 무엇인지도 알고 싶다. 이는 내게 지속적인 배움의 과정이다. 더 많이 배울수록 다른 사람들을 위해 이 도구들을 더 낫게 만들 수 있다.

헌사 페이지로 돌아가보면 내가 이 책을 '아마존 중독자'에게 바쳤다는 것을 알 수 있다. 사실 중독자의 이름은 모른다. 단지 그가 자신을 여성으로 지칭했다는 사실만 안다. 내가 이 사실을 아는 이유는 그녀가 나의 첫 책인 《크레이빙 마인드》에 대해 아마존에 별 3개짜리 리뷰를 썼기 때문이다. 그녀가 쓴 리뷰의 제목은 〈의도적으로 답을 미룬다〉였다.

왜 나는 이 책을 아내나 적어도 내가 이름을 아는 사람이 아니라 그녀에게 바쳤을까? (나의 아내는 명민한 학자이고, 세상을 더 좋은 곳으로 만들려는 착한 심성을 지녔으며, 최고의 친구이다. 굳이 이 책을 바치지 않아도 그녀는 내가 얼마나 자신을 사랑하는지 안다.)

'아마존 중독자'는 리뷰에 눈길을 끄는 제목을 달았다. 하지만 더 중요한 점은 악의 없이 인터넷에 올렸다가 스스로의 생명력을 얻는 많은 것들처럼 그녀의 리뷰도 많은 '좋아요'를 받아서 해당 페이지에서 가장 먼저 보이는 상단에 올랐다는 것이다. 좋은 자리를 잡았기 때문에 아마도 그녀의 리뷰는 영원히 거기에 머물 것이다. 이는 우주가 유머감각을 지녔음을 잘 상기시켜준다. 그녀는 이렇게 썼다.

갈망에 대한 연구 결과를 제시하는 데 있어서 이 책은 실로 빛난다. 대학원 수준의 신경과학 강의를 들었고, 나름 '방석 위에서 시간을 보낸'(명상) 사람으로서 내게 이 책은 흥미로웠다. 하지만 한 가지 중요한 측면에서 심히 실망스럽기도 했다. 안타깝게도 이 책을 추천할 수 없다. 핵심적인 문제점은 바로 이 책의 부제인 '어떻게 나쁜 습관을 깰 수 있는가'에 대한 답을 제시하지 않는다는 것이다… 저자는 진심으로 사람들을 돕고 싶어 하는 것 같다. 그런데 왜 평생 연구한 내용을 사람들에게 제공하여 도움을 주지 않는지 모르겠다.

'아마존 중독자'의 말은 내가 미처 보지 못한 주먹질이나 발길질 같았다. 나는 사람들이 《크레이빙 마인드》를 읽고 그 개념을 자신의 삶에 적용하여 습관과 중독에서 벗어날 수 있을 것이라고 착각했다. 실제로 전 세계 사람들로부터 《크레이빙 마인드》를 읽고 심각한 중독을 이겨낼 수 있었다는 이메일을 받았다. 그러나 '아마존 중독자'는 대다수 사람들에게는 지도와 나침반보다 많은 것이 필요하다는 사실을 내게 일깨워주었다. 그들에게는 가이드가 필요하다. 나는 《크레이빙 마인드》를 쓸 때는 그런 가이드가 될 준비가 되어 있지 않았다. 중독 전문 정신의로서 충분한 경험을 쌓지 못했고, 지금까지 이 책에서 소개한 연구를 진행하지도 않았다. (《크레이빙 마인드》는 주로 우리가 중독되는 다양한 양상과 마음챙김이 도움을 주는 방식 이면의 신경과학에 초점을 맞췄다.) 오랫동안 '아마존 중독자'의 리뷰가 1위 자리에 남아 있다는 사실은 나의 뇌에 각인된 것이 분명했다. 볼 때마다 '사고가 난 순간'을 떠올리면서 마치 마법처럼 사라지게 할 수 있을 것처럼 손가락으로 문지르게 만드는 자동차의 덴트_{dent}처럼 말이다. 여건이 맞았을 때 내 뇌 속의 덴트는 이 책을 위한 모결정이 되었다. 그래서 당신이 누구든 정확한 부위를 걷어차 준 '아마존 중독자'에게 감사드린다.

나는 우리 연구소의 연구에 참여해준 많은 사람과 세상을 더 나은 곳으로 만든다는 이상을 공유한 현재와 과거의 연구원들에게 영원한 빚을 졌다. 우리의 연구를 진행한 훌륭한 팀을 만든 사람들은 알렉(산드라) 로이Alex(andra) Roy, 프라산타 팔Prasanta Pal, 베로니크 테일러Veronique Taylor, 이사벨 모슬리Isabelle Moseley, 빌 나디Bill Nardi, 슈팡 쑨Shufang Sun, 베라 루드빅Vera Ludwig, 린지 크릴Lindsey Krill, 메이 가오May Gao, 렘코 반 루터벨드Remko van Lutterveld, 수전 드러커Susan Druker, 에디스 보닌Edith Bonnin, 알라나 델루티Alana Deluty, 파블로 아브란테Pablo Abrante, 케이티 개리슨Katie Garrison 등이다. 나의 부모님은 영감과 겸손의 지속적인 원천이자 정신의와 의료인으로서 해야 할 일에 대해 어떤 교과서보다 많은 것을 내게 가르쳤다.

불안을 이 책의 초점으로 삼는 멋진 아이디어를 비롯하여 통찰력 넘치는 다른 의견들을 제시한 편집자인 캐롤라인 서튼Caroline Sutton과 소크라테스식 편집으로 나의 글을 더 높은 수준으로 끌어올려준 루크 뎀지Luke Dempsey에게 깊이 감사드린다. 조시 로먼Josh Roman은 내가 아이디어와 그 표현 방식을 갖추는 데 오랫동안 전문적인 도움을 주었다. 그중 다수는 이 책의 여러 챕터를 이루게 되었다. 케이틀린 스털버그Caitlin Stulberg는 전반적인 검수뿐 아니라 내용이 명확하지 않은 부분을 찾는 데 뛰어났다.

나의 아내인 마리 레너드 플렉먼Mahri Leonard-Fleckman에게 고마움을 전하고 싶다. 그녀는 내가 상상할 수 있는 최고의 인생 동반자일 뿐 아니라 "불안 해소unwinding anxiety"라는 구절을 떠올려 주었다. 또한 나는 나의 에이전트로서 홍보와 관련된 모든 일에 중심적인 역할을 한 멜리사 플래시먼Melissa Flashman에게도 빚을 졌다.

나는 운 좋게도 로빈 보데트, 재키 바넷Jacqui Barnett과 가까이 일하면서 사람들이 해로운 습관을 극복하고 호기심과 자애라는 내면의 초능력을 발견하도록 도울 수 있었다. 나는 우리의 공동 작업을 통해 많은 것을 배웠다. 많은 계몽적인 대화를 나눈 롭 수호자Rob Suhoza에게도 감사드리고 싶다. 그와의 대화는 이 책을 위해 여러 개념에 생생함을 불어넣는 데 도움을 준 색채와 통찰을 제공해주었다. 콜먼 린지와 함께 한 등산과 자전거 타기는 삶에 대한 나의 접근법을 드러내고 표현하는 데 도움을 주었다(특히 월든 호수Walden Pond 주변을 걸었던 특별한 산책은 스트레스와 불안 사이의 유사점과 차이점을 분명하게 파악하는 데 매우 중요했다.)

많은 사람들이 이 책의 다양한 원고를 읽어주었을 뿐 아니라 세심한 논평과 조언을 해주었다. 앨리스 브루어Alice Brewer, 비비엔 키건Vivienne Keegan, 마크 미치닉Mark Mitchnick, 마이클 아이리시Michael Irish, 브래드 스털버그Brad Stulberg, 케빈 호킨스Kevin Hawkins, 에이미 버크Amy Burke, 미카엘라 베이커Michaella Baker, 아비게일 티시Abigail Tisch, 미치 애블렛Mitch Abblett, 제니퍼 뱅크스Jennifer Banks, 레이 브레이싱턴Leigh Brasington, 제이미 멜로Jaime Mello, 그리고 뜻하지 않게 언급하지 못한 다른 사람들이다.

표와 그림을 만들어준 줄리아 미로시니첸코Julia Miroshnichenko에게 감사드린다.

0부   불안은 어떻게 중독이 되는가?

1   The Letters of Thomas Jefferson 1743-1826; http://www.let.rug.nl/usa/presidents/thomas-jefferson/letters-of-thomas-jefferson/jefl242.php.

2   제퍼슨이 존 홈즈(John Homles)에게 보낸 편지(1820. 4. 22); 제퍼슨이 토머스 쿠퍼(Thomas Cooper)에게 보낸 편지(1814. 9. 10); 제퍼슨이 윌리엄 쇼트(William Short)에게 보낸 편지(1823. 9. 8).

3   Anxiety and Depression Association of America, "Managing Stress and Anxiety"; https://adaa.org/living-with-anxiety/managing-anxiety.

4   National Institute of Mental Health, "Any Anxiety Disorder," 2017; https://www.nimh.nih.gov/health/statistics/any-anxiety-disorder.shtml.

5   APA Public Opinion Poll, 2018; https://www.psychiatry.org/newsroom/apa-public-opinion-poll-annual-meeting-2018.

6   "By the Numbers: Our Stressed-Out Nation"; https://www.apa.org/monitor/2017/12/numbers.

7   A. M. Ruscio 외, "Cross-Sectional Comparison of the Epidemiology of DSM-5 Generalized Anxiety Disorder Across the Globe." JAMA Psychiatry 74, no. 5(2017): 465-75; doi:10.1001/jamapsychiatry.2017.0056.

8   Y. Huang, N. Zhao, "Generalized Anxiety Disorder, Depressive Symptoms and Sleep Quality During COVID-19 Outbreak in China: A Web-Based Cross-Sectional Survey." Psychiatry Research 2020:112954; doi:1.1016/j.psychres.2020.112954.

9   M. Pierce 외, "Mental Health Before and During COVID-19 Pandemic: A Longitudinal Probability Sample Survey of UK Population." The Lancet Psychiatry, 2020. 7. 21; doi:10.1016/S2215-0366(20)30308-4.

10   E. E. McGinty 외, "Psychological Distress and Loneliness Reported by US Adults in 2018 and April 2020." JAMA 324, no. 1(2020): 93-94; doi:10.1001/jama.2020.9740.

11   D. Vlahov 외, "Sustained Increased Consumption of Cigarettes, Alcohol, and Marihuana Among Manhattan Residents After September 11, 2001." American Journal of Public Health 94, no. 2(2004): 253-54; doi:10.2105/ajph.94.2.253.

12   V. I. Agyapoing 외, "Prevalence Rates and Predictors of Generalized Anxiety Disorder Symptoms in Residents of Fort McMurray Six Months After a Wildfire." Frontiers in Psychiatry 9(2018): 345; doi:10.3389/fpsyt.2018.00345.

13   이 내용에 대해서는 본 도서의 범주를 넘어서는 긴 논의가 필요하다. 그 이면의 과학을 더 알고 싶다면 다음 도서를 추천한다. Robert M. Sapolsky, *Why Zebras Don't Get Ulcers*, 3판(Holt, 2004). 이 내용이 트라우마와 어떻게 관련되는지 파악하고 에너지를 안전하게 발산하는 실용적인 팁과 도구를 얻고 싶다면 다음 도서들을 참고하라. Bessel van der Kolk, *The Body Keeps the Score*(Penguin, 2015); Resmaa Menakem, My Grandmother's Hands(Central Recovery Press, 2017).

14   A. Chernev, U. Böckenholt, J. Goodman, "Choice Overload: A Conceptual Review and Meta-Analysis." Journal of Consumer Psychology 25, no. 2(2015): 333-58; doi:10.1016/j-jcps.2014.08.002.

15   Y. L., A. Kwok, J. Gralton, M. L. McLaws, "Face Touching: A Frequent

Habit That Has Implications for Hand Hygience." American Journal of Infection Control 43, no. 2(2015): 112-14; doi:10.1016.j.ajic.2014.10.015.

1부   당신의 불안 습관 고리를 풀어내라

1   다만 한 가지 말하고 싶은 것이 있다. 존처럼 술을 많이 마시다가 바로 끊을 생각이라면 사전에 의사와 상담하기 바란다. 만약 존이 그렇게 할 것임을 내가 알았다면 집이나 치료 시설에서 신중하게 치료하도록 권했을 것이다. 갑작스런 중단은 금단 증상이나 발작, 심지어 죽음을 초래할 수 있기 때문이다. 존은 집에서 아무 문제 없이 치료할 수 있어서 운이 좋았다.

2   B. Resnick, "Why Willpower Is Overrated," Vox, 2020. 1. 2.

3   D. Engber, "Everything Is Crumbling," Slate, 2016. 3. 16.

4   M. Milyavskaya, M. Inzlicht, "What's So Great About Self-Control? Examining the Importance of Effortful Self-Control and Temptation in Predicting Real-Life Depletion and Goal Attainment," Social Psychological and Personality Science 8, no. 6(2017): 603-11; doi:10.1177/1948550616679237.

5   A. F. T. Arnsten, "Stress Signalling Pathways That Impair Prefrontal Cortex Structure and Function." Nautre Reviews Neuroscience 10, no. 6(2009): 401-22; doi:10.1038/nrn2648; A. F. T. Arnsten, "Stress Weakens Prefrontal Networks: Molecular Insults to Higher Cognition." Nature Neuroscience 18, no. 10(2015): 1376-85; doi:10.1038/nn.4087; A. F. T. Arnsten 외, "The Effects of Stress Exposure on Prefrontal Cortex: Translating Basic Research into Successful Treatments for Post-Traumatic Stress Disorder." Neurobiology of Stress 1(2015): 89-99; doi:10.1016?j.ynstr.2014.10.002.

6   B. M. Galla, A. L. Duckworth, "More Than Resisting Temptation: Beneficial Habits Mediate the Relationship Between Self-Control and Positive Life Outcomes." Journal of Personality and Social Psychology 109, no. 3(2015): 508-25; doi:10.1037/pssp0000026.

7   C. S. Dweck, Mindset: *The New Psychology of Success*(Random House

Digital, 2006).

8   J. A. Brewer 외, "Mindfulness Training for Smoking Cessation: Results from a Randomized Controlled Trial." Drug and Alcohol Dependence 119, no. 1-2(2011): 72-80; doi:10.1016/j.drugalcdep.2011.05.027.

9   R. M. Yerkes, J. D. Dodson, "The Relation of Strength of Stimulus to Rapidity of Habit Formation." Journal of Comparative Neurology and Psychology 18, no. 5(1908): 459-82; doi:10.1002/cne.920180503.

10   마틴 코베트(Martin Corbett)는 2015년에 발표한 "법칙에서 속설로: 노동 스트레스와 여키스-도슨 법칙"이라는 논문에서 이 연구 결과가 전혀 알려지지 않은 상태에서 법칙으로 자리 잡는 과정을 잘 설명했다. "From Law to Folklore: Work Stress and the Yerkes-Dodson Law," Journal of Managerial Psychology 30, no. 6(2015): 741-52; doi:10.1108/JMP-03-2013-0085.

11   H. J. Eysenck, "A Dynamic Theory of Anxiety and Hysteria." Journal of Mental Science 101, no. 422(1955): 28-51; doi:10.1192/bjp.101.422.28.

12   P. L. Broadhurst, "Emotionality and the Yerkes-Dodson Law." Journal of Experimental Psychology 54, no. 5(1957): 345-52; doi:10.1037/h0049114.

13   L. A. Muse, S. G. Harris, H. S. Feild, "Has the Inverted-U Theory of Stress and Job Performance Had a Fair Test?" Human Performance 16, no. 4(2003): 349-64; doi:10.1207/S15327043HUP1604_2.

14   M. A. Killingsworth, D. T. Gilbert, "A Wandering Mind Is an Unhappy Mind." Science 330, no. 6006(2010): 932; doi:10.1126/science.1192439.

15   M. E. Raichle 외, "A Default Mode of Brain Function." Proceedings of the National Academy of Sciences of the United States of America 98, no. 2(2001): 676-82; doi:10.1073/pnas.98.2.676.

16   J. A. Brewer, K. A. Garrison, S. Whitefield Gabrieli, "What About the 'Self' Is Processed in the Posterior Cingulate Cortex?" Frontiers in Human Neuroscience 7(2013): 647; doi: 10.3389/fnhum.2013.00647; J. A. Brewer, The Craving Mind: From Cigarettes to Smartphones to Love- Why We Get Hooked and How We Can Break Bad Habits(Yale

University Press, 2017).

17 Y. Millgram 외, "Sad as a Matter of Choice? Emotion-Regulation Goals in Depression." Psychological Science 26, no. 8(2015): 1216-28; doi:10.1177/0956797615583295.

18 J. A. Brewer 외, "Meditations Experience Is Associated with Differences in Default Mode Network Activity and Connectivity." Proceedings of the National Academy of Sciences of the United States of America 108, no. 50(2011): 20254-59; doi:10.1073/pnas.1112029108.

19 K. A. Garrison 외, "Effortless Awareness: Using Real Time Neurofeedback to Investigate Correlates of Posterior Cingulate Cortex Activity in Mediators' Self-Report." Frontiers in Human Neuroscience 7(2013): 440; doi:10.3389/fnhum.2013.00440; K. A. Garrison 외, "Real-Time fMRI Links Subjective Experience with Brain Activity During Focused Attention." Neuroimage 81(2013): 110-18; doi:10.1016/j.neuroimage.2013.05.030.

20 A. C. Janes 외, "Quitting Starts in the Brain: A Randomized Controlled Trial of App-Based Mindfulness Shows Decreases in Neural Responses to Smoking Cues That Predict Reductions in Smoking." Neuropsychopharmacology 44(2019): 1631-38; doi:10.1038/s41386-019-0403-y.

21 N. T. Van Dam 외, "Development and Validation of the Behavioral Tendencies Questionnaire." PLoS One 10, no. 11(2015): e0140867; doi:10.1371/journal.pone.0140867.

22 B. Buddhaghosa, The Path of Purification, 번역: B. Ñāṇamoli(BPS Pariyatti Publishing, 1991), 104.

2부 당신이 불안 중독에서 빠져나오지 못하는 이유

1 S. E. Thanarajah 외, "Food Intake Recruits Orosensory and Post-Ingestive Dopaminergic Circuits to Affect Eating Desire in

Humans." Cell Metabolism 29, no. 3(2019): 695-706,e4; doi:10.1016/j.cmet.2018.12.006.

2   M. L. Kringelbach, E. T. Rolls, "The Functional Neuroanatomy of the Human Orbitofrontal Cortex: Evidence from Neuroimaging and Neuropsychology." Progress in Neurobilogy 72, no. 5(2004): 341-72; doi:10.1016/j.pneurobio.2004.03.006;J. O'Doherty 외, "Abstract Reward and Punishment Representations in the Human Orbitogrontal Cortex." Nature Neuroscience 4, no. 1(2001): 95-102; doi:10.1038/82959.

3   M. L. Kringelbach, "The Human Orbitofrontal Cortex: Linking Reward to Hedonic Experience." Nature Reviews Neuroscience 6, no. 9(2005): 691-702; doi:10.1038/nrn1747.

4   J. A. Brewer, "Mindfulness Training for Addictions: Has Neuroscience Revealed a Brain Hack by Which Awareness Subverts the Addictive Process?" Current Opinion in Psychology 28(2019): 198-203; doi:10.1016/j.copsyc.2019.01.014.

5   https://www.latimes.com/nation/nationnow/la-na-nn-malboro-men-20140127-story.html.

6   C. S. Dweck, Mindset: The New Psychology of Success(Random House Digital, 2006): 179-80.

7   A. L. Beccia 외, "Women's Experiences with a Mindful Eating Program for Binge and Emotional Eating: A Qualitative Investigation into the Process of Behavioral Change." Journal of Alternative and Complementary Medicine, 사전 온라인 게재, 2020. 7. 14; doi:10.1089/acm.2019.0318.

8   J. A. Brewer 외, "Can Mindfulness Address Maladaptive Eating Behaviors? Why Traditional Diet Plans Fail and How New Mechanistic Insights May Lead to Novel Interventions." Frontiers in Psychology 9(2018): 1418: doi:10.3389/fpsyg.2018.01418.

9   P. Lally 외, "How Are Habits Formed: Modelling Habit Formation in the Real World." European Journal of Social Psychology 40, no. 6(2010): 998-1009; doi:10.1002/ejsp.674.

10   M. A. McDannald 외, "Model-Based Learning and the Contribution of the Orbitofrontal Cortex to the Model-Free World." European Journal of Neuroscience 35, no. 7(2012): 991-96; doi:10.1111/j.1460-9568.2011.07982.x; R. A. Rescorla, A. R. Wagner, "A Theory of Pavolvian Conditioning: Variations in the Effectiveness of Reinforcement and Nonreinforcement." 출처: A. H. Black, W. F. Prokasy 편집, Classical Conditioning Ⅱ: Current Research and Theory(Appleton-Century-Crofts: 1972), 64-99.

11   Boll 외, European Journal of Neuroscience, vol. 37(2013): 758-67.

12   V. Taylor 외, "Awareness Drives Changes in Reward Value and Predicts Behavior Change: Probing Reinforcement Learning Using Experiences Sampling from Mobile Mindfulness Training for Maladaptive Eating." 게재 예정.

13   A. E. Mason 외, "Testing a Mobile Mindful Eating Intervention Targeting Craving-Related Eating: Feasibility and Proof of Concept." Journal of Behavioral Medicine 41, no. 2(2018): 160-73; doi:10.1007/s10865-017-9884-5; V. U. Ludwig, K. W. Brown, J. A. Brewer, "Self-Regulation Without Force: Can Awareness Leverage Reward to Drive Behavior Change?" Perspectives on Psychological Science (2020); doi:10.1177/1745691620931460; A. C. Janes 외, "Quitting Starts in the Brain: A Randomized Controlled Trial of App-Based Mindfulness Shows Decreases in Neural Responses to Smoking Cues That Predict Reductions in Smoking." Neuropsychopharmacology 44(2019): 1631-38; doi:10.1038/s41386-019-0403-y.

3부   불안의 악순환을 끊는 더 크고 나은 제안

1   W. Hofmann, L. Van Dillen, "Desire: The New Hot Spot in Self-Control Research." Current Directions in Psychological Science 21, no. 5(2012): 317-22; doi:10.1177/096372142453587.

2   Wikipedia, "Cognitive Behavioral Therapy," https://en.wikepedia.org/wiki/Cognitive_behavioral_therapy.

3   Hofmann, Van Dillen, "Desire: The New Hot Spot in Self-Control Research."

4   M. Moss, "The Extraordinary Science of Addictive Junk Food." New York Times Magazine, 2013. 2. 20; https://www.nytimes.com/2013/02/24/magazine/the-extraordinary-science-of-junk-food.html.

5   O. Solon, "Ex-Facebook President Sean Parker: Site Made to Exploit Human 'Vulnerability'" The Guardian, 2017. 11. 9, https://theguardian.com/technology/2017/now/09/facebook-sean-parker-vulnerability-brain-psychology.

6   A. F. T. Arnsten, "Stress Weakens Prefrontal Networks: Molecular Insults to Higher Cognition." Nature Neuroscience 18, no. 10(2015): 1376-85; doi:10.1038/nn.4087; A. F. T. Arnstein, "Stress Signalling Pathways That Impair Prefrontal Cortex Structure and Function." Nature Reviews Neuroscience 10(2009): 410-22; doi:10.1038/nrn2648.

7   J. A. Brewer, "Feeling Is Believing: The Convergence of Buddhist Theory and Modern Scientific Evidence Supporting How Self Is Formed and Perpetuated Through Feeling Tone(Vedanā)." Contemporary Buddhism 19, no. 1(2018): 113-26; doi:10.1080/14639947.2018.1443553; J. A. Brewer, "Mindfulness Training for Addictions: Has Neuroscience Revealed a Brain Hack by Which Awareness Subverts the Addictive Process?" Current Opinion in Psychology 29(2019): 198-203; doi:10.1016/j.copsyc.2019.01.014.

8   K. A. Garrison 외, "Effortless Awareness: Using Real Time Neurofeedback to Investigate Correlates of Posterior Cingulate Cortex Acitivity in Meditators' Self-Report." Frontiers in Human Neuroscience 7(2013): 440; doi:10.3389.fnhum.2013.00440.

9   W. Neuman, "How Long Till Next Train? The Answer Is Up in Lights." New York Times, 2007. 2. 17.

10   인터뷰에서 발췌. Joanna Rose, 2001. 12. 7; https://www.nobelprize.org/prizes/physics/1988/lederman/26243-interview-transcript-1988-3.

11   J. A. Litman, P. J. Silvia, "The Latent Structure of Trait Curiosity:

Evidence for Interest and Deprivation Curiosity Dimensions." Journal of Personality Assessment 86, no. 3(2006): 318-28; doi:10.1207/s15327752jpa8603_07.

12   M. J. Gruber, B. D. Gelman, C. Ranganath, "States of Curiosity Modulate Hippocampus-Dependent Learning Via the Dopaminergic Circuit." Neuron 84, no. 2(2014): 486-96; doi:10.1016/j.neuron.2014.08.060.

13   T. C. Blanchard, B. Y. Hayden, E. S. Bromberg-Martin, "Orbitofrontal Cortex Uses Distinct Codes for Different Choice Attributes in Decision Motivated by Curiosity." Neuron 85, no. 3(2015): 602-14; doi:10.1016/j.neuron.2014.12.050.

14   Albert Einstein, "Old Man's Advice to Youth: 'Never Lose a Holy Curiosity.'" Life, 1955. 5. 2, p. 6 4.

15   J. A. Brewer, The Craving Mind: From Cigarettes to Smartphones to Love- Why We Get Hooked and How We Can Break Bad Habits(Yale University Press, 2017); K. A. Garrison 외, "BOLD Signal and Functional Connectivity Associated with Loving Kindness Meditation." Brain and Behavior 4, no. 3(2014); doi:10.1002/brb3.219.

4부   어떻게 원하는 삶으로 나아가는가?

1   C. Darwin, The Expression of the Emotions in Man and Animals(Oxford University Press, 1998).

2   D. H. Lee, J. M. Susskind, A. K. Anderson, "Social Transmission of the Sensory Benefits of Eye Widening in Fear Expressions." Psychological Science 24, no. 6(2013): 957-65; doi:10.1177/0956797612464500.

3   American Psychiatric Association, Diagnostic and Statistical Manual of Mental Disorders(DSM-5)(American Psychiatric Association Publishing, 2013).

4   이는 여러 요소들 때문이다. 예를 들어 담배를 피우면 니코틴이 혈류로 대단히 빠르게 흡수되어 뇌에서 도파민의 분비를 늘린다. 그래서 담배에 더욱 중

독된다.

5   '무아지경(in the zone)'으로도 알려진 몰입은 어떤 활동에 완전히 심취하여
     활발한 집중과 전면적인 몰두 그리고 그 과정에서 즐거움을 경험하는 정신
     적 상태다.

6   사실은 끝에서 두 번째 장이 되었다. 처음에 코로나 광란에 기초한 새로운
     장과 조지 플로이드(George Floyd) 살인 사건 이후 일어난 온갖 일에 대한
     마지막 장을 추가하고 싶었기 때문이다. 그래도 거의 끝 부분이기는 하다.

7   C. Darwin, The Descent of Man and Selection in Relation to Sex, vol.
     1(Appleton, 1896), 72.

8   D. Keltner, "The Compassionate Instinct," Greater Good Magazine,
     2004. 3. 1.

9   Diagnostic and Statistical Manual of Mental Disorders(DSM-5). Dr.
     Martin Luther King Jr., "Letter from Birmingham Jail," https://www.
     africa.upenn.edu/Articles_Gen/Letter_Birmingham.html.